儒家臺灣

潘朝陽　著

臺灣 學生書局 印行

自 序

　　自鄭延平王收復臺灣，多有儒士追隨渡海來居，始播儒學儒教，而陳永華又接著於世子鄭經執政之年立文廟興太學，且於各聚落設立社學以教平民子弟。於是孔孟程朱之儒道始播臺灣，臺灣從此就是儒家文教和德智為人文核心的臺灣。清繼明鄭統治臺灣，垂兩百年，是以朱子儒學為其教育主軸，其治臺仕儒以及來臺的和臺灣本身的儒士，皆在朱子儒學的思想和意識中，於治道上，由文廟、書院、私塾、學堂甚至於宗族祭祀、民間信仰、社會風俗等形式，推廣傳播植根了華夏人文精神和內容。

　　文化意志深植的民族和社會，雖被異族入侵殖民，其文化性和民族性的根本卻不易被消滅或被變異，加諸被殖民地的殖民者的文化意識思想，通常只是膚淺的表層，而內在的深層之文化意識思想，卻仍然是本來的民族社會的基本文化精神和內容。日據臺灣五十一年的性質，正是如此。日本帝國主義及殖民主義在臺灣費盡力氣欲使臺灣人轉變其文化意志和國家意志，變成不是中國人的臺灣人，但終究失敗，從一八九五年入據臺灣一直至一九四五年臺灣光復，臺灣人的大傳統是孔孟儒家以及佛道和陰陽五行家的思想德慧，而小傳統則是宗祠、家族、民俗信仰、佛祖菩薩崇祀以及風水勘輿術，臺灣人根本不是日本神道和天照大神的子民，這是連日本殖民者都承認而不諱的。

　　從明鄭始而經歷清朝一直到日據時期，也就是一六六一年到一九四五年，共計兩百八十五年，儒家在臺灣有人物，有治理，有教化，有著作；其初儒家來自大陸，其後則有本土創生的儒者，亦從事地方治理、有其教化工作，且亦有其著作，如乙未之前後之際，臺灣本身就有足稱為大儒者，他們不惟行教、著述於臺灣，更是秉持春秋志節而抗日的士君子，其人是丘逢甲、連雅堂、洪棄生以及葉榮鐘。而至日據時代，臺灣知識分子之文化抗日，雖然已在傳播西方進步之學於社會，但其動力亦源於孔孟程朱之道，如林獻堂、蔣渭水、王敏川、林痴仙、林幼春、莊遂性等人，他們之人格風範亦屬中國之賢儒。

　　臺灣光復至民國三十八年（1949），兩岸分隔，隔海而治，許多大陸著名儒者渡海來臺，他們分佈在臺灣各大學講學授課，此種學術和思想盛事，很像明鄭時期有不少拒斥清朝入主中土的儒者追隨延平王渡海來臺一樣，在臺灣發生了再次的儒學儒教巨潮，這些現代的渡臺儒士，多有大師，其影響所及是在傳統國學和人文社會之學術思想上面，使臺灣從邊陲或從閩學的系統中一躍而為全中國的人文思想之中心性的地方。其中，如當代新儒家大儒徐復觀先生之在臺，不但只在上庠為學究而已，他除了發憤創述了幾本中國思想史的不朽巨著之外，更與日據時期就已以文化抗日的臺灣賢君子有深切來往問道論學，他在其生命和心靈中融入了深厚之臺灣底土地性草根性。

　　可以如此說，就時間之流脈上而言，在臺儒家以及他們在臺灣播殖傳揚的儒學儒教，由鄭延平王和陳永華等諸儒之興學始，已長達近三個世紀，而在空間之結構上來說，則是中華道統學統之由北南傳以及由西東渡的儒家抵達臺灣並且居住之下創立發揮

他們之儒學儒教的最後一塊土地，這是中國最東的如同連雅堂先生所贊頌的「婆娑之洋」上的「美麗之島」；其美麗，一則是自然底原生的海島，一則是人文底東渡的儒家。

本書基本精神在於彰明臺灣的儒家性格。儒家是臺灣之人文核心，由歷年而來的在臺儒者之治理、教化、敘事、著作以及交誼而綜合地總體形構。本書寫作之篇章，從明鄭開始，論及清之仕儒和儒士之編纂地方史志的發心和志書中的儒學、儒教、儒政，再述日據時代抗日之賢儒的事功和志節，又再訴說當代新儒家與臺灣士君子的儒道之高義隆情。最後附帶一章簡敘中國人航海而儒學儒教在海外僑地之傳播形態，臺儒亦有涉入，故亦可看為儒家臺灣之海外關係。

書名題為「儒家臺灣」而非「臺灣儒家」，根本意思在於凸顯「能所」之因果關係，儒家是能動力，而臺灣之所以為臺灣，是此能動力為因而促成創建的果；若去掉能動力之核心價值的儒家，則無臺灣。

潘朝陽
壬寅（2022）秋季誌於臺北天何言齋

儒家臺灣

目　次

壹　緒論：儒家臺灣的意義

一、中心或邊陲

　　地理區域的構成必有「中心」和「邊陲」的相對關係，在中國，稱為「中原」或「中土」者，就是「華夏」的文明繁興之區，是中華禮樂之邦之所在，這就是「文化地理」、「政治地理」以及「經濟地理」的「中心」；相對而言，在四周圍邊緣的廣闊地帶，傳統所言的「東夷」、「西戎」、「南蠻」、「北狄」則被稱為「邊陲」或「邊疆」。但是若就文化本身而言，「中心與邊陲」的關聯，不必然是死板固定的地理幾何之空間，它的意義是互相對應的，史學家黃麗生就檢討了文化事物和現象之創造、流動與變遷，會使地理空間的「中心與邊陲」存在相對性的意義。有可能邊陲的人文在某種狀況下，漸次具有原本是中心才會有的高度，或保存了本來在中心才有的人文內容，反而是中心自身喪失了此人文內容。[1]舉例而言，中國禪宗的發展，五祖弘忍之後，神秀北傳而惠能南傳，北方本是唐朝中心，神秀的「北方禪」甚至受到皇家巨室百官的寵重，惠能的「南方禪」則

---

[1]　黃麗生：《邊緣與非漢：儒學及其非主流傳播》，〈導論〉（臺北：臺大出版中心，2010）。

相對地默默在湘贛粵之廣大山林鄉野地區弘揚，並無政權帝王的恩澤護持，可是北禪終歸沒落衰頹，而南禪則逐漸地發達繁盛。那個時代，廣大的南方是邊陲區域，卻將禪宗文化向上提升到中國佛教的最高峰。[2]以此之例，可證「中心」或「邊陲」，具有其多面向、多層次的意義，此種實例在中國史籍多有記載。「文化遷移」在歷史演變中，是甚普遍的情形，漢族因為戰亂而逐次南遷，將中原的華夏古文化帶往並保存在福建的「閩南文化」和贛南、閩西、粵東之交的邊區之「客家文化」之中，相對而言，中原地區的原本之華夏中原地區，則因「五胡」進入統治、生活，於是遊牧民族的異文化滲入中原，因而形成後來的具有新成分的華北文化。又譬如釋迦牟尼創建佛教於北印度恆河流域，並曾擴及全印度且散播於中亞、西亞、東亞，但在歷史變遷中，中亞、西亞的佛教早已被伊斯蘭教取代，而佛教在中心源地之印度，更早被傳統的印度教奪回其勢力，佛教早已衰弱甚至滅絕。真正的佛教中心轉移到原屬佛教邊陲的中國；中國轉為佛教中心地區，而印度卻成為佛教邊陲地區。由此可證，文化思想的「中心與邊陲」，不是由地理區位決定的，而是文化思想的發展情勢決定的。

　　儒學亦是一樣，在關鍵的大變動時代，具有開創新典範的大儒，不必然是在中心區域生存活動；滿族入主中土，顧亭林自我放逐而遠走河朔，晚歲孤獨住於陝西華山之麓；王船山則隱居衡陽以西的湘西山林之中而寂寞終老；朱舜水更是買舟漂泊於東亞

---

[2]　蔡日新：《中國禪宗的形成》（臺北：雲龍出版社，2000），頁 119-360。

海上，在越南中部的會安停留，也在日本九州長崎居住，最終北上水戶，貴為德川光圀的賓師。前兩位於中華邊陲地區著書立說，成為最偉大的遺民大儒；後者則傳以中國古儒學於德川時代的日本儒者，對日本儒學影響深遠。[3]上述是天下板蕩危難之際，大儒離開中心而於邊陲創作其經典或設帳授徒傳續聖學。然而縱許在承平時代，大儒也不必然是在中心區活動，最顯著的例證，就是朱文公，他之出仕，在京師或在地方，為期均甚短暫，而幾乎一生大部分光陰都是在福建武夷山區立精舍、建書院而講學、弘道、注經、著述，其時其地乃是山中邊陲區；另一位如王陽明，其大半生涯多在邊陲如贛南、閩西、粵東以及廣西等區域帶兵征戰，於兵馬倥傯之中不忘教天下士子以「致良知」之教，[4]此之後，經由陽明弟子之努力於民間開講「致良知教」而收到

---

[3]　明末大儒顧炎武和王夫之的事蹟和學問，大家已甚熟習，而明末清初還有人品高尚學養深厚的遺民型儒家，如北方的孫奇逢、李二曲，前者在河北蘇門山結寨耕學，後者在華山山腳講學授徒，對於人心教化皆有影響，兩位有《集》流傳於世。而朱舜水，一般人亦多不知曉，後世亦有《集》問世，筆者有兩篇文章論朱舜水，〈朱舜水的民族志節及其海上漂泊〉、〈古學取向的朱舜水儒學〉，皆收入潘朝陽：《家園深情與空間離散──儒家的身心體證》（臺北：臺灣師大出版中心，2013），頁173-298。

[4]　王陽明二十八歲始入仕，三十四歲開門授徒，其主要活動區多在北京。三十五歲，因觸怒奸閹而被下詔獄並謫貶貴州龍場驛。此後數年皆在邊陲，雖擔任小官，日常卻以講知行合一之良知教為主。又後數年，在北京、南京，教人靜坐並講誠意工夫。四十五歲開始，直至五十歲，皆在邊區平大小叛亂，一面用兵，一面治民，一面講論致良知學。只有五十一歲至五十六歲，才能在家鄉的紹興居遊講學。而五十七歲於健康極差的情況下，不得已奉旨在廣西思田平山匪之亂，而於年底病逝於贛南的

中國心學普被於士農工商每一社會階層的人文德教之功，如果朱文公和王陽明是在京城或大邑出任大官，當然，中國勢必很有可能不會有理學大儒朱子和心學大儒陽明，也不會有影響深遠的宋明儒學及其文化。

　　清朝時期，臺灣儒學是在閩臺一體的架構中發展。就中國儒學發展脈絡而言，或就清朝的中國疆域來說，臺灣的地理和歷史，長期均屬中國的邊陲地區，儒學儒教之進入臺灣，亦是當時的中國邊陲之文化事象。然而，文教思想學術的延續、發展和新創，並不一定要在核心之地區發生，反而常常是在邊陲地帶才有其光輝。北宋亡於金之後，就有「北學南移」之現象，儒學儒教在邊陲的南方重新創立並且新生，南宋有三大學派分別創立書院，在其中延續傳播儒學，有接續北宋四子的傳統，亦有其新的創造，此在湖南，就是「湖湘學派」，是大儒胡安國和胡五峰父子開創；在江西就是「象山學派」，是陸象山開創；而在福建，就是「考亭學派」，是朱子開創。或可以如是說，即如果沒有「南方」，則北方中原儒學，以程氏二先生的「洛學」為中心並及於濂溪先生的「濂學」和橫渠先生的「關學」，是不是能為後世所聞知，實在甚為可疑。再者，這三大影響後世學術和教化深遠的儒家學派，亦皆不在南宋首都臨安（杭州）為核心的精華區。[5]

南安府大庚縣青龍舖。參見周月亮：《王陽明傳・傳主年表》（臺北：親哲文化出版公司，2018），頁 408-411。

[5]　關於南宋三大書院的詮釋，參見潘朝陽：〈南宋三大儒家學派的書院精神〉，收入氏著《沈思儒家：儒學儒教的鉤深致遠》（臺北：臺灣學生書局，2017），頁 305-340。

　　明清臺灣是邊陲，數百年來沒有本土誕生的大儒，實為事實。然而嚴格來說，若不計清初的明之遺民型大儒，以清朝本身而論，就儒學的思想創造性來看，除了清中末葉因重振「公羊春秋學」的「常州學派」而興起復活的經世濟民之實學形態的儒學學者如莊存與、劉逢祿、龔自珍、魏源等人以及他們之影響而著名於世的康梁之外，何嘗有大儒？乾嘉考據學和官定朱子學的方向確立後，清儒的原創性或開發性，實無足論矣。就以朱子的故鄉福建而言，清初理學名臣張伯行在福州建「鰲峰書院」，號稱是閩臺第一書院，但其性質以官學之閩學為重，與朱子本人當年創建書院的精神差異甚殊。因此，臺灣在地理位置上固為邊陲，可是清代統治兩百年卻無出大儒，並非其區位之故，而是總體清朝的學術思想的時代局限使然。

　　然而就中國儒學儒教發展史來說，地方上的儒家文化，不必一定就要從其地有無大儒而論。從孔子開始，儒家形而上學以及思想原創固然重要，如「仁義內在」的「內聖型觀念論」和「仁政王道」的「外王型政治論」之開創，是儒家之學的高度境界，可是儒家更有另一重要的意義，那就是通過有教無類的教育而將儒家之道傳播於全天下，使天下人皆能有德有教而成為具有人文倫理素養的文明人。此種儒教在中國，不必以培養大儒或高官為目的，而是在社會層的家族、鄉土、社區之中，成為日常生活的禮樂文制之常態。臺灣長期以來基本上雖無大儒，但卻亦有基本性的地方性儒士，亦有儒道敷普的儒教形態的聚落、宗族。故臺灣從明鄭始播再歷清朝兩百年之文治，遂成儒家文化和教養下的臺灣。

　　臺灣儒學史開端於明永曆十六年（1661），那一年鄭成功來

臺驅荷而將臺灣正式納入中國版圖，雖然成功於次年逝世，且明鄭甚短暫，在臺灣延續明祚，只有二十一年，但是卻在臺灣建立了廟學，開展了儒學儒教，同時，隨鄭成功前來臺灣的軍民之中，也不乏晚明不願臣服滿清的儒士，他們在臺灣，也給臺灣帶來了儒家德教和文風。

康熙二十二年（1683），臺灣納入清版圖，中國統一，朱子儒學進入臺灣，從此直至光緒二十一年（乙未，1895）日本據臺為止，臺灣屬福建省轄下的臺灣府，主要的文教屬於閩學體系，亦即朱子學。如福州鰲峰書院的規制，即傳到臺灣，清朝臺灣許多書院就是以鰲峰書院為準則來建設規劃。

文廟亦在臺灣重要城邑創建，如臺灣府學、臺灣縣學、鳳山縣學、諸羅縣學、彰化縣學等，以為國家養士之場所，然而廟學設施往往不足，故又多有官方或半官半民甚至純粹民間自辦的書院，在清代臺灣的大小城邑或鄉莊建設成立，因此，臺灣雖無創生本土大儒，但儒學儒教卻經由官學、書院以及於家塾族學、詩社、文社等之教化推廣，而在臺灣的民間社會形成為基本臺灣文化和思想的內容；朱子學形態的教育，是臺灣數百年來的基本文化原則和方向。傳統臺灣人民，由菁英到庶民，基本上是以朱子學以及朱子撰述的禮制作為安身立命的核心。

基於上言，臺灣在中國的地理和歷史之架構中，雖然是「邊陲」，但並無損於這個東亞之島進入中國政教體系之後，在三四百年的儒家人文化成後，是一個儒教深厚之中國島嶼。

二、漢人來臺的儒教化的理論

關於漢族來臺發展的臺灣文化、社會和歷史的當代學術研究，有幾個理論值得說明。

首先略加詮釋人類學家陳其南提出的「土著化」理論，陳氏曰：

> 從一六八三年到一八九五年的兩百多年中，臺灣的漢人移民社會逐漸從一個邊疆的環境中掙脫出來，成為人口眾多、安全富庶的土著社會。整個清代可以說是臺灣漢人由移民社會（immigrant society）走向「土著化」變成為土著社會（native society）的過程。〔……〕臺灣各地區的漢人社會形態有前後期之不同。在前期，社會的流動性和不穩定性是十分清楚的。頻繁發生的祖籍分類械鬥可以做為一個最佳的說明。〔……〕隨著時序的推進，逐漸進入一個穩定的飽和期。〔……〕各種不同層次的祖籍群在臺灣構成了成層的分佈形態。〔……〕經過這樣的轉型，建立在本地地緣和血緣關係上的新宗教和宗族團體取代了過去的祖籍地緣和血緣團體。[6]

所謂「土著化」是清之閩粵漢族（閩南人和客家人為主）渡海來臺，其過程區分為兩個時期，一是前期的「移民社會」，此期社

6　陳其南：〈清代臺灣社會的結構變遷〉，《中央研究院民族學研究所集刊》（49）（臺北：中央研究院，1980），頁116。

會甚不穩定,多祖籍分類械鬥,而隨漢族移民的漸次開發臺灣,後期就逐步地成為「土著社會」。兩者的區分關鍵是「社會群體」的認同意識之差別;移民社會時期,臺灣的閩粵漢族移民仍然認同大陸原鄉的祖籍,如泉州籍、漳州籍、客家籍等,以原籍為結社、群聚的標準,土著社會時期,則臺灣漢族已不是移民,而是移民的子與孫輩或甚至是曾孫輩,已經落地生根,故已經以臺灣本地的地緣或血緣為認同對象,譬如「下港人」、北部人、宜蘭人,或新竹范家、楊梅范姜家等。移民社會時期的客家墓碑書寫的地望是嘉應、鎮平或蕉嶺,到日據時期所立的墓,則已有轉變書寫譬如「苗邑」者,換言之,已經將地緣從大陸粵東原鄉轉變成臺灣苗栗。

　　有人以為所謂「土著化」,是一刀割截而將臺灣漢族社會分裂成前期仍屬於中國社會形態,而後期就成為與中國無關的臺灣獨立社會。所謂臺灣漢人社會的「土著化」,就是臺灣的文化社會與中國大陸無關係,變成自己是一個獨立的島嶼。然而其實不然。陳其南說:

　　　　在臺灣「土著化」了的漢人社會,實際上是把臺灣漢人在華南原居地的社會形態,重新在臺灣建立起來。換句話說,臺灣漢人移民在後期雖然獨自發展出一個「土著社會」來,就如華南漢人社會之為土著社會一般,但其社會結構形態是相同的,特別是表現在宗族發展的過程上。如果傳統型態不經過現代化的衝擊,我們也許會發現臺灣和華南的社會有更多的相似之處,我們也就毫無疑問地更可以說臺灣漢人社會是大陸中國社會的延長或擴展了。「土

著化」的概念始終是認為臺灣漢人社會在前後期均屬於中
國本土社會的延伸。[7]

由上所言，其實陳氏所說的漢族移民臺灣的「土著化」的這個名
詞的意思，只是著重由漢族移民而發展的臺灣的新社會，是從不
穩定之前期狀況慢慢地穩定下來而成為穩定的後期狀況，好像發
生地震，先是地盤搖動，漸漸地停止搖動而穩定下來。然而，漢
族初始遷移來臺，經過一段開發之後定住下來，就好比是大陸原
鄉客家民系從中原逐年南下，走入贛南、閩西、粵東的三省邊
區，一開始也是不穩定的，慢慢就落實下來而變成定居穩定的客
家民系的社會。這種敘說是「社會形式」的說法，而不是「社會
內容」的說法。然則，所謂「臺灣漢人社會是大陸中國社會的延
長或擴展」，就是臺灣漢人社會，在「土著化」之前和之後的社
會形式。亦即是華南地區尤其是閩粵之地，本來就是械鬥頻仍、
土匪眾多的好勇鬥狠之中國邊陲，漢族移民臺灣之前期，與其原
鄉之社會紛亂情形並無不同，而在後期，臺灣漢族社會已經進入
穩定，此亦與其原鄉相同，此穩定的要素或原因為何？事實上就
是清之朝廷、官方、儒士於全國推行普化的朱子理學體系的儒學
儒教，這個朱子儒學就是清代漢族移民臺灣而在臺灣推展建立的
「社會內容」之核心。

　　中國近代史家李國祁對於清代臺灣的性質則提出了「內地
化」理論。李氏的理論分見於其一些著作。[8]陳孔立將「內地

7　陳其南：《臺灣的傳統中國社會》（臺北：允晨文化實業公司，
　　1988），頁 179-180。
8　這些著作有：李國祁：〈清季臺灣的政治近代化──開山撫番與建省

化」的概念歸納如下：[9]

> 清代臺灣發展的趨向是內地化。「臺灣移墾社會的轉型，
> 主要是一種內地化運動，即臺灣的社會變遷在取向上以中
> 國本部各省的社會形態為目標，轉變成與中國本部各省完
> 全相同的社會。」[10]

依此，臺灣的漢族社會之發展的性質以及其過程和結果，就是
「內地化」，而其內容就是臺灣逐漸轉變而成為與「中國本部」
完全一樣的社會。所謂「中國本部」即是「中原」、「中土」，
也就是中國或華夏的中心區，所以，清代臺灣的漢族社會的內容
就是中原文化，也就是華夏文化。

> 內地化和現代化的過程是合而為一的。「（清季）臺灣社
> 會結構與價值取向的變更，正如同其政治現代化，是以內
> 地化為其內涵的。」[11]「（臺灣）社會變遷的歷程是由移

（1875-1894）〉，《中華文化復興月刊》，八卷，十二期（臺北：中
華文化復興總會，1975），頁 4-16。李國祁：〈清代臺灣社會的轉
型〉，《中華學報》，五卷，三期（臺北：中國文化大學，1978），頁
131-159。李國祁：《中國現代化的區域研究——（1869-1916），閩浙
臺地區》（臺北：中央研究院近代史研究所，1982）。

9　陳孔立：《清代臺灣移民社會研究》（廈門：廈門大學出版社，
1990），頁 32-33。

10　李國祁：《清代臺灣社會的轉型》，頁 138。

11　李國祁：《中國現代化的區域研究——（1869-1916），閩浙臺地區》
（臺北：中央研究院近代史研究所，1982），頁 576。

　　墾社會轉變為我國本部的傳統社會，內地化遂成為其社會
　　現代化主要的重心。」[12]

清季的中國政治現代化，就是道咸同光時期的中興自強變法運
動，其時有不少中興名臣以及身任幕賓或在野的知識菁英試圖啟
蒙並且帶領中國走向現代化，而其中譬如有姚瑩、沈葆楨、劉銘
傳等具有現代新知的大臣來臺帶動臺灣現代化。故臺灣現代化是
與中國本部有著密切的關係的。而所謂「由移墾社會轉變為我國
本部的傳統社會」的這個「傳統社會」就是以儒家為中心而發展
出來的三教（儒釋道合一）文化為內容的中國社會，換言之，到
清季臺灣的漢族社會已是以中國傳統文化為模式和內容而形成的
中國儒釋道之三教文化社會。

　　內地化的結果是臺灣成為中華文化的文治社會。「由粗放
　　的移墾社會形態走向文治，由畛域互異的地域觀念走向民
　　性融合，以士紳階級為領導階層的統一社會。」[13]這個文
　　治社會「對母體文化產生強大的向心力與凝聚作用」，[14]
　　「中國文化徹底在此地生根成長。」[15]

臺灣終於成為中華文化的文治社會，也就是臺灣經過文教，逐漸
變成了以儒士為領導階層的儒學儒教之中國文化之德治社會。

12　同上注，頁 621。
13　李國祁：〈清代臺灣社會的轉型〉，頁 158。
14　同上注，頁 147。
15　李國祁：〈清代臺灣社會的轉型〉，頁 14。

　　「內地化」概念，李國祁敘論詳富，本文僅以其論臺灣漢族的民間宗教之例來說明其觀點。李氏說：

> 土地或福德正神是我國的社神，在大陸各省鄉間普遍尊奉，可視為傳統農耕社會中最被普遍尊奉的下層神祇。〔……〕臺灣由南到北各地均建有福德正神廟。〔……〕已往學者視此為臺灣社會脫離草創移墾社會的一項重要表徵。〔……〕祂是我國各地共同尊奉的神祇，故臺地的遍建福德正神廟，是含有在社會觀念與宗教習俗上注重其共同統一性大傳統的意義。[16]

土地公或福德正神其實就是中國上古傳承下來的「社祭」，是中國人的耕作和居住的基本單位，亦是最親近的神聖者。祂是中國農業文明中崇德報功於大地坤道的宗教崇拜化。祂是中國文化的「小傳統」，但其內在面和超越面則是儒家的「大傳統」。換言之，臺灣全島遍佈土地公祠或福德正神祠，就是儒家的人文大傳統以及普化於庶民社會的小傳統，已經在臺灣社會生成之證明。

> 臺灣在近代宗教觀念上的另一重大轉變，則為對關帝的普遍尊奉。關帝在我國傳統的觀念上，是被視為義與信的象徵，故而商人每以之為保護神。關帝廟的普遍建立往往與該地區的經濟繁榮市鎮興起或文治發達有關。〔……〕臺

---

[16] 李國祁：《中國現代化的區域研究──（1869-1916），閩浙臺地區》（臺北：中央研究院近代史研究所，1982），頁 589-591。

灣由南到北，各縣鎮多有關帝廟。今日雖難確考其興建年
代，但多在道咸以後同光時期，應是可以肯定的。蓋當此
時期臺島對外貿易興旺，經濟繁榮，政府為促進臺地的文
治，亦多方面鼓勵興建。[17]

關帝是忠義的象徵，因為其造神之源頭來自《三國演義》的桃園
三結義的故事。漢族渡海來臺，一則在開荒防番之激烈鬥爭過程
中，自然會崇奉忠勇的關公，一則也因為商業和文教的發達，故
在通都大邑廣建關帝廟，成為商人或儒士的信仰中心。因此關帝
崇拜的普及化，就是臺灣社會的儒家德教普及化的證明。

　　以上論述了李國祁的「內地化」理論，呈現了清代臺灣漢族
移民之開發臺灣過程，其實其文化的核心就是漢族將儒學儒教之
人文教化帶來臺灣。是將臺灣儒家化的過程和結果。

　　另一位史家尹章義則提出了「儒漢化」理論，解釋清代臺灣
漢族移民臺灣的人文現象。尹氏指出「科舉社群」是渡海來臺的
漢族移民之中重要的一支。此種社群來臺灣一方面加速臺灣的開
發，一方面也促使臺灣「中土化」，亦即「儒家化」，何以會吸
引「科舉社群」來臺？乃是因為清廷在臺灣也實行全盤的科舉制
度，在臺灣配有學額，因此誘使不少大陸儒士渡海來臺參加科
考，且有許多定居下來。[18]

　　臺灣的「科舉社群」於明鄭時期就已成立，明永曆十五年
（1661），鄭成功東渡臺灣，二十年（1665），世子鄭經同意諮

17　同上注。

18　尹章義：《臺灣發展史研究》（臺北：聯經出版事業公司，1989），頁
　　527-583。

議參軍陳永華之議，在東寧（今臺南）建聖廟設學校以收人才，「議兩州三年兩試，照科、歲例開試儒童。州試有名送府，府試有名送院，院試取中，准入太學，仍按月月課。三年取中試者，補六官內都事，擢用陞轉。」[19] 尹章義指出因為鄭經建了廟學，所以臺灣從明鄭始，已有「科舉社群」。尹氏說：

> 鄭成功跨海東渡時，所率領的不止是一批軍人，同時也是包含士、農、工、商各階層的一個完整的「儒漢社會」。因此，臺灣的「科舉社群」在鄭成功時代即已形成。鄭經、陳永華設學校，則是為臺灣的「科舉社群」訓練新成員。〔……〕
>
> 施琅入臺，撫輯流亡是一時急務，而安撫「科舉社群」，在有識之士心中，更是「海天第一要務」，到底他們仍是「儒漢社會」的領導階層。因此，維持鄭氏諸學於不輟之外，更於康熙二十五年（1686）議定臺灣一府三縣新設學校及其學額。〔……〕這些新設學額，更吸引了閩、粵兩省「不得意於有司」的學子。臺灣不僅成為閩、粵移民的新天地，更成為大陸學子的新樂園。〔……〕
>
> 康熙五十六年（1717）完成的《諸羅縣志》〈風俗志・漢俗考〉載：「內地稍通筆墨而無籍者，皆以臺為淵藪，訓蒙草地，或充吏胥，輒八比未久者，歲科猶與童子試，其姦狡而窮無依者並為訟師。」「訓蒙草地」是在鄉間為童

---

19 〔清〕江日昇：《臺灣外記》（臺北：大通書局，未注出版年分），頁236。

子師；「充胥吏」是在衙門充當差役師爺；「訟師」則為
人寫狀子打官司，都是在大陸「不得意於有司」，在臺灣
仍然考不上的讀書人的出路，都是「科舉社群」的基層人
物。[20]

尹氏說明從明鄭開始直至清朝，除了臺灣自身已逐漸培養「科舉
社群」之外，從大陸也有不少此階層之群體來臺灣，其際遇高低
不同，但他們散佈在臺灣城鄉各地，遂成為傳播儒學儒教的文教
型社群，而臺灣也因此漸漸變成尹氏所言的「儒漢化社會」。

　　綜上所述，本文徵引了陳其南的「土著化」理論、李國祁的
「內地化」理論以及尹章義的「儒漢化」理論，均共同顯示漢族
移民臺灣，經過開發落實，而逐漸地將中國文化傳播到臺灣，其
核心內容，當然是儒學儒教。於是在明鄭和清朝傳統時期的臺
灣，基本上是朱子儒學文教的臺灣。日據時代，雖然日本殖民帝
國主義拼命移植日本教育而試圖消滅臺灣的華夏文明和儒家教
化，但積五十年殖民高壓統治，仍告失敗，失敗之因在於臺灣以
儒家常道為核心的中華三教和陰陽五行、民間宗教的文化大小傳
統，至二十世紀，累積已近四百年，臺灣已屬中國的非邊陲性之
區域，是不容易改變的。

三、結論

　　臺灣儒學的意義和架構，正如本章所述，雖然臺灣是中國邊

---

[20]　尹章義，同前揭書，頁 544-547。

陲，但於明鄭以至清朝，由於漢族移民的「土著化」、「內地化」以及「儒漢化」，臺灣乃有其儒學儒教的生根發展演進。臺灣儒學的最重要意義，不在創造性的大儒的降生，故不在於本體宇宙論、知識論的儒家形上學之新創。它最主要的內容是臺灣人民，由菁英士子而至普羅庶民的生活世界中的精神思想中心，除了短暫的明鄭儒學帶有明朝東林或浙東抗清之儒學之外，基本上是朱子儒學。

日據時代，臺灣儒學儒教起了兩層作用，一是臺灣人民武裝或文化抗日的基本精神支柱；一是臺灣庶民在其日常生活中抵拒日本殖民文化和思想的武器。在清末至日據，臺灣本土已經出現具有儒學素養以及儒家君子實踐力的儒士，他們無論在武裝抗日和文化抗日，都起了參與和領導的重大貢獻。臺灣若無儒家文教和思想，恐怕早被日本殖民主義徹底征服。

一九四九年以後，大陸有一批當代的儒家渡海來臺，他們在臺灣大學或民間設教，主講當代新儒家的哲學、經學和史學，在臺灣的學術和教化上起了不小的作用，將三百多年的朱子儒學作了調整。臺灣有創造性的大儒，如牟宗三、徐復觀、錢穆、愛新覺羅毓鋆等人，他們的儒學儒教與傳統臺灣的儒家有傳統和現代的差別，使臺灣不類邊陲，而在某種意義上言，扮演了中心的角色，但縱許如此，臺灣庶民社會的文化和心靈，仍然是傳統的朱子學，當代來臺的儒家之影響，大體上是在當代臺灣的菁英層，如何使曾經在臺灣居留並講學的當代大儒之儒學智慧向民間社會傳播浸滲，而從大傳統下注而形成為小傳統，這是臺灣人文精神從傳統到現在之新的創發和延續。

貳　儒家臺灣的開創：明鄭

一、臺灣儒家政教的開創

儒家臺灣，是因鄭成功開臺而創，時在明永曆十五年
（1661）。

明天啟四年（1624）鄭成功誕生於日本平戶，其父就是鄭芝
龍，母親是日本女子，他七歲時始返福建晉江安平。[1]鄭成功的
儒家人格，是回到中國延師受教而來的。清人鄭亦鄒《鄭成功
傳》有曰：

> 崇禎三年，成功在倭已七歲矣。芝龍屢請之，不能得，乃
> 遣人齎金幣往，圖畫芝龍為大將軍秉鉞橫絕海表軍容炫赫
> 之狀，倭亦頗憚，受賂而歸之。
> 成功風儀整秀，俶黨有大志。每東向而望其母，輒掩涕。
> 大為叔父芝豹所窘，叔父鴻逵獨偉視焉。讀書穎敏，不治
> 章句。先輩王觀光一見，謂其父曰：「是兒英物，非若所
> 及也。」十五，補邑諸生；試高等，食二十人餼。金陵有

---

[1]　黃典權：〈鄭延平臺灣世業〉，《臺灣史論叢》（第一輯）（臺北：眾
文圖書公司，1980），頁 105。

> 術士視之，驚曰：「此奇男子，骨相非凡，命世雄才，非
> 科甲中物。」[2]

少年時期的鄭成功就已有超俗不凡的氣質，故說「風儀整秀，倜
儻有大志」，而所謂「讀書穎敏，不治章句」，是指其不喜釘餖
考據以及浮文虛語；其讀儒家經史，不是為了八股科舉，而是具
有治世之弘圖。鄭成功年輕時就已顯現了超群不俗、心懷壯志之
氣象。

清人江日昇如此敘述鄭成功：

> 〔……〕芝龍望見其子儀容雄偉，聲音洪亮，屈指已七歲
> 矣。〔……〕延師肄業，取名森，字大木，讀書穎敏。但
> 每夜必翹首東向，咨嗟太息，而望其母（按其母滯留日
> 本）。〔……〕叔父鄭鴻逵甚器重焉，每摩其頂曰：「此
> 吾家千里駒也！」〔……〕性喜《春秋》，兼愛《孫
> 吳》。制藝之外，則舞劍馳射；楚辭章句，特餘事耳。於
> 十一歲時，書齋課文，偶以小學「灑掃應對」為題，森後
> 幅束股有「湯武之征誅，一灑掃也；堯舜之揖讓，一應對
> 也。」先生驚其用意新奇。[3]

成功自少年就喜閱《春秋》和《孫子》，少年時竟能寫出堯舜禪

2　〔清〕鄭亦鄒：《鄭成功傳》（臺北：大通書局，未刊年分），頁
　　10。
3　〔清〕江日昇：《臺灣外記》（臺北：大通書局，未刊年分），頁
　　39。

讓之德以及湯武革命之大義之句，其奇特之心靈，令人驚嘆敬佩，幼已如此，故其成人之後乃能心懷「嚴夷夏大防」的節操而以出奇制勝的軍事，力抗強清，至死不悔。

明崇禎十一年（1638），鄭成功十五歲，進南安學弟子員。十九歲（崇禎十五年，1642），赴福州應鄉試。[4]弘光時，成功弱冠，入南京太學就學。至此，鄭成功已成為一翩翩儒士。黃宗羲稱鄭成功「丰采掩映、奕奕耀人」。[5]

鄭成功受南明兩位皇帝的賜號，其先，是福州的唐王，即明隆武帝，於隆武元年秋八月「賜平彝侯鄭芝龍長子成功姓朱氏，以駙馬體統行事」。[6]凌雪也說：

> （鄭）鴻逵擁立唐王為帝，芝龍引森進見。帝奇其狀貌，
> 賜姓名曰：朱成功；授為招討大將軍，比照駙馬體統協理
> 宗人府事。撫其背曰：「兒當盡忠吾家，毋相忘也。」時
> 年二十二，進封忠孝伯。至是，中外皆稱曰「國姓」。[7]

鄭成功日後抗清驅荷，均以「明招討大將軍朱成功」之印鑑行事，而外人以及民間亦以「國姓爺」稱之。

鄭成功另稱「延平王」，世稱鄭成功此封號為「延平郡

4　同上注。

5　〔南明〕黃宗羲：〈賜姓始末〉，《黃宗羲全集》（第二冊）（臺北：里仁書局，1987）頁194。

6　據黃玉齋：《鄭成功與臺灣》（臺北：海峽學術出版社，2004.10），頁285。按此史錄，黃氏徵引於佚名的《思文大紀》全八卷。

7　〔南明〕凌雪：《南天痕》（臺北：大通書局，未刊年分），頁420。

王」，如連橫在《臺灣通史》即是以郡王稱成功，[8]但恐多此「郡」字。「延平王」為桂王永曆帝所晉封，黃宗羲曰：「成功知永曆帝駐蹕廣東之肇慶，遣光祿寺卿陳士京入朝，己丑，士京還自行在，封成功為延平王，始稱永曆三年。」[9]臺灣史家黃玉齋有更詳細考證，確定鄭成功是受封為延平王，黃氏引永曆帝〈晉封朱成功為延平王制〉曰：

> 克敘彝倫，首先君臣之義，有功世道，在嚴夷夏之防；〔……〕作砥柱於東南，繫遺民以弁冕。弘勳有奕，苦節彌貞。惟移忠以作孝，斯為大孝；蓋忘家而許國，乃克承家。銘具金石之誠，式重河山之誓。是用錫以冊封延平王，其矢志股肱，砥修矛戟，丕建犁庭之業，永承胙土之麻。尚敬之哉！[10]

依此引述，南明永曆皇帝晉封鄭成功的王爵，乃是「延平王」而不是郡王，黃宗羲在〈賜姓始末〉一文中對鄭成功的稱號是正確的。而且，黃玉齋恐孤證不能證成，在同一篇中又不避繁複地提

8　見連橫：《臺灣通史・建國紀》。連氏在紀中〈延平郡王世系表〉的「成功條」云：「永曆二年十月封威遠侯，三年七月封延平公，十二年正月晉封延平郡王。」但此恐有啟人疑問者，即桂王永曆帝遠在廣西、貴州、雲南，成功一生從來未曾與其謀面，且亦甚難經常互遣屬下往返臺廈和廣西、雲貴，此段提及永曆不斷賜封號於成功，大概非是實情。

9　〔明〕黃宗羲：〈賜姓始末〉，《行朝錄》，卷十一，收於《黃宗羲全集》，第二冊（臺北：里仁書局，1987.05），頁 194-200。

10　黃玉齋：《鄭成功與臺灣》（臺北：海峽學術出版社，2004.10），頁 287。

到成功薨後，遺給其孫克塽有「延平王冊」一幅、「延平王印」一顆，以及鄭克塽降表中如是說：「延平王佩招討大將軍印臣鄭克塽奏〔……〕。」或如施琅的文件如是說：「茲偽『延平王』及武平侯〔……〕。」[11]此在在都證明鄭成功非世間習以為的稱為「延平郡王」，而應是「延平王」。

鄭成功必氣質不凡、人品喬嶽，所以南明思文帝（唐王）和永曆帝（桂王）才對他有所倚重，而鄭成功堅定信守儒家的君臣大節及春秋大義，而終身不負「國姓爺」和「延平王」之令名。

清軍陷福建，鄭芝龍降，據江日昇《臺灣外記》，鄭成功苦勸其父，鄭芝龍不聽，於是鄭成功帶領人馬赴金門，上書其父，有「從來父教子以忠，未聞教子以貳。今吾父不聽兒言，後倘有不測，兒只有縞素而已」之句。[12]其有移私孝而盡大忠之志。黃玉齋收有鄭成功詩八首，其中有〈陳吏部逃難南來，始知今上幸緬甸，不勝悲憤；成功僻在一隅，勢不及救，抱罪千古矣！〉：

> 聞道吾皇賦式微，哀哀二子首陽薇。（痛惜瞿何二督師，前已殉節，使有一人在，今日必不至此。）
>
> 頻年海島無消息，四顧蒼茫淚自揮。
>
> 天以艱危付吾儕，一心一德賦同仇。
>
> 最憐忠孝兩難盡，每憶庭闈涕泗流。（太師為滿酋誘執，迫成功降，再四思量，終無兩全之美，痛憤幾不欲生，惟有血戰，直

11　同上注，頁 287-288。

12　同注 3，江日昇，頁 91-92。

渡黃龍痛飲，或可迎歸終養耳，屈節污身不為也。）¹³

此詩說到永曆帝敗退緬甸，明朝國祚在大陸已亡盡，只剩鄭成功
獨處臺灣奉明正朔繼續抗清，其艱難和傷懷之深，當可思之，忠
甚難盡矣，而又再加上其父失節降清，其無可奈何而痛與父親決
裂，其心實甚悲痛，雖然外人和後世來看，鄭成功乃移孝作忠之
大義，但在他主觀的心靈中，無法勸阻其父之不忠不義，是為人
子大不孝，故曰忠孝難兩全，因而有不欲生之大痛楚。

　　忠孝大節是儒家根本的道德本心之實踐之路，鄭成功為明抗
清，其實也是為天下亡於夷狄而不得已地以一偏之地興師抗拒已
據有整體大陸的清朝。他驅荷抗清分別有兩詩傳世。

　　　縞素臨江誓滅胡，雄師十萬氣吞吳；
　　　試看天塹投鞭渡，不信中原不姓朱。¹⁴

　　　開闢荊榛逐荷夷，十年始克復先基；
　　　田橫尚有三千客，茹苦間關不忍離。¹⁵

兩詩可以合看，上一首是揮師北伐時的作品，氣魄深宏，心志崇
偉，立誓驅逐女真，再復中原，是忠於明朝的證言。下一首則是

13　黃玉齋：〈明鄭時期臺灣的學藝〉，《鄭成功與臺灣》（臺北：海峽學
　　術出版社，2004.10），頁 292。

14　〔明〕鄭成功：〈出師討滿夷，自瓜州至金陵〉，收於黃玉齋：《鄭成
　　功與臺灣》，頁 291-292。

15　〔明〕鄭成功：〈復臺即東都〉，同前揭書，頁 291。

來臺驅荷之作，其視臺灣為田橫之島，欲以臺灣為反清復明的基地，且視臺灣本來就是其父芝龍先已開發拓殖之土，他率領不事清夷之華夏之民渡海來臺，本即是恢復舊有之地，再建設之而重新出發，並且驅逐荷蘭於臺灣之後更立誓驅逐滿清於神州。

總之，這兩首詩，是鄭成功以詩表現了他的忠義之心志。這是典型的儒家「春秋氣節」的呈顯。

鄭亦鄒提及鄭成功決志抗清的戲劇性歷程，他說：

> 成功雖遇主列爵，實未嘗一日典兵權；意氣狀貌，猶書生也。既力諫不從，又痛母死非命，乃悲歌慷慨，謀起師。攜所著儒巾、藍衫，赴文廟哭焚之；四拜先師，仰天曰：「昔為儒子，今為孤臣；向背去留，各有作用。謹謝儒服，惟先師昭鑑之！」高揖而去，褅旗糾族，聲淚俱并。與所善陳輝、張進、施琅、施顯、陳霸、洪旭等盟歃願從者九十餘人，乘二巨艦斷纜行，收兵南澳，得數千人，文稱「忠孝伯招討大將軍罪臣朱成功」。
> 其明年，遙聞永明王即位肇慶，改元永曆；成功則奉朔，提師歸自南澳，舊眾稍集；年二十四。〔……〕乃泊鼓浪嶼，與廈門隔帶水。[16]

鄭成功在文廟焚儒服而改易儒生身分一變而為扶明抗清的大將軍，自此之後，這位青年儒門大將興勤王復明的勁旅，以寡敵

---

16 〔清〕鄭亦鄒：《鄭成功傳》（臺北：大通書局，未刊年分），頁13。

眾，在東南海上展開了驚天地泣鬼神的民族與仁義之戰鬥。

　　鄭成功雖振興軍旅向滿清戰鬥，但並非只知狹隘的軍事行事，他深明儒家施政之道，在金廈一帶立穩腳跟之後，鄭成功這樣處理大事：

> 分所部為七十二鎮；立儲賢館、儲才館、察言司、賓客司；設印局、軍器諸局。令六官分理庶務，以壬午舉人潘賡昌兼吏、戶官；丙戌舉人陳寶鑰為禮官；世職張光啟為兵官；浙人程應璠為刑官；丙戌舉人馮澄世為工官。
>
> 改中左所為思明州，以鄧會知州事。
>
> 奉監國魯王、盧溪王、寧靖王居金門；凡諸宗室，悉厚贍之。
>
> 禮待避地遺臣王忠孝、盧若騰、沈佺期、辜朝薦、徐孚遠、紀許國等。均禮軍國大事，悉以諮之。
>
> 凡所便宜封拜，輒朝服北向稽首向永曆帝座，令禮官讀疏畢，抗手焚之。[17]

依據上述，這樣的施作和規畫，實屬一套客觀化的政教法規和禮制。鄭成功可謂善學孟子而敬服儒家規範。孟子說：「費惠公曰：『吾於子思，則師之矣。吾於顏般，則友之矣。王順、長息，則事我者也。』」[18]鄭成功尊禮王忠孝、徐孚遠等遺民儒家之君子賢人，正是孟子所說為政者必須對於儒賢有所尊師之意。

---

[17] 同上注，頁 20。
[18] 《孟子·萬章》，第十二。

孟子又說：「天子不召師，而況諸侯乎？為其賢也，則吾未聞欲見賢而召之也。繆公亟見於子思，曰：『古千乘之國以友士，何如？』子思不悅，曰：『古之人有言，曰事之云乎？豈曰友之云乎？』子思之不悅也，豈不曰，『以位，則子君也，我臣；何敢與君友也？以德，則子事我者也；奚可與我友？』千乘之君，求與之友而不可得也，而況可召與！」[19]孟子之意是道高於政，儒尊於君。

　　鄭成功以金廈為抗清基地，時為西元一六五四年，其年紀才三十歲，乃是一青年，而那些明之遺臣賢士，就歲數言，是他的長輩，且均屬儒行之君子，所以，雖然他們在某一個角度言，是來投靠鄭成功，但站在儒家立場，鄭成功豈能「事之」？「友之」尚且不可，故以「師禮」而敬重之，此合乎孟子的儒家倫常。而以儒家為師，就是以儒道為尊，此即以儒家道統為其軍政體系的指導原則。在政統，鄭成功一直尊永曆帝而奉明正朔，而且善待明諸王及宗室；在治統，則能用賢才、立館司、置六官，因此有一套有效的治國理民之方策。總言之，鄭成功能實際建置實踐道統、政統和治統，其體制儼然是一個國家，但他父子孫三世，始終奉明正朔，並無在海外易幟獨立建國之舉，乃堂堂正正為大明的忠貞義烈，而南明小朝廷的一大群亂臣賊子面對青年儒將鄭成功，豈不愧煞而死？

　　明永曆十五年（清順治十八年，西元 1661 年），鄭成功率軍民士商等眾來臺，驅逐荷蘭，於是「改臺灣為安平鎮，赤崁為承天府，總名東都，設一府、二縣，府曰承天府，縣曰天興、萬

19　同上注，第十六。

年。」[20]鄭成功之開拓臺灣,正是中國儒家文化正式在臺灣植根播散之始。

黃宗羲評斷鄭成功之功業這樣說:

> 鄭氏不出臺灣,徒經營自為立國之計,張司馬作詩誚之,曰:「中原方逐鹿,何暇問虹梁?」曰:「圍師原將略,墨守亦徒然。」曰:「寄語避秦島上客,衣冠黃綺總堪疑。」曰:「只恐幼安肥遯老,藜牀皂帽亦徒然。」即有賢乎鄭氏者,亦不過儕之田橫、徐市之間。某以為不然。自緬甸蒙塵以後,中原之統絕矣。而鄭氏以一旅存故國衣冠於海島,稱其正朔。在昔有之,周厲王失國,宣王未立,召公、周公二相行政,號曰:「共和」。共和十四年,上不係於厲王,下不係於宣王。後之君子,未嘗謂周之絕統也。以此為例,鄭氏不可謂徒然矣。[21]

當鄭成功東渡而進取臺灣之時,同時代的抗清志士有譏諷者,也有只認為不過如孤島抗漢的田橫或是移民東瀛的徐福。而黃宗羲慧眼獨具,他並不與世情同,他以他的儒家高度,看到鄭成功的春秋大節操;鄭延平王以一旅存明朝正朔和故國衣冠於臺灣,此乃「興亡國、繼絕世」的孔孟儒家的根本精神,[22]且《春秋》特

---

20 〔清〕蔣毓英:《臺灣府志·沿革》(北京:中華書局,1985),頁8。

21 〔南明〕黃宗羲:〈賜姓始末〉,《行朝錄》,卷十一,收於《黃宗羲全集》,第二冊(臺北:里仁書局,1987.05),頁199-200。

22 興亡繼絕,出自《論語·堯曰》,孔子是和平主義和大同主義者,主張

張復讎之大義，鄭成功的東取臺灣，是為了復滿清之殺害明朝君臣及其父兄之深仇、復屠戮華夏人民的不共戴天之大恨，正是儒家最高的德行。

二、明鄭在臺的儒學儒政

明永曆十五年（1661 年），鄭成功來臺驅荷，年底荷人投降退出臺灣，明鄭遂在臺灣立東寧，設承天府，並設萬年縣、天興縣。史曰：「（成功）迺立興法、辟刑獄、起學宮、計丁庸、養老幼、恤介特、險走集、物土方，臺灣之人，是以大集，鄭氏遂安。」[23]換言之，鄭成功渡海來臺之後，明鄭正式在臺灣建立了奉明正朔而在海上抗清的政權，其施作和架構實為一個整備之國家，而不僅僅是軍事集團而已。清人郁永河曰：

> 成功立法尚嚴，雖在親族有罪，不稍貸；有功必賞金帛珍寶，頒賚無吝容；傷亡將士，撫卹尤至，故人皆畏而懷之，咸樂為用。其立法：有犯奸者，婦人沈之海，姦夫死杖下；為盜不論贓多寡，必斬；有盜伐人一竹者，立斬

不可滅亡別人的國家，因此，儒家堅決反對殖民帝國主義，世界之帝國主義殖民全球，把別的民族的國家消滅而納為自己的殖民地，在儒家看來是非常大的罪惡。倒過來看，則如果有哪一個國家之政治領導和人民不好好守護自己的國家，被他國入侵消滅了，也是大罪惡。孔子主張仁政王道必須維護國際秩序，有不幸被滅絕的國家和世系，必須加以興復之繼續之。《公羊》載齊桓公真實踐興亡繼絕之儒家理念，《公羊·僖公十七年條》：「桓公嘗有繼絕存亡之功」。

23　〔清〕鄭亦鄒：《鄭成功傳》，頁 30。

之。至今臺灣市肆百貨露積，無敢盜者，以承峻法後也。[24]

先鄭成功之來臺，臺灣已早有漢人移墾居住，[25]但仍屬於荊榛荒野之地，鄭成功來臺之際，臺灣初入版圖且加上國家板蕩不平，逢此亂世，儒政是德刑並用，故明鄭治臺效法諸葛武侯之以嚴刑峻法之治蜀。此乃先治之以森嚴律法再普施以德政之儒法並用之方策。郁永河來臺灣之時間是康熙三十五年（1696），他親歷明鄭治理過的臺灣，見市肆露貨而無有盜賊，故嘆頌明鄭之治道之有成。

與郁永河同時期在臺灣的儒吏高拱乾則說：

> 其自內地來居於此者（按指渡海來臺居住），始而不知禮義，再而方知禮義，三而習知禮義。何言之？先為紅毛所占，取其地而城之，與我商人交通貿易；凡涉險阻而來者，倍蓰、什伯、千萬之利，在所必爭。夫但知爭利，又安知禮義哉？嗣是而鄭氏竊據茲土，治以重典，法令嚴峻，盜賊屏息。民間秀良子弟，頗知勵志讀書。[26]

---

[24] 〔清〕郁永河：〈鄭氏逸事〉，收於氏著《裨海紀遊》（臺北：大通書局，未刊年分），頁 50。

[25] 顏思齊和鄭芝龍以及不在少數的中國東南沿海漢人，已於十七世紀前葉，至臺灣的今日嘉義臺南一帶開發活動並且定居。參見楊渡：《1624顏思齊與大航海時代》（臺北：南方家園文化事業公司，2019）。

[26] 〔清〕高拱乾：《臺灣府志・風土志》（臺北：大通書局，未刊年分），頁 185-186。

高氏時任「福建分巡臺灣廈門道兼理學政」，在康熙之期，清朝必然視鄭延平王之據臺抗清為所謂「竊據」，但實則此乃是高氏不得已的政治用語，而若是究其內容，則可看出他是高度肯定明鄭在臺灣的儒家治績，他一開始就說到三步，從不知禮義到熟習禮義，而且也提到明鄭禮法並用，故一方面明鄭臺灣法治嚴明，民知守法；一方面則民間秀良子弟都能勵志讀書。可見清初治臺大吏亦能持平贊美明鄭的儒家政教。

　　明鄭在臺開啟的儒政和儒教，並非鄭成功一人之功，追隨延平王來臺灣的儒者多有，此處謹舉數例以表彰之。

　　「幾社」君子徐孚遠遭奸黨馬士英、阮大鋮之排擠，遂杜門不出，而由於福王（弘光帝）被害，徐孚遠遂奔亡於浙閩海上，全祖望曰：

> 辛卯，（孚遠）從亡入閩，時島上（指廈門、金門）諸軍盡隸延平，衣冠之避地者亦多。延平之少也，以肄業入南監，嘗欲學詩於公。及聞公至，親迎之。公以忠義為鏃厲，延平聽之，娓娓竟夕。凡有大事，諮而後行。戊戌，滇中遣漳平伯周金湯間行至海上，晉封勳爵，遷左副都御史。是冬，隨金湯入覲，失道入安南。安南國王要以臣禮。公大罵之；或曰且將以公為相，公愈罵。國王歎曰：「此忠臣也！」厚資遣之，卒以完節還。公歸，有《交行詩集》（按：交行即交趾行也，交趾即安南國。）明年，延平入白下，不克，尋入臺灣。延平尋卒。公無復望，飭巾待盡。未幾，卒於臺灣。
> 開國以來，臺灣不入版圖。及鄭氏啟疆，老成耆德之士皆

以避地歸之。而公以江左社盟祭酒為之領袖，臺人爭從之遊。公自歎曰：「司馬相如入夜郎教盛覽，此平世之事也，而吾以亡國之大夫當之，傷何如矣！」至今臺人語及公，輒加額曰：「偉人也！」[27]

徐孚遠於明社既屋之後，追隨鄭成功以避女真之禍，延平就學南京時，曾向徐氏學詩，故為鄭氏的老師，南明局亂，孚遠依靠延平保護，而延平敬師之禮未嘗廢，常就教於徐氏，徐孚遠恆以忠義勉勵之。全祖望說徐孚遠曾遭風吹至安南，安南王欲留徐氏，甚至欲以其為相，而徐孚遠以大明臣節而嚴拒之，受安南國王的敬重。此種經驗，其實相同時代，另一位遺民大儒朱舜水亦嘗遭逢，其事蹟以及安南國之中心在今越南之中越的順化和會安，筆者曾在一文中加以考證詮釋。[28]相信徐氏因船隻之遭風漂流至安南，與朱舜水的際遇，實相類似，兩者皆以身命而驗證了儒家之志節。徐氏在臺灣，臺人均敬服其原來就是大陸東南儒學祭酒，所以紛紛追隨而學習之，故儒學從明鄭一開始，就在臺灣發展。

在臺灣的儒學之始播，不止徐孚遠一人。同時抗清而追隨延平王的儒者有盧若騰，閩省同安金門人，崇禎十二年（1639年）進士。初始觀政兵部，一在職位上，就以大勇而於殿前參劾

---

27 〔清〕全祖望：〈徐都御史傳〉，《鮚埼亭集·外編，卷 12》，收於〔清〕鄧傳安：《蠡測彙鈔》（臺北：大通書局，未刊年分），頁 59-60。

28 潘朝陽：〈朱舜水的民族志節及其海上漂泊〉，收入氏著《家園深情與空間離散：儒家的身心體證》（臺北：臺灣師大出版中心，2013），頁 173-242。

悍將及奸閹之罪，崇禎均能寬納，但腐朽的朝廷多有惡其太直者，故遭嫉嫌，盧若騰被降遷至寧紹巡海道。至浙，盧氏潔己愛民，興利除弊，地方勢豪躲藏而不敢為非作歹，且盧氏又蕩平大盜胡乘龍及其黨羽，地方因而晏安。清軍入關南下，天下蕩然，明廷如山崩地裂般潰亡，盧若騰周旋用兵於浙閩一帶，一面是以老弱殘兵對抗兵強馬壯的八旗，一面又須對抗南明朝中的大批奸黨的迫害，無一日不奔亡蹈險、九死一生。桂王立於肇慶，改元永曆，盧氏上表賀，永曆溫諭下答。其時，延平王開府廈門，盧若騰往依之，鄭成功禮敬為上客，軍國大事常相諮商。永曆十八年（1664 年），盧氏乘舟來臺，至澎湖疾作而不起，臨終時命題其墓曰：「有明自許先生盧公之墓」。以禮歸葬於其故土金門太武山下，世子鄭經親臨致悼。[29]全祖望撰〈尚書前浙東兵道同安盧公祠堂碑文〉，致其對盧若騰的敬意而曰：

公家閩中之同安，而二十年栖海上，邱園咫尺，掉頭不顧，深入東寧，幾如陳宜中之死暹羅、蔡子英之投漠北。故鄉墳墓且如此，況吾鄉特其幕府所在，能必其魂魄繫之也哉？雖然，忠義之神明，固如地中之水，無往不徹者也。〔……〕公駐寧時，以天下方亂，練兵無虛日。已而有雪竇山賊私署年號，潛謀引東陽作亂之徒乘機竊發。公不大聲色，授方略於陸太守自獄而定之。故婺中塗炭而甬上晏然。其撫循疲民，尤為篤摯。稍暇則與士子雅歌投

---

[29]　連橫：《臺灣通史・諸老列傳》（臺北：大通書局，未刊年分），頁750-751。

壺，論文講業。迄今百年，浙東人思之不能忘，而吾鄉尤
甚。〔……〕

鳴呼！公膺六纛之任，蓋在國事既去之後，雖丹心耿耿，
九死不移，更無可為。前此一試於吾鄉者，不足展其底蘊
也，而已垂百世之去思。故曰亡國之際，不可謂無人也！[30]

全祖望是浙東甬上人，他站在其鄉邦立場，感念盧若騰當年在浙
東治理平亂之功德，雖然距明末盧氏的時代已有百年，但浙東人
思念盧若騰而不敢忘，若站在天地宇宙的尺度而言，則盧氏的德
業豈止乎浙東而已，乃因為以儒家之信念，盧若騰的抵拒滿清，
乃是忠義之神明，有如「地中之水，無往不徹者也」，這樣的稱
道，實是儒家對於忠臣的頌讚，盧氏當之無愧。而更有進者，盧
氏固然踐履於事功，但雖處亂世，卻仍然「雅歌投壺，論文講
業」，換言之，依舊不改儒家行德教於地方的本分；行教於俗
世，提撕啟發庶民士子之心性，這才是儒家最基本的天責。

　　而盧若騰自己如何自處？其〈許而鑒詩序〉曰：

史載：田橫與其徒五百餘人入居海島中，義之也。今考
《萊州志》謂島在即墨縣西北，《登州志》謂島在郡城
北，《淮安志》謂島在海州；一島耳，而爭之者三，非
爭島也，爭義也。且橫所嘗踞者，齊耳；橫之客所知者，
橫耳。又距今幾二千年而人猶爭其故蹟，以為地重；義之
不泯於人心，蓋亦可概見已。矧昭代德澤，率土繫思；真

30　〔清〕全祖望：《鮚埼亭集・外編》。

人正位，義幟如林。今而聚島中而磨厲以須者，行當再覯
天日、重慶風雲，豈徒與田氏區區一隅之島並光志乘已
耶！[31]

盧氏抗清，被迫流離漂泊於東南沿海島上，雖然困頓艱辛，但其
志氣依然剛健，而以田橫五百壯士自況。盧氏認為仁人志士對抗
強清，固然有如以卵擊石，其力甚微，但只要是儒家，則唯有心
懷孟子強調的「仁義之道」，捨生取義，乃志士之所當為。此文
所言之島，在當時，實指盧若騰的家鄉金門島而言，他認為田橫
退守之蕞爾小島，卻有三本志書爭執此小島的地點究竟在何處，
重心其實不在地理上的這個小島，而是田橫和五百壯士之大義的
光輝，使小島有其令名。相較之下，金門島之對抗強清，其意義
更為深厚，蓋因鄭成功的抗清復明的規模豈僅僅是五百人與一荒
島而已，延平王與抗清的仁人志士的金門島，乃是擁有國家級的
文明總體，具有士農工商的社會組成和結構。

當然，臺灣較金門之規模更大，延平王開臺，盧若騰也跟隨
而來臺，惜乎因病而逝，終身沒能踏上臺灣土地。

先於鄭成功、徐孚遠、盧若騰而來臺之浙東儒士是沈光文。
沈氏字文開，另字斯菴，浙江鄞縣人。明季沈氏仕於南明，浙閩
亂危兵凶之際，被迫漂泊海上，遷徙於粵東。辛卯，從潮陽航金
門，清閩督李率泰方招來故國遺臣，密遣使以書幣招之，沈氏焚
其書、返其幣，以示忠義節氣。他本擬卜居泉州海口，帶全家浮

---

31 〔明〕盧若騰：《留菴文選》（臺北：大通書局，未刊年分），頁 46-
47。

舟，過圍頭洋口時，忽遇大風，舟船漂至臺灣。據臺荷人禮遇
之，予一屋舍安頓之，沈光文遂定居臺灣。一六六一年，鄭成功
驅荷，悉沈氏已在臺灣，甚喜，以客禮見，諸遺老亦見到沈光
文，皆甚喜，鄭成功贈以田宅尊養之。延平王次年病逝，鄭經未
能敬重諸老，沈光文作賦諷諫，小人譖害之，幾遭不測，從東寧
逃逸至邊陲之羅漢門山隱居，教授目加溜灣社的西拉雅族，並救
濟以醫術。清領臺後，沈氏留臺灣，與眾多來臺文士結社，稱
「福臺新詠」，卒於諸羅（今嘉義），安葬於善化。[32]全祖望
曰：

> 公居臺三十餘年，及見延平三世盛衰。〔……〕公得保天
> 年于承平之後，海東文獻，推為初祖。〔……〕嗚呼！在
> 公自以為不幸，不得早死，復見滄海之為桑田；而予則以
> 為不幸中之有幸者。咸淳人物，蓋天將留之以啟窮徼之文
> 明，故為強藩悍帥所不能害；且使公如蔡子英之在漠北，
> 終依依故國，其死良足瞑目。然以子英之才，豈無述作委
> 棄於甑甗，亦未嘗不深後人之痛惜。公之巋然不死，得以
> 其集重見於世，為臺人破荒，其足稍慰虞淵之恨矣。[33]

全祖望表彰其同鄉大儒沈光文，推崇沈氏為臺灣文教的初祖。沈
氏因逢國難而漂泊海上，其人生經歷甚艱難困頓，似乎老天故意
折磨，予其不幸的生命遭遇，但全氏卻認為這是上天有意的安

32　〔清〕全祖望，《鮚埼亭集・外編》。

33　同上注。

排，是為了給原本蠻荒的臺灣藉沈光文之來臺而因此開啟人文之光輝。

臺灣儒學史學者龔顯宗為文表彰最早來臺的沈光文，[34]其文說到沈光文出身儒學世家，沈家遠紹南宋陸象山的心學以及呂東萊的實用型史學，而其本人則師事張廷賓，張氏儒學淵源於倪元璐和劉蕺山，且與黃道周熟習。甲申慘變，倪元璐殉節，其精於《易》，素有浩然之志且特重力行；蕺山發揚慎獨功大，心性冰潔卓勵，弟子敬畏有加，故多苦行高節，致命國事而無悔；道周亦深於《易》，南明唐王時，集義兵抗清，被執不屈死難。[35]沈光文由張廷賓之門得傳陽明致良知教；由劉蕺山之門得傳慎獨之學。沈光文來臺灣，開儒教之始，且終老於臺灣，其人格光輝和儒學之傳遂成為臺灣儒家之精神象徵。

清道光時期治臺的賢吏鄧傳安任北路理番同知時，在彰化鹿港修建書院以教化地方士子，書院之名特別以沈氏之字署（沈光文，字文開，號斯庵），其名曰：「文開書院」，其理由是：「太僕生平，根柢於忠孝，而發奮乎文章。」[36]且「以海外文教肇自寓賢鄞縣沈斯菴太僕光文字文開者，爰借其字定書院名，以

34　龔顯宗：〈臺灣文化的播種者沈光文〉，收入《第一屆臺灣儒學研究國際學術研討會論文集》（臺南：國立成功大學中國文學系，1997），頁69-82。

35　關於黃道周的儒道實踐及其殉國大義，見潘朝陽：〈黃道周的忠之思想及其實踐〉，收入氏著《家園深情與空間離散：儒家的身心體證》，頁299-334。

36　〔清〕鄧傳安：〈文開書院從祀議示鹿港仔紳士〉，《蠡測彙鈔》（臺北：大通書局，未刊年分），頁19。

志有開必先焉。」[37]文開書院至今依然屹立於鹿港，九二一臺灣中部大地震（1999 年 9 月 21 日），文開書院損毀嚴重，經過古蹟修復方法予以細緻修復。它在清代時，是臺灣中部儒士進德修業的地方，是臺灣儒教的重要標誌，而在現在，它被列為臺灣中部的國家級文物古蹟，受國家保護。文開書院主祀朱子，而沈光文亦奉祀其中，中華人文的海東初祖沈光文，是臺灣儒學儒教的開端。

　　明季渡海來臺的儒者，可能為數不少，沈、徐、盧等君子，僅僅是其中代表，連橫說：

> 正氣之存天壤也大矣。〔……〕明亡之季，大盜竊國，客帝移權，縉紳稽顙，若崩厥角，民彝蕩盡，恬不知恥。而我延平郡王獨伸大義於天下，開府思明，經略閩粵。一時熊羆之士、不二心之臣，奔走疏附，爭趨國難。雖北伐無績，師沮金陵，而闢地東都，以綿明朔，謂非正氣之存乎？吾聞延平入臺後，士大夫之東渡者蓋八百餘人，而姓氏遺落，碩德無聞；此則史氏之罪也。承天之郊，有閩散石虎之墓者，不知何時人，亦不詳其邑里。余以為明之遺民也。墓在法華寺畔，石碣尚存，而舊誌不載。巖穴之士趨舍有時，若此類湮沒而不彰者，悲乎！〔……〕余感沈、盧諸賢之不泯，而臺灣之多隱君子也，〔……〕《詩》曰：「雖然老成人，尚有典型。」有以哉！[38]

---

[37]　鄧傳安：〈新建鹿仔港文開書院記〉，同前揭書，頁 41。
[38]　連橫：《臺灣通史・諸老列傳》，頁 750-751。

連橫指出鄭成功開府廈門時，就已經有不少不願變節降清的明儒前往投靠報效，鄭氏北伐，可惜兵敗南京，因此移師渡海開臺，在臺灣存明正朔以圖光復，追隨延平王來臺一起抗清之士大夫，據聞多達八百多人，但其名氏和事蹟皆已無存，連橫斥責此乃明鄭及清之在臺史家之失職，按當時跟隨鄭延平王來臺的士大夫，是否真的多達八百多人，我們無法確知，但既聞數百之多，其實數或不在少，而評者或謂東渡臺灣的士大夫，不必然存有抗清復明之志節，只是懼清軍之殺害而逃命於臺灣耳，此種情形，當然不無可能，但此訊息之最重要處，其實是反映一種情況，即南明板蕩危殆之秋，認同鄭延平王以儒家春秋之義而悲憤抗清的儒家知識分子和菁英分子，必定有一定的數目。連橫也提到在臺南法華寺之旁，有一古墓，其有石虎護衛，雖不知墓主何人，不明其故里何在，但依墓之型制，當知此墓主乃故明之遺民型士大夫，否則不會有石虎以護墓塚，連氏慨嘆史誌不載，而此必屬義不帝清而奔亡來臺者，其遂成為巖穴隱士，連氏認為這種儒士大夫，必不在少數。

　　總之，明鄭臺灣的來臺儒者，應該是延平王一開臺之初，就已屬於當時臺灣漢人社會中的重要組成。換言之，明鄭臺灣的儒家性質的政教，從鄭成功開臺啟始就已奠定了基礎。

　　明鄭有賢臣，所以才能在初闢的臺灣建立儒政、儒學和儒教。其中必須提及陳永華，因為明鄭父子的善政，多出自陳氏的規劃和推行。陳參軍永華，字復甫，是泉州同安人士，其父是某科孝廉，明亡，他以一介書生而殉國難，故陳永華乃忠烈之裔，其時他正舞象之年，應試第一，補龍溪博士弟子員。所以，已是

地方上有功名的青年儒士。[39]陳永華為人，史曰：

> 成功為儲賢館，延四方之士，公與焉，未嘗受成功職也。
> 其為人淵沖靜穆，語訥訥如不能出諸口；遇事果斷有識
> 力，定計決疑，瞭如指掌，不為群議所動。與人交，務盡
> 忠款。平居燕處無惰容，布衣蔬食，泊如也。[40]

《論語》，孔子稱美剛毅木訥近仁，陳永華為人淵沖靜穆，語訥
訥如不能出諸口，庶幾近乎孔子所說的近仁之人，其人品敦篤、
樸實、穩重、肅穆、高遠而含斂少言。因為如此，處理急緩大小
事情，均有見識魄力，而能明瞭其內容，故能明白確定方針。其
以忠信結交朋友，日常生活則勤儉淡泊，是賢良儒者。

　　鄭成功逝，鄭經繼立，以陳氏為諮議參軍，是鄭經非常倚賴
的重臣。史曰：

> 耿逆以閩叛，鄭經乘機率舟師攻襲閩粵八郡，移駐泉州；
> 使公居守臺灣，國事無大小，惟公主之。公轉粟餽餉，五
> 六年軍無乏絕。初，鄭氏為法尚嚴，多誅殺細過，公一以
> 寬持之，間有斬戮，悉出平允，民皆悅服，相率感化，路
> 不拾遺者數歲。[41]

39　〔清〕郁永河：〈陳參軍傳〉，收入氏著：《裨海紀遊》（臺北：大通
　　書局，未刊年分），頁 51-52。

40　同上注。

41　同上注。

三藩之變興起，鄭經趁福建大亂而回師攻略，試圖光復閩省，初始稍有勝績，故移其軍政中心到泉州，陳永華則留守臺灣，明鄭政治重務，由陳氏籌劃處置，且亦負責福建戰事的錢糧饋餉，數年來都無乏絕，同時，司法治安之事，也是由陳氏主持，其不尚嚴刑酷罰，而易之以寬柔德教，反而能收感化之效，因此，數年來臺灣社會達到路不拾遺、夜不閉戶之承平。

江日昇《臺灣外記》記載陳永華的治績口：

> （永華）親歷南、北二路，勸諸鎮開墾，栽種五穀，蓄積糧糗；插蔗煮糖，廣備興販。於是年大豐熟，民亦殷足。又設立圍柵，嚴禁賭博。教匠取土燒瓦，往山伐木斬竹，起蓋盧舍，與民休息。以煎鹽苦澀難堪，就瀨口地方，修築坵埕，澄海水為滷，曝曬作鹽；上可裕課，下資民食。[42]

儒家重視經世濟民之實功，所謂「民以食為天」，又謂「衣食足而後知榮辱」，所以，孟子提出「明君為民制產」之儒家政治思想，提醒為政者行仁政而曰：「明君制民之產，必使仰足以事父母，俯足以畜妻子；樂歲終身飽，凶年免於死亡；然後驅而之善，故民之從之也輕。〔……〕五畝之宅，樹之以桑，五十者可以衣帛矣，雞豚狗彘之畜，無失其時，七十者可以無饋矣。」[43]為民制產並非助民經營奢侈貪慾、揮霍無度之靡爛生活，而是一

---

[42] 〔清〕江日昇：《臺灣外記》，頁 235。
[43] 《孟子‧梁惠王篇》。

種可以免除饑餓死亡的基本素樸儉約的合乎生態倫理之生活，在這個基礎上，則需「謹庠序之教，申之以孝悌之義」，換言之，就必須教化庶民以道德倫常之德教。此亦即孔子告訴冉求的為政之基本原則，就是人口眾多，應先富之，富之之後，則才予以教化，而且不能先教後富，同時也不能富而不教。[44]陳永華佐理明鄭治臺，的確遵循孔孟仁政之方而實施，他先是教民栽種五穀，並植甘蔗以製糖，且曝曬海水作鹽，又教民斬竹伐木起造盧舍安居，此種種舉措，皆屬為民制產。一旦民生底定，陳永華遂奏啟鄭經曰：「開闢業已就緒，屯墾略有成法，當速建聖廟、立學校」，鄭經一開始有所猶豫，陳氏懇切曰：

> 昔成湯以百里而王、文王以七十里而興，豈關地方廣闊？
> 實在國君好賢，能求人才以相佐理耳。今臺灣沃野數千
> 里，遠濱海外，且其俗醇；使國君能舉賢以助理，則十年
> 生長、十年教養、十年成聚，三十年真可與中原相甲乙。
> 何愁侷促稀少哉？今既足食，則當教之。使逸居無教，何
> 異禽獸？須擇地建立聖廟、設學校，以收人才。庶國有賢
> 士，邦本自固，而世運日昌矣。[45]

---

[44] 此義，見《論語·子路》。子適衛，冉有僕。子曰：「庶矣哉！」冉有曰：「既庶矣，又何加焉？」曰：「富之。」曰：「既富矣，又何加焉？」曰：「教之。」再者，儒家反對庶民在貧困饑餓的狀況下，統治者還強迫灌輸他們各種政治和道德的教條或意識形態。

[45] 〔明鄭〕陳永華：〈奏請立聖廟設太學文〉，引自〔清〕江日昇：《臺灣外記》，頁 236。

於是鄭經悅納陳永華的建言，在承天府，也就是今天的臺南市，修建聖廟，設學校。江日昇《臺灣外記》曰：

> 康熙五年丙午（明永曆二十年，1666）正月，建立先師聖
> 廟成（今臺南的全臺首學），旁置明倫堂。又各社令設學
> 校延師，令子弟讀書，議兩州三年兩試，照科、歲例開試
> 儒童。州試有名送府；府試有名送院；院試取中，准充入
> 太學，仍按月月課。三年取中試者，補六官內都事，擢用
> 陞轉。
> 三月，經以陳永華為學院長，葉亨為國子監助教，教之、
> 養之。自此臺人始知學。[46]

於是，明鄭於永曆二十年（1666），在臺灣正式展開了華夏道統的儒教，臺灣儒學者陳昭瑛說到從康熙年間纂修的《臺灣府志》中的〈進士年表〉、〈舉人年表〉、〈貢生年表〉中刊錄的豐富名單可以見出明鄭的教化之功。她又舉第一任臺廈道周昌在康熙二十五年（1686）上任蒞臺之後所提的〈詳請開科考試文〉，指出：「本道自履任後，竊見偽進生員猶勤藜火，後秀子弟亦樂絃誦。」由此看出明鄭建聖廟設學校以之推展儒教，雖然時間不長，但已培養了可觀的儒士。[47]

陳昭瑛在同一文中特別詮釋明鄭的儒學儒教之精神：

---

[46] 同上注。

[47] 陳昭瑛：〈明鄭時期臺灣的中國傳統文化〉，收於氏著：《臺灣與傳統文化》〔增訂再版〕（臺北：臺灣大學出版中心，2005.08），頁 4-5。

　　　　明鄭的儒學教化是以南明實學的經世精神為本，因此重經
　　　　學傳承甚於理學。當時廟學的國子監助教由葉亨擔任，葉
　　　　亨曾是廈門儲賢館生員，受教於幾社領袖徐孚遠，自然受
　　　　到南明復社、幾社之實學精神的薰陶，他著有《五經講
　　　　義》行世。因此在葉亨的教導下，廟學諸生亦多精通經
　　　　學，如陳永華子陳夢球康熙三十三年（1694）成進士，習
　　　　《易經》；明鄭遺老王忠孝之姪王璋於康熙三十二年
　　　　（1693）中舉，也習《易經》；其餘中舉者，除《易經》
　　　　外，亦才習《詩經》、《春秋》者。[48]

依此，顯示明鄭臺灣的儒家教化，有其獨特性，就是經世的實學
傳統，重經教而不是明之心學，其教育主題特別著重《易》、
《詩》和《春秋》，此與明鄭之特重反抗清廷的春秋節義之精神
有關。而此種獨特的抗拒精神之儒家教化之影響所及，於日據時
期，遂成為臺灣人民和菁英分子抵抗日本殖民主義之根本精神基
礎。

　　或許會質疑上述可能只是集中在明鄭一些士子之教育成效，
對於庶民階層又是如何？此可引清康熙時期的旅遊家郁永河之經
歷而明之。

　　康熙三十六年（1697），郁永河奉命來臺，規劃到今之臺北
陽明山採硫，他從府城（臺南市）出發，一路往北走到北投，後
來撰成《裨海紀遊》。在其書中說到臺灣府縣（今之大臺南市）
的人文狀況：

---

48 同上注，頁 5-6。

海外初闢，規模草創，城廓未築，官署悉無垣牆，惟編竹
為籬，蔽內外而已。臺灣縣即府治，〔……〕鎮、道、
府、廳暨諸、鳳兩縣衙署、學宮、市廛及內地寄籍民居多
隸焉。
〔……〕街市以一折三，中通車行，傍列市肆，彷彿京師
大街，但隘陋耳。婦人弓足絕少，間有纏三尺布者，便稱
麗都，〔……〕文武各官乘肩輿，自正印以下，出入皆騎
黃犢。市中挽運百物，民間男婦皆遠適者，皆用犢車，
〔……〕曩鄭氏之治臺，立法尚嚴，〔……〕民承峻法
後，猶有道不拾遺之風，市肆百貨露積，委之門外，無敢
竊者。[49]

　　康熙二十二年（1683），明鄭降清，郁氏來臺採硫是康熙三十六
年，距明鄭只有十四年，一般市容仍然簡樸無華，街道亦隘陋，
文武官員無轎可乘而多乘簡單之肩輿，因臺灣無馬，故騎黃牛代
步，庶民亦用牛車載貨旅行。郁氏指出明鄭和清初之際，臺灣初
治，故一切簡單樸素甚且有點粗陋，但他卻指出明鄭治臺崇尚法
治，故有路不拾遺、夜不閉戶以及貨無偷盜之美德。而且，其文
中也已提到鳳山縣（今高雄）、諸羅縣（今嘉義）的學宮已經設
置，表示官方的教育機構已經在明鄭的基礎上向前推展。
　　高拱乾《臺灣府志》曰：

---

[49]　〔清〕郁永河：《裨海紀遊》（臺北：大通書局，未刊年分），頁 11-
　　　13。

鄉之中，士知孝悌，民皆力田，詩書絃誦之事，各無廢
職。〔……〕今臺士之彬雅者，其父兄非農工即商賈也。
求其以世業相承者，百不一二。由其俗尚勉學，咸知具脩
脯延塾師授經，故咿唔之聲往往相聞，雖村落茅簷間亦不
絕焉。[50]

高氏與郁永河同一時期在臺，他親眼證實明鄭轉移清朝的臺南地
區已是「士知孝悌，民皆力田，詩書絃誦之事，各無廢職」的文
教之地，而且臺灣青年士子，並不喜承接父兄輩的農工商賈之
「俗業」，而多勤奮向學，延請塾師教育以《四書五經》，甚至
在村落地區亦是如此。證明鄭成功和陳永華的重視儒教，實已收
到深厚的效果。

　　而離開府城到郊外鄉下又如何？郁永河向北行，他描述說：

四月初七日，〔……〕過大洲溪，歷新港社、嘉溜灣社、
麻豆社，雖皆番居，然嘉木陰森，屋宇完潔，不減內地村
落。余曰：「孰謂番人陋？人言寧足信乎？」顧君曰：
「新港、嘉溜灣、毆汪、麻豆，於偽鄭時為四大社，令其
子弟能就鄉塾讀書者，蠲其徭役，以漸化之。四社番亦知
勤稼穡，務蓄積，比戶殷富，又近郡治，習見城市居處禮
讓，故其俗於諸社為優。」[51]

---

[50]　〔清〕高拱乾：《臺灣府志》（臺北：大通書局，未刊年分），頁
　　　186。
[51]　〔清〕郁永河：《裨海紀遊》，頁 17-18。

郁氏所言明鄭四大社，是指嘉南平原的臺灣原住民族西拉雅族之四個部落，就是新港、嘉溜灣（又稱目加溜灣，即今臺南善化）、毆汪（即今臺南將軍）、麻豆四大社。康熙三十六年，郁氏北上經過四社，他驚訝地發現這些部落居然嘉木陰森，屋宇完潔，不減內地村落，陪同他的臺灣人顧君說明在明鄭時西拉雅族的子弟已經到鄉塾中受漢學教化，且以減免徭役來加以鼓勵，所以四大社的臺灣原住民族因而相當程度地漢化，也勤稼穡，務蓄積，因而與漢人無異，而且，因為接受儒學之教，且生活方式又漢化，加上他們又近府城，所以常有往來，因此，早就熟習禮儀。今大臺南市地區的原住民族於明鄭至清初之際，已經儒化，既然西拉雅族都已接受儒家德教，何況是漢人，換言之，明鄭統治臺灣的時間雖然短暫僅二十一載，但由於隨鄭延平王來臺的遺民儒士為數甚多，再加上鄭氏父子崇儒重教，且重用賢良的儒臣陳永華推展儒政儒教，因此，明鄭將臺灣治理成中國的儒家文教型海島。

三、清人對於明鄭的評判

清康熙二十二年（1683），鄭成功的叛將施琅率舟師擊敗明鄭，鄭克塽降清。清入臺之初期，視明鄭為「偽逆」，奉天錦州人蔣毓英奉命來臺任臺灣府知府，於康熙二十四年（1685），修纂完成臺灣第一部史籍《臺灣府志》。其〈沿革志〉提到鄭成功，就這樣說：「〔……〕延至辛丑，偽延平王鄭成功，芝龍之子也。〔……〕成功死，〔……〕經嗣立，〔……〕於是興市廛構廟宇，新街橫街是其首建之處，誘致豪傑，招納叛亡，人民聚

集，漸成狡兔之窟矣。」[52]由此，可見清朝將臺灣收入版圖之初，官方的立場是將明鄭視為「偽逆」，而將明鄭臺灣視為「狡兔之窟」。

第二部臺灣史籍是高拱乾纂修的。高氏是陝西榆林人，蔭生出身，康熙二十一年（1682）任戶部郎中，二十九年（1690）任泉州知府，次年陞臺廈道，在康熙三十三年（1694）纂修了《蔣志》之後的《臺灣府志》。此志書的〈序〉，就很明顯有對明鄭歧視之文句，譬如時任「福建等處承宣布政使司布政使加三級」的楊廷耀為〈高志〉所撰的序如此說：「〔……〕鄭成功遁踞流亡漸集，數十年來不過為群盜逋逃藪耳。〔……〕其民陋於雕題黑齒，問其俗猶是飲血茹毛，既無廢興沿革之可稽，亦安有聲名文物之足紀乎？〔……〕若臺者素為積水島嶼，竊計流寓之外，其民若盲之初視、寐之初覺，雖更數載，猶是鴻濛渾沌之區耳，官斯地臨斯民欲為治道民生計，豈不戛戛乎其難！」[53]讀這段楊氏撰寫的序文，視鄭成功為盜匪，歧視臺灣原住民族，且甚侮辱明鄭時期的臺灣漢人，其鄙夷譏訕明鄭臺灣之心態，可謂溢乎言表。又譬如時任臺灣府知府的靳治揚寫的序也說：「我皇上不忍海澨之民頻罹蛇豕之害，于是命將出師」云云，[54]此亦明顯鄙視臺灣為海邊荒島，侮視明鄭為「蛇豕」。

縱觀上舉清朝邊疆大吏在前後兩部《臺灣府志》中的相關語

---

[52] 〔清〕蔣毓英：《臺灣府志》，收入《臺灣府志三種》（上冊）（北京：中華書局，1985.05），頁 7-8。

[53] 同上注，頁 249-266。

[54] 同上注，頁 291-292。

句，可證清朝初納臺灣之際，清朝治臺大吏顯然存在輕侮明鄭的深刻偏見。或許政權更迭，且清廷屬於異族女真，漢臣不敢道其真話而須說一番迎合統治者之話語。同時，無論是蔣毓英或高拱乾在志書中提到明鄭，均會在上面加上一個「偽」字。雖然兩志中都不忘為明鄭來臺的遺民儒者撰寫列傳，可是都有意避開其等積極支持明鄭反清的事蹟而卻將他們說成有如道家型的避世隱居之消極者。譬如《蔣志》說工忠孝，則曰：「甲辰年同盧若騰來臺，不仕偽鄭，維日與流寓諸人肆意詩酒，作方外人。」又說盧若騰「鼎革後，遯跡臺灣，效黃冠故事，杜門著書。」又說沈佺期「明亡，絕意進取，後至廈門，杜門謝客，後又抵臺，以醫術濟臺人。」等，[55]此段蔣氏說了三位南明遺民儒者之情狀，皆非實情，似乎南明抗清儒家均屬消極遁世之輩，豈是如此？他們其實是奉行春秋大義而追隨鄭延平王來臺的高風亮節之士，且其中盧若騰在大陸還是抗清名將，他並非死在臺灣，而是死於澎湖且歸葬家鄉金門太武山下。蔣毓英扭曲明鄭儒士，正反映了清人統治臺灣後對於明鄭存在巨大的史觀史德的偏差。

　　然而畢竟臺灣從明鄭以降就已經屬於儒家的文化和社會，因此，清朝對於明鄭的人文意義和價值之觀點，不會一成不變，會與時俱進而逐漸能夠認同明鄭的臺灣儒教儒政。道光四年（1824），鹿港理番同知鄧傳安始建鹿港的文開書院，道光八年（1828）書院竣工落成，鄧氏撰〈新建鹿港文開書院記〉以記其勝景，文中提到「海外文教，肇自寓賢鄞縣沈斯菴太僕光文字文

55　〔清〕蔣毓英：《臺灣府志》，頁 220-222。

開者，爰借其字，定書院名，以志有開必先焉」，[56]鄧傳安點明
中華文教傳來臺灣，是由沈光文創始，因此以其字文開來定書院
名，以示對於始開臺灣文教之先賢的尊崇。鄧氏的文章顯示了治
臺儒吏代表清朝官方對於明鄭的肯定，其文曰：

> 今學宮奉孔子為先聖，從祀者皆先師；書院多祀先師，而
> 不敢祀先聖。閩中大儒以朱子為最，故書院無不崇奉，海
> 外亦然。臺灣至本朝康熙二十二年始入版圖，前此猶是荒
> 服，豈有國故，不得不仰重於寓賢。傳安前以沈太僕表
> 德，名書院，已為從祀朱子權輿。況太僕卒、葬俱在臺，
> 子孫又家於臺，今雖未見斯菴詩集，而讀府志所載諸詩
> 文，慨然慕焉，固國故之彰彰者也。
> 其先太僕而依鄭氏，後太僕而東渡亦設教於臺者，為華亭
> 徐都御史孚遠。成功嘗從徐公受學，渡臺後優禮過於太
> 僕。〔……〕今祀太僕，未可不祀徐都御史矣。〔……〕
> 如二公者，惟同安盧尚書若騰、惠安王侍郎忠孝、南安沈
> 都御史佺期、揭陽辜都御史朝薦；並亟稱於《鮚埼亭
> 集》。其郭都御史貞一，《府志》雖闕，可考《鮚埼亭
> 集》及《海濱紀略》，以知其忠，當連類而祀之。至漳浦
> 藍鹿洲鼎元，曾贊族兄元戎廷珍，平朱一貴之亂，所著
> 《平臺紀略》及《東征集》，仁義之言藹如，不但堪備掌
> 故，以勞定國，祀典宜然。昔朱子諄諄以行仁義存忠孝勉

---

[56] 〔清〕鄧傳安：〈新建鹿港文開書院記〉，收於〔清〕周璽：《彰化縣
　　志》（臺灣文獻史料叢刊）（臺北：大通書局，未刊年分），頁 459-
　　460。

人，茲奉諸公粟主之配享，諒亦神明所深許也。諸公皆人師，非經師，遜業諸生，仰止前哲，更思立乎其大，不僅以科名重人。〔……〕[57]

道光年代距離明鄭亡已有一百三十年，經過這段不算短的時間之演進，清人對於明鄭的看法已經不再是領臺初期的以偽逆或盜匪視之。鄧傳安是以地方大員身分而來臺的清儒，他當然是朱子的堅定信徒，故以朱子儒學儒教之理想籌建文開書院，可是他與之前清朝在臺建立的書院大有不同，此之前的書院，只依規定，祀朱子，但鄧氏在鹿港創建的書院，則是將明鄭的儒者與朱子共同尊奉，其中的明鄭儒者包括沈光文、徐孚遠、盧若騰、王忠孝、沈佺期、辜朝薦、郭貞一等反清抗清的南明儒家遺民，只有藍鼎元是入清以後的閩南漳州儒士。

　　鄧傳安的心意是十分明白的，那就是他作為清朝官員，同時也是清朝儒者，他對於鄭延平王以及追隨延平而來臺灣共同奉明正朔一致拒絕滿清異族統治的這群具有春秋夷夏之防的明末儒者，是懷抱尊崇敬仰的，此何以故？乃是由於朱子諄諄以「行仁義存忠孝」勉勵世人，明末渡海來臺的諸儒，正是行仁義存忠孝的大人格者，是真正的孔孟之道統的護衛者實踐者。因為清儒肯定朱子儒家常道，所以，自然也必須肯定明鄭諸儒的儒家常道，朱子與明鄭之儒，其道一也。鄧氏創建鹿港的書院，甚至以沈光文的字文開來命名，稱為「文開書院」，這就是一個清晰突顯的象徵，就是清朝已經基於儒家而認同肯定明鄭在臺灣的正統地

---

[57]　同上注。

位。鄧傳安雖然只是一個儒吏而已，文開書院也只是臺灣很多的
書院之中之一座書院而已，但卻表顯了一個重要的文化訊息，那
就是臺灣經過了儒家文教的一百多年的薰陶養護，已經是以儒家
常道慧命來觀照其本質的儒家文教社會，很自然會追溯歷史而正
面尊重肯定明鄭的歷史意義，所以，其實發展到清朝統治臺灣之
中葉，其他清朝臺灣的儒吏、儒士，當然與鄧傳安一樣，均已一
致性地以清朝是承續明鄭而在臺灣實行儒家形式的政道和治道
的。

　　自清中葉之後，既有崇祀明鄭諸儒的文開書院建成，清朝臺
灣朱子儒學與臺灣明鄭儒學可謂合流。然而，對於鄭成功本身的
評斷，則仍然曖昧，甚至有地方型的小儒還對鄭成功有所侮蔑，
譬如清中葉活躍於臺灣苗栗地區的客家籍塾師兼文士吳子光（嘉
慶 24 年－光緒 9 年，1819-1883）[58]有詩〈寄題延平王廟壁兩
首〉，[59]其第一首譏鄭成功三代命運是「闔門骨肉杯羹底」，第
二首則譏明鄭之祚是「蜃氣樓臺轉眼空」，而通觀其全詩，則貶

---

[58] 吳子光是泥執清代御用型朱子儒學且歌頌專制帝王的地方性小儒或陋
儒，其生平和思想，見黃麗生：〈近代臺灣客家儒紳海洋意識的轉變：
從吳子光到丘逢甲〉，收入氏著：《邊緣與非漢：儒學及其非主流傳
播》（臺北：臺大出版中心，2010.05），頁 327-388。

[59] 其第一首詩曰：「曾讀豐碑渤澥東，開疆猶仰大王風。闔門骨肉杯羹
底，千里江山錦繡中。明代興亡歸劫數，史家成敗論英雄。似聞鹿耳鯤
鯓畔，嗚咽潮聲早晚同。」第二首詩曰：「蜃氣樓臺轉眼空，有明碩果
黯然終。雄心已死田橫島，疏草都歸鮑氏驄。廟貌九重頒祀典，祠官三
肅式齋宮。而今率土圖王會，海不揚波處處同。」見〔清〕吳子光：
〈寄題延平王廟壁兩首〉，收入〔清〕沈茂蔭：《苗栗縣志》（臺灣文
獻史料叢刊）（臺北：大通書局，未刊年分），頁 240。

明朝以及明鄭為敗亡之國，亡國之鬼魂只能在史頁中黯然而嗚咽悲哭，其只以現實主義和利益主義看待鄭成功之抗清大義，令人不齒，然而，吳子光之鄙視明鄭，毋寧亦反映了清朝滅明鄭而臺灣納入滿清一統後，一般臺灣小儒小吏以勝者驕矜之姿對敗降的明鄭之輕侮。似乎道光初年鄧傳安修建文開書院之深刻高貴的大儒風範，並未受到時風之正視。

　　但畢竟儒家的常道慧命之傳承接續、弘揚振興以及這種脈絡和巨流之體會認識，不在小儒、陋儒、腐儒，而必須在君子儒，譬如當代新儒家大儒牟宗三就能看到臺灣的文化歷史之地位和價值，必須從鄭成功的開臺才能貞定，因為是鄭成功及其儒臣、遺民儒者將儒家義理和禮制帶到臺灣，而且明鄭具有一種精神使臺灣提升到儒家常道的最高位置，就是連接顧黃王三大儒的《春秋》之「嚴夷夏之防」的文化意志。[60]唯大儒才能平視臺灣與鄭延平王，同光之際來臺處理「牡丹社事件」的中興名臣沈葆楨是實踐型的儒臣，他才能夠撥開歷史迷霧，而為鄭成功爭回其在中國的應有之地位，沈氏在臺灣府建延平郡王祠，撰有一聯，曰：

　　開萬古得未曾有之奇，洪荒留此山川，作遺民世界。
　　極一生無可如何之遇，缺憾還諸天地，是創格完人。[61]

此聯境界高矣，點出明鄭臺灣的意義在於它是遺民世界，所謂遺

60　牟宗三：〈陽明學學術討論會引言〉，《鵝湖月刊》，15 卷 3 期（171）（臺北：鵝湖月刊社，1989.09），頁 2-6。

61　此聯引自楊雲萍：〈延平郡王祠的楹聯〉，收入氏著：《南明研究與臺灣文化》（臺北：臺灣風物雜誌社，1993），頁 425。

民是儒家的人物才配稱之。遭遇亡國亡天下的亂世，道家者流變成隱士，此型人物是完全脫離現實而自己歸隱到山林中不問世事；佛門中人則變成僧徒，此型人物則一心追求根本解脫而立願儘早前往西方淨土，所以他們都不措意於國破之下的人民之命運如何。而儒家君子則變成遺民，此型人物因為國亡而一時不能以死殉節，故乃返歸民間草野，在民間透過講學或著書而將儒家之光傳承下去以圖未來，這樣的遺民，在明清之際為數不少，大家最熟悉的是顧炎武、黃宗羲、王船山三大儒，他們就是遺民儒家的典型。沈氏看出明鄭最核心的歷史和道統的存在意義，就是為中國保存了傳統的遺民風範。基於此種精神，沈氏指出明鄭反清志業雖然失敗，但鄭成功以儒家春秋大義對抗強清的悲壯之短暫人生，固然如慧星劃空之一閃而逝，可是其人格卻是開創大格局的完人。

　　接續沈葆楨來臺的中興名臣且是淮軍名將之劉銘傳，他也是一位允文允武的經世濟民型儒者，他奉旨來臺主政，前往臺南拜鄭延平王，亦撰述了一聯：

　　　賜國姓，家破人亡，永矢孤忠，創功業在山窮水盡。
　　　寄父書，辭嚴義正，千秋大節，享俎豆於舜日堯天。[62]

鄭成功渡海開臺，以臺灣為復興之島，在南明板蕩之時代，果然是山窮水盡，卻於危難之困頓中開創抗清的春秋功業，這一點就是遺民儒家的孤忠，是在那種亂世中為人心保留下來的一點人性

62　同上注。

的光明，劉銘傳所贊甚是，也代表了清朝對於明鄭的文化意志上
的肯定。

　　沈葆楨是福建侯官人，道光二十七年進士，選庶吉士，遷卸
史，數上疏論兵事，為文宗所知。逢太平天國之亂，沈氏追隨曾
國藩，成為抗太平軍之名將，同治六年（1867），命為總理船政
大臣，對於清朝海軍造艦，多有其功，同治十三年（1874），日
本藉口商船遇風泊臺灣恆春被牡丹社原住民戕害而出兵登陸攻打
臺灣恆春，殺進生番界，此即為同治十三年的「牡丹社事件」。
清廷特命駐於福州馬尾的沈葆楨來臺禦阻日寇侵臺，沈氏來臺，
一方面解決日本入侵事件；一方面奏請清廷開山撫番並且宜建臺
灣省並且增設行政區劃；一方面就是為明遺臣鄭成功請予謚建
祠，以作臺民忠義之氣，清廷皆同意。[63]

　　劉銘傳，安徽合肥人，從青年始，就參加鄉團保衛鄉土，同
治元年，劉氏率練勇至上海從李鴻章，故編入淮軍。從此，劉氏
轉戰各地，成為淮軍對抗且擊敗太平軍之名將。後又率部平東西
捻匪之亂。光緒六年，劉銘傳上疏建議朝廷急築鐵路以備國防，
清廷雖未能用，但中國築造鐵路系統，實自劉氏發之。光緒十一
年（1885），法國野心圖謀臺灣，詔起劉銘傳，加巡撫銜，督臺
灣軍務。法兵攻臺，終兵敗而退。同年九月頒詔建臺灣省，劉銘
傳任臺灣巡撫，於十三年（1887）正式建立臺灣省，省會設於彰
化縣（今臺中市）。史曰：「增改郡、廳、州、縣，改澎湖協為
鎮，檄將吏入山剿撫南、中、北三路，前後山生番，薙髮歸化。
丈田清賦，溢舊額三十六萬兩有奇，增茶、鹽、金、煤、林木諸

63　《清史稿·沈葆楨列傳》。

稅。始至,歲入九十餘萬兩,後增至三百萬。築砲臺,興造鐵路、電線,防務差具。」[64]

沈葆楨和劉銘傳兩位清朝末葉的中興名臣,皆一方面具有傳統的儒家素養,一方面又具有現代化認知和精神,所以,兩人來臺灣,一則是肯定褒揚臺灣的儒家傳統,因而上追明鄭,尊崇鄭延平王,一則是將現代化的基礎建設正式帶進臺灣。

連橫在《臺灣通史》中稱揚沈葆楨在臺灣的功業曰:

> 臺灣歸清以來,閉關自守,與世不通。苟非牡丹之役,則我鄉父老猶是酣歌恆舞於婆娑之洋焉。天誘其衷,殷憂日至。析疆增吏,開山撫番,以立富強之基。沈葆楨締造之功,顧不偉矣![65]

清朝統治臺灣,向來視臺灣為東南窵遠之海島,甚消極封閉,直至沈葆楨來臺才始開臺灣的積極性治理,退牡丹社之役之日寇,接著「析疆增吏,開山撫番」,以立臺灣富強之基礎。連橫僅就事功頌揚沈葆楨,若就精神層面,沈氏短暫在臺灣的德業,是在他為臺灣其實也是為全中國建立了鄭成功典範,故有延平郡王祠之崇祀鄭成功,有聯表彰鄭成功的儒家春秋大義。

連橫亦正面頌揚劉銘傳,連氏曰:

> 臺灣三百年間,吏才不少。而能立長治之策者,厥為兩

---

64 《清史稿・劉銘傳列傳》。

65 連橫:《臺灣通史・沈葆楨列傳》(臺中:臺灣省文獻委員會,1976.05),頁 697。

人：曰陳參軍永華，曰劉巡撫銘傳，是皆有大功勳於國家
者也。永華以王佐之才，當艱危之局，其行事若諸葛武
侯；而銘傳則管、商之流亞也。顧不獲成其志，中道以
去，此則臺人之不幸。然溯其功業，足與臺灣不朽矣。[66]

連氏連接了陳永華和劉銘傳，給予前後兩儒以極高的歷史評價，
認為陳氏是王佐大才，與諸葛武侯同，而劉氏則屬管仲、商鞅之
能夠變法圖強之大才。的確如連橫所論，陳永華的大功德除了經
濟治理明鄭臺灣之外，更重要者則在於為臺灣新創儒政儒教，如
諸葛氏之治蜀，而劉銘傳對臺灣的大功德則是在臺灣新開現代化
建設，劉氏在臺的現代化建設，就中國而言，基本上是中國現代
化的先聲，而在臺灣歷史的架構上言，乃上追陳永華在明鄭臺灣
的總體文明體的建設，陳劉兩大賢的志業乃是上下連貫的，換言
之，明鄭臺灣的傳統儒家文化延連而下至清光緒朝，乃由劉銘傳
在傳統儒家文化體系中接續以現代文明的建設，換言之，陳永華
代表的傳統儒家精神與劉銘傳象徵的既傳統儒家又現代化的精神
是結合連接而為臺灣本質的，從此角度來看劉氏去臺南敬祭鄭延
平王，而撰述上引的那幅對聯，方能顯出其深刻的意義。

四、結論

雖然史籍記載中國人初至臺灣的時期，可以上推三國時代的
吳國，史稱吳大帝黃龍二年（230），孫權命將軍衛溫、諸葛

---

[66]　連橫：《臺灣通史·劉銘傳列傳》，頁704。

直，率領甲士萬人浮海征夷州，得夷州土著數千人還。夷州咸以為就是臺灣。又，隋大業三年（607），煬帝令羽騎尉朱寬偕海師何蠻入海到流求，六年，更遣武賁郎將陳稜、朝請大夫張鎮率軍萬餘出討流求，虜數千人還。史稱流求，即今臺灣。

上述兩史事，由於年代久遠，所記疏闊，是否夷州、流求即是臺灣，較為曚矓，譬如兩次皆曰派軍士「萬人浮海」，在三國和隋的時代，如此大規模之海軍航海遠航出征外島，是否實情？不無疑問，而且兩次征伐皆曰「俘數千人數」的土著而還，若曰俘虜土著數百，已屬誇大，何況數千？蓋因部落氏族，並非王朝，其寨散落，環境承載力有限，每一部落或許數十人口，或許頂多百許人口而已。

可信之史，是始於元，忽必烈入主中國之後，至元十八年（1281），於澎湖設巡檢司，此為中國正式管轄臺澎之始。閩省沿海居民陸續有人泛海到澎湖捕魚。元順帝時代，汪大淵著《島夷志略》，對於臺灣已有較正確的敘述，可能他已經親至臺灣本島實察。直至明朝，則東西洋的海運大開，東亞邁入國際航海和貿易、爭戰的重大地區，臺灣已是歐洲的海洋列強覬覦、接觸、入侵的東亞大島，同時，也是中國人民以及日倭來往的海島。因此，明中末葉後，荷西、顏鄭以及日本皆進入臺灣，形成國際勢力折衝之地，其政治和戰略地緣變成非常重要，特別對於中國而言，更屬唇齒相依的不可或缺的海上屏障。顏思齊、鄭芝龍的海洋勢力，卻無國家政治戰略地緣觀，亦缺乏國族之愛，所以，鄭芝龍後來被明招撫而基本上背棄了臺灣，真能高瞻遠矚而下定決心渡海征荷而將西方殖民主義驅離，將先祖故土予以收復而為中國人之一方領土者，則是奉明正朔以抗女真的延平王鄭成功。

　　鄭成功之入臺，並非純粹的軍事武裝集團之攻臺據臺而已，其時追隨國姓爺來臺的人民包括了士農工商四大完整階層的社會結構，同時也是以一個健全的政府組織在臺灣展開中國文明形態的治理。

　　延平王雖然來臺次年就積勞罹疾而英年早逝，但他本人是南京太學生，既存孔孟仁政王道的思想，故儒學儒教的精神就已入臺播苗，而數位「義不帝秦」而抗清之浙閩粵儒士和儒官既追隨或較先來臺，他們在臺灣就是第一群將儒道傳揚在臺灣的華夏士君子，再由泉籍儒家賢士陳永華於東寧府建文廟立太學，且於各鄉莊設立社學，一則教地方漢童，一則教番童。臺灣迅速提升為儒家文教的華夏之島。

　　清初接續明鄭而在臺灣推廣深植朱子儒學，有廟學之學、書院之教，甚至於家族的族學家塾亦逐年興起。至道光初年文開書院建好之後，清廷已經正式將明鄭臺灣賢儒入祀書院，已在文教上面認同肯定了鄭延平王以及追隨他而渡臺的諸儒之文教德育臺灣的功德。直至清中末葉，臺灣本身已培養了自己的名儒賢士，而且民間社會的常規亦已是朱子家禮的規範。沈葆楨更上奏請准為鄭成功在臺南創立延平王祠，馨香久遠，崇敬無衰，此即肯定了且表彰了明鄭臺灣的孔孟仁義之道在臺灣的穩固敦篤的開創，正因如此，所以乙未年以及其後臺灣人民奮勵卓絕的艱辛偉大的抗日鬥爭，乃是明鄭的春秋大義的持續實踐，而此正是清之治臺抗夷的重臣如沈葆楨、劉銘傳等賢君子深深贊佩的臺灣精神。

參　清賢儒陳夢林的儒學及其編纂的《諸羅縣志》敘述之實學實政

一、前言

清朝統一臺灣，時在康熙二十二年（1683），次年循明鄭軌轍，設一府三縣即臺灣府和其附廓之臺灣縣以及北部的諸羅縣、南部的鳳山縣，正式行政治理。清之治臺大員重視修纂地方志，《諸羅縣志》是較早期修纂問世的臺灣的縣志之一。

康熙統治中國，表揚推行朱子儒學，臺灣入清，亦不例外。由於地方志的修纂，多是儒吏和儒生熱心參與主導的重要文教事業，所以可以從其中看出其時在地方上的儒學儒教之功以及其中的儒家思想。

本文謹就被稱為最佳的清修臺灣地方志書的《諸羅縣志》，[1]來嘗試詮釋其中的儒家思想。在其中或亦可見清朝政道中的儒

---

[1] 《諸羅縣志》是臺灣第一本縣志，但若依其內容的水準，也確實屬於第一，此論斷和詮釋，見陳捷先：〈台灣古方志的拓荒者〉，收入氏著《清代臺灣方志・第二章》（臺北：臺灣學生書局，1996），頁 15-94。

家理念。

二、諸羅知縣周鍾瑄之發心修纂《諸羅縣志》

《諸羅縣志》的主修者是時任諸羅縣知縣的周鍾瑄，而主要編纂者是漳州漳浦儒士陳夢林。

周鍾瑄在其〈自序〉中有曰：「九州之外，聖人存而不論，以荒遠無徵，慮開天下後世之疑，故寧闕也；莫遠於正朔不加，聲教不及之地。」[2]周氏意謂在中國統治不及的所謂「九州之外」，是「正朔不加，聲教不及之地」，非中國主權所轄，故而「聖人」存而不論。

此種敘述是清朝統治階級對於世界地理所持較消極之理念，亦是清朝一般菁英知識階層的論調。道統儒家的心態卻非如此，有不少記錄「域外」、「化外」的文章載於經史子集之典籍之中，也包括了小說、遊記等，直至近世之宋明時代，更有文人、官吏旅行於中土之外而有許多外方的自然和人文的觀察、省思的記載和著作。

其實，周氏自己就是矛盾的，他接著說：「《交趾事跡》、《占城國錄》、《西域》、《雞林》諸志，昔人皆有取焉」，此句說道的交趾、占城、西域、雞林等地方，前兩者是越南，最後者則是朝鮮，皆屬中國域外，乃是其所謂「正朔不加、聲教不及」之區，而昔之儒者為何加以記載？由此可證傳統中國知識分

2　〔清〕周鍾瑄：《諸羅縣志·自序》（臺北：大通書局，未注出版年分）。

子對於世界事務並非不加關心。

康熙初統臺灣之時，臺灣屬於中國之邊陲，而諸羅更是此邊
陲海島的尚待墾闢之邊地，清廷派周鍾瑄來治理諸羅，他還是重
視這個邊陲地方之記載的，他事實上積極地表現了儒士之正視地
方史的傳統觀念。因此，《諸羅縣志》於其發心之下而問世焉。
周氏曰：

> 臺灣海外荒島，諸羅僻處臺之北鄙，〈禹貢〉無傳，〈職
> 方〉不紀，向存而不論之列，今天子神聖文武，削平鄭
> 氏，乃撫而有之，建立郡縣，仁漸義摩，卉服雕題之眾與
> 漢人同體，涵煦乎高天厚地中者，三十四年於茲矣。其間
> 戶口之生聚，財賦之盈縮，山川、道里之險易遠近，風
> 俗、人物之臧否奢儉醇醨，城池、倉庫、學校、祠廟、壇
> 壝之繕修，農田水利之興廢，阨塞之設，兵戎之守，大致
> 井然；前副使高公已創為《郡志》，以志之矣，獨邑乘缺
> 焉。[3]

周氏文中所說的「副史高公」就是曾來臺任臺灣知府的高拱乾。
周氏指出臺灣入清版圖已經三十多年，清朝設立府縣治理，已多
有文教之治，而原住民亦多有漢化，漸與漢人同一，此種治理的
地理範圍，其實只是高拱乾任職的那個時代之治道已經較為深入
周治之區域，主要是臺灣府縣轄區，亦即今之臺南市範圍，在府
城及其附廓縣的地區之外，譬如以諸羅縣而言，在高拱乾治臺之

3　同上注。

時期仍然多有荒野而未開闢，文教程度還是十分有限。

　　經過了三十年，現在周鍾瑄主管諸羅縣，他認為高氏主修的郡志，亦即《臺灣府志》，多有闕漏不確的記載，周氏曰：

> 余自甲午奉調，東入鹿耳，度蔦松，每思得所依據以為化理之本，及繙閱《郡志》，參之日所見聞，未嘗不致嘆於闕略者之多而可疑者之復不少也。考高公之修志，在乙亥、丙子之間，其時草昧初開，法制未備。譬之築室，方初其基；譬之稼田，方藝其菑也。又茲邑延袤千里，山海崇深，所見非一，傳聞異詞，其記載寥寥，疑信相半，誠無足怪。[4]

此段指出高拱乾修的《臺灣府志》之內容多有闕略，使人致疑的描述亦不在少數，周氏認為當時臺灣依然草昧未闢，政制又不那麼完備。此說有其道理，且同時，高拱乾之時的清治臺灣，主要的政教之施為，是在臺灣府縣區域，其時之諸羅縣，仍然相對荒野未墾。若僅從高氏所修志書來看，必然草草。

　　周鍾瑄又指出其治諸羅之時間，距離高拱乾在臺的康熙三十年，已經又過了近乎三十年，北臺的諸羅縣境，如其所說的「昔之鹿場，今之民居；昔之豐草，今之嘉穀；昔之椎髻，今之衣冠。簿書期會日以繁，規畫營建日以多，聲明文物日以盛。」[5]於是周氏發心要進行諸羅縣的志書之修纂。其意思是諸羅縣已經

4　同上注。
5　同上注。

多有政治文教經濟的墾殖發展，將其事實記錄下來用以傳諸日後，並可為後人延續地方規劃建設的基礎和依據，這就是仕儒的基本之用心和職責。

三、地方儒士修纂方志是中國史學傳統

周鍾瑄決意修纂《諸羅縣志》，其心思反映的正是儒家的重要信念，即儒士有修史的任務，此種傳統從上古中國就已存在，《詩》、《書》、《禮》就是古史，其義是經，其事是史，清儒章學誠說過「六經皆史」，[6]是明白上古的文獻乃「即史即經、即經即史」。孔子晚年返魯進行文史經典的學術和思想之整理和詮釋工作，確立了《六經》，而在其中，他依據《魯史》的二百四十二年史事，特別修著了《春秋》，其中就有微言大義存焉，[7]而太史公司馬遷發憤纂述《史記》，即是秉承孔子的精神，而在孔子同時及其以後，亦有左丘明修《左傳》，且有春秋戰國的各國史記匯集而成的《國語》、《戰國策》等，反映中國儒家的重史之道統；其中包括了史德、史才、史識、史學。再者，中國自古亦有地方仕儒和儒士采風記載各地之自然、人文之事物的傳統，這就是地方志書的來源，章學誠曰：

按《周官》宗伯之屬，外史掌四方之志，注謂若晉

6　〔清〕章學誠：《文史通義‧易教上》（臺北：史學出版社，1974），頁1。

7　〔清〕皮錫瑞：《經學通論‧春秋》（臺北：河洛出版社，1974），頁1。

《乘》、楚《杌檮》之類，是則諸侯之成書也。成書豈無
所藉？蓋嘗考之周制，而知古人之史事，未嘗不至纖悉
也。司會既於郊野縣都，掌其書契版圖之貳。黨正屬民讀
法，書其德行道藝；閭胥比眾，書其敬敏任恤；誦訓掌道
方志，以詔觀事；掌道方慝，以詔辟忌，以知地俗。小史
掌邦國之志，奠系世，辨昭穆；訓方掌道四方之政事，與
其上下之志誦，四方之傳道。形方掌邦國之地域，而正其
封疆。山師川師各掌山林川澤之名，辨物與其利害，原師
掌四方之地名，辨其邱陵墳衍原隰之名，是於鄉遂都鄙之
間，山川風俗，物產人倫，亦已鉅細無遺矣。至於行人之
獻五書，職方之聚圖籍，太師之陳風詩，則其達之於上者
也。蓋制度由上而下，采摭由下而上，惟采摭備，斯制度
愈精，三代之良法也。[8]

章氏舉證《周官》以言自古以來朝廷和地方均重視一種工作，即
採集蒐羅各地重要的文風、習俗、政事、物產、圖書以及人物、
人文等之材料和內容，而加以編纂撰述，此乃治理國家之要務。
雖然，或許古籍所言多有理想形式，不必然如後世學者所言嚴謹
地確實實踐，但亦反映了中國自古既已有重視把地方之人事物加
以載錄的理念和行事，這其實就是後世中國地方上的官員、儒
士、鄉紳很重視地方志書的修纂之「儒家道統」。

　　清朝治臺的仕儒，一樣有為地方修志的信念和熱情，因為他
們認為在地方為官，能在任內修輯編纂轄區的志書，乃是可以為

8　〔清〕章學誠：《文史通義‧州縣請立志科議》，同前揭書，頁380。

自己在歷史上留下令名的具有高水準的人文成就。主修《諸羅縣志》的知縣周鍾瑄亦不例外,而心懷著修纂地方志的理念且加以實施。周氏表現了儒家道統重經重史且以史證經的理念。

　　然而,編纂《諸羅縣志》的實質操作之人,並非周氏,他另敦聘有學問和德行之儒者來進行實際修纂志書之業。周氏曰:

> 漳浦有陳君夢林,舊游黔中,與家侄詹事漁璜為筆墨交,又嘗從儀封張大中丞纂修先儒諸書於鰲峰書院,豫修漳州、漳浦郡縣兩志,是足任也,乃具書幣,遣使迎致邑治(即所謂樣圍者)而開局焉;既又擇鳳山學生李欽文、邑明經林君中桂與俱。會萃建邑以後三十四年之見聞,斟酌《郡志》之已載者而一總其成。〔……〕要於保境安民、興教淑世。[9]

依此,乃知《諸羅縣志》的實質主持蒐集、整理、撰述者,是漳浦儒士陳夢林。他受到康熙年間的理學名臣張伯行(河南儀封人,時稱其張大中丞)的賞識和提拔,在張氏於康熙四十七年(1708)創立的福州鰲峰書院,[10]參與纂修《漳州志》和《漳浦

---

[9]　〔清〕周鍾瑄:《諸羅縣志・自序》。

[10]　福建的鰲峰書院,於清朝康熙四十七年,巡撫張伯行建成於鰲峰坊九仙山麓,地址在福州閩縣,前為「正誼堂」,中祀周程張朱五子,後有藏書樓,置經史子集若干櫥,右祀閩中先儒,為「六子祠」。其初招延儒士,日給廩餼,以講明正學為務。五十五年,巡撫陳璸始集郡邑生徒肄業其中。見陳谷嘉、鄧洪波主編:《中國書院史資料》(中冊)(杭州:浙江教育出版社,1998),頁888。

志》。陳夢林既是儒士，且又「出身」張伯行門下，是福建第一
書院福州鰲峰的人員，又有纂修地方志書的經驗，且是周鍾瑄的
舊識，因此，經周氏誠摯之邀聘，陳夢林遂渡海來臺主持實質的
修志工作。

　　因此可知完成於康熙五十六年（1717）而號稱第一傑出的臺
灣地方志的《諸羅縣志》，是任官和在野的儒士共同發心努力而
纂修完成的臺灣史上重要的地方志。其中具有豐實的儒家思想。
再者，根據該志的〈修志姓氏〉所載，「編纂」有兩位，即漳州
府漳浦縣監生陳夢林（少林）、臺灣府鳳山縣學廩膳生員李欽文
（世勛）。此兩位實際上就是主稿人，以陳夢林為正，以李欽文
為副，而兩位乃是閩臺地區的秀才，即地方上最基層的知識菁
英。再者，則有「編次」一位，是臺灣府諸羅縣歲貢生林中桂
（秀民），他亦是地方知識菁英，擔任的應是主稿者的助理。又
有「校刊」一名，是臺灣府諸羅縣儒學教諭加一級陳文海（容
川，永安人，貢生），他擔任稿成之後的校稿者，是閩省永安的
貢生，所以也是地方菁英。以上所舉四位地方生員，就是《諸羅
縣志》的各志內容之實際的參與其事之工作團隊，而他們兩人
是臺灣的儒士，另兩人則是閩省的儒士，而陳文海當時的職位
乃是諸羅縣學的主管老師（教諭），所以，亦是在臺灣當地的儒
士，換言之，陳夢林應徵來諸羅縣主稿縣志，但他的團隊的另三
位同仁，則是臺灣的在地人，以此顯示康熙五十多年之時的臺灣
南部，已有本土的菁英，顯示已具備了基本上的儒學儒教之水
準。[11]

11　〔清〕周鍾瑄：《諸羅縣志・修志姓氏》。

四、儒者纂修縣志的標準

　　《諸羅縣志》是地方志書，所以其中呈現的內容是地方自然人文的人事物，而非《六經》中的國家層級之「王官典冊」，換言之，國家「王官典冊」層級之《六經》和國史，以國之重大經典史冊為本，是道統的「大傳統」；地方志書，則多屬地方性掌故以及當地事事物物等現象之記錄、說明，多屬道統的「小傳統」。「小傳統」重視的是具現的事物和現象，但亦非不存在「大傳統」下貫而來的高層之立國思想、政道觀、治道觀等，在以「儒家道統觀」為主的時代，這些內容當然是以儒家為核心而旁及於其他，如道、釋、風水等。換言之，觀諸地方志，有其撰述之主要對象，即地方性的山川風物、城池政制以及人物、文藝，它是事物之記載和描述，多偏於具體的亦可能較細瑣的項目，惟有些修纂地方志的主撰人，若有其個人的思想深度之學養，內心懷抱道統的「大傳統」之理想、理念，則亦可穿透其志書描繪的具體事相的表層而看出其內在的較高層較深刻的史觀、史識、史德。

　　謹先就《諸羅縣志》的撰述之〈凡例〉來嘗試看看陳夢林等人把握的纂修該志的標準。

> 祀典、學校、賦役、選舉、經國大猷，竟委尋源，非會粹
> 群書莫得其概。邑治鮮藏書之家，故於此數者，各討故
> 實，撮其要於篇首，使海外人士，知歷代沿革之不同、本

　　　　朝損益之盡善，不以為天下之通製邑乘可略而不載也。[12]

此句點明陳夢林等主稿之儒士關心地方志書須重視「祀典、學校、賦役、選舉、經國大猷」等重大施政項目，其實這數項關係國家的政治之要道在國家層和地方層的施作，是儒家著重的行政事務。但陳氏亦指出諸羅縣的一項窘境，那就是編纂方志需要的書籍文獻，在康熙末年時期的臺灣府城或諸羅縣治所在，卻幾乎闕如，故陳夢林根本無法論述，只得援引前志而撰述之。但他還是強調了無論如何，清朝朝廷乃是盡力於地方的沿革發展，意思是清朝治臺至其修志已歷三十餘載，臺灣（或南臺灣）的建設是有成效的。再者，他也表示不論文治是否簡陋疏闊，唯地方仕儒和儒士卻不可以輕忽而不進行地方史志的纂修。於此亦顯示了陳夢林等地方菁英重視史乘之儒家道統。

　　　　今合學宮興建始末、御製訓飭士子文、聖諭、條約、鄉
　　　　飲、養老、考校諸生、義學、社學，另為學校一卷，以昭
　　　　聖天子尊師崇儒之曠典、教育士子之盛心；亦以見學校之
　　　　設，非同尋常規制。[13]

最重視學校教育，是自孔孟以降的歷代不變之儒家主要精神，雖然朝廷設校教育學子的目的和動機，可能是為開科取士，不必然是為了使子弟成聖成賢，但是具有理想性的儒者，其關心、參

---

[12]　〔清〕周鍾瑄：《諸羅縣志·凡例》。
[13]　同上注。

與、從事廟學或書院的教授工作，中心意旨是希望青年學子先能成為君子賢士，其次才是循讀書之路而參加科考，成為國家朝廷的治國良臣，而事實上，士子上升成為治國的人才，也沒有不對，本來中國的政治道統就是主張治理國家必須有德性和學問，這些人才構成「外朝」之架構和骨幹而來實踐治道，最理想之境界就是對庶民百姓施善教化。

但是，清儒與歷代道統儒士不同，是因為清朝以女真異族入主中國，所以清帝特別忌防中土儒士，擔心他們內心不忘《春秋》「嚴華夷之辨的大防」，所以從順治帝一路下來而至康雍乾三帝，除了大搞文字獄之外，亦以帝王嚴厲宰制天下的態度製定約束管制全國儒士的教條，其中有《御製訓飭士子文》、《聖諭》（到雍正時代，擴充之而為《聖諭廣訓》），頒行或立碑於全國廟學、書院，以作為恫嚇並洗腦儒士的「陽儒陰法」的規條。陳夢林當然不能免於此套索，而不論是誠心或假意，他稱呼當時皇帝，必讚頌地稱「聖天子」，將政統凌駕於道統之上，變成孔子代表的道統卻必須委屈於強勢的政統之下，形成了「勢尊於道」的倒置。陳氏提及「聖天子尊師崇儒」，康熙很重視朱子學，也尊重讀書人以及朝中理學大臣，這是事實，因為康熙真正喜愛儒家的朱子理學，他也重視中國的各級教育，支持興廟學推教化，但是康熙也同時以猜防之心來「御用儒學」，形成清朝高張的「內法家帝王術」以控制「外儒家治天下」的專制政治。此種帝王專政一直到清朝被推翻，皆無更改。

> 人物、名宦，慮事遠年湮，因為立傳，若其人見在，則有待焉，所謂百年之後，是非乃定也。〔……〕今惟已故

> 者，乃覈實立傳，見在之人，功德可紀，止據事直書或連
> 類而及，善善從長，雖匹夫匹婦不敢沒也。[14]

此是陳夢林表達了《諸羅縣志》為當地人物名宦修立〈列傳〉之
原則，即以百年之後之重要人物為修傳的根本，人物名宦的傳
記，是中國修正史的道統，地方志亦不例外，是儒家史學的規
範，但陳氏也特別指出史籍固然不為生人預立傳記，惟此人物或
官宦，在當時既已功德明著，而又有具體事項可據以直書者，則
可就事實記之或連類而及。列傳的標準是「善善從長，雖匹夫匹
婦不敢沒」。陳夢林此種為當地人物和賢仕立傳以及標榜善德、
尊敬賢長，並及於庶民百姓的規則，是儒家撰史的道統，無論正
史或方志乃至文人所著人物傳記，均以此為最高標準和原理，但
若依嚴格的孔子、史公所立之標竿，史冊的列傳，不可有當時活
人的傳記，蓋歷史裁判需付諸歷史的時間，充分的史時不可闕
如。陳氏所言「見在之人，功德可紀，止據事直書或連類而及」
的此種妥協性修史立傳之觀點，或不可為典要也。

五、縣志中批判諸羅縣儒政治道闕如

　　《諸羅縣志》是康熙末葉之前的清治臺灣中北部地區，也就
是從今之嘉義始，往北直至基隆海岸的廣渺之中北臺灣地區。其
時，大多數地區仍然荒蕪、原始，愈往北愈屬於臺灣原住民的部
落和獵場及原始農業之地。雖然如此，由大陸來臺之官吏以及隨

---

[14] 同上注。

之而從閩粵來臺之民眾，也已在諸羅縣境展開了政府之行政以及庶民之文化、土地之拓殖，當然這些成效還多在諸羅縣之南端地帶為主，再逐漸往北移墾開發。在志書中，可以看到昔時與儒家有關的內容，此即所謂儒政、儒教之推展之實際情形。本文謹依其內容加以舖陳說明。

中國的治道，源乎儒家，主要在於行政和教化。先就行政，也就是規制的狀況來見當時的臺灣中北部之治道實況。陳夢林在其前言中有曰：

> 規海外千里以為之邑，凡城郭、宮室、都鄙、廬井、津梁，皆王政所必經也；旱潦豐凶有備，郵亭丘壟各有地也，鰥寡孤獨有養也。斯邑啟土以來，百廢弗舉，間有因者，其名云爾。〔……〕[15]

陳氏言明朝廷在千里之外的臺灣建置諸羅縣邑，依治道，應有具體的基礎如城池、官衙、建屋、聚落、交通、橋樑等等國土的次級架構，再者，農耕的水利、耕耘、水旱等土地經濟之推展以及災變之防患，還有通郵、墳地之規劃建設，乃至於給予社會中貧弱孤苦者的照顧等等，這些都是為政者必須踐履之政，而均是儒家仁政之治道之事宜。可是自康熙二十三年設縣以來，已經過了近三十年，卻是「百廢弗舉」，意思是指責歷任主官和屬僚大多或甚至完全沒有負起職責，其意思是指責諸羅縣的治理顯然未臻

15　〔清〕周鍾瑄：《諸羅縣志・規制志》；陳夢林：〈前言〉（臺北：大通書局，未注明出版年分），頁25。

應有的水準和內容。

　　本文且就城池的構築情形以觀實政之落實程度：

> 諸羅自康熙二十三年（1684）卜縣治於諸羅山，城未築。
> 四十三年（1704），奉文歸治，署縣宋永清、署參將徐進
> 才、儒學丁必捷至山，定縣治廣狹周遭六百八十丈，環以
> 木柵，設東西南北四門，為草樓以司啟閉，年久傾壞。五
> 十六年（1717），知縣周鍾瑄重修。[16]

諸羅縣初設時期，縣之官衙並未在指定的諸羅山（今嘉義市）成
立，文武官員不在諸羅山居住行政，而是在今之臺南佳里（昔稱
佳里興）辦公，故未有城。既然官廳不在諸羅山，故可知其時諸
羅縣絕大多數地區，依然缺乏儒家政教之施行。直至設縣二十年
之後，主管諸羅縣的文、武、教三領域的長官，即知縣、參將和
教諭才遷至諸羅山上任，也有正式建城，但所謂「諸羅縣城」亦
只是圍以木柵而僅開四門罷了，可說一切簡陋，且很快敗落頹
壞。周鍾瑄上任（1717），亦即又過了十三年，才予重修。

　　此史實顯示臺灣的儒政推展，並沒有辦法迅速達成。主要原
因是在於臺灣其時仍屬邊陲，而諸羅縣，雖然是明鄭天興縣之承
續，[17]但清朝在此區的行政治理，為時仍短，故其成效有限。

16　〔清〕周鍾瑄：《諸羅縣志‧規制志‧城池》，頁 25。

17　在本志的〈建置〉有曰：「國朝順治十八年〔……〕，鄭成功〔……〕
　　克臺，置一府二縣，縣一曰天興，即今諸羅地也。」又曰：「二十三
　　年，設縣治於諸羅山，地為鄭氏故營址，因以命名，取諸山羅列之義
　　也。縣隸臺灣府，地南自蔦松、新港，東北至雞籠山後皆屬焉，

陳夢林剋就諸羅城池之規制未備而有批評，其文曰：

> 論曰：三代之英，城郭溝池以為固，[18]故曰「王公設險以
> 守其國」。[19]漢晁錯之言兵事曰：「高城深塹，具藺石、
> 布渠荅」（如淳曰：「藺石，城上擂石也。」蘇林曰：
> 「渠荅，鐵蒺藜也。」）；又曰：「調立城邑，為中周虎
> 落。」（顏師古曰：「虎落，以竹篾相連遮落之
> 也。」），言乎守之不可無具也。
>
> 諸羅故無城郭，村落如晨星，無關砦堡塢；猝然有急，鳥
> 獸駭散。劉却之亂，下加冬奔潰，亂民四出行劫；豈非營
> 障不堅，村落莫能自固，故至此與？[20]

陳氏引古經籍指出城池的規劃和築造，是治國者不可以輕忽之治
道，但明顯地，其時的諸羅縣，全然談不上此基本的行政之施
行。他點出當時的諸羅縣，村落寥落如晨星，亦無任何關砦堡

〔……〕見《諸羅縣志・封域志・建置》，頁 3-5。

[18] 此句出自《禮記・禮運》，其在「小康世」一段有曰：「今大道既隱，
天下為家，各親其親，各子其子，貨力為己，大人世及以為禮，城郭溝
池以為固，禮義以為紀，〔……〕故謀用是作，而兵由此起。
〔……〕」在國際諸國互相為己而鬥爭攻戰的時代，必須建築並鞏固自
己的城池，以防敵國之來攻。

[19] 此句見《易・坎》，其〈象〉曰：「習坎，重險也。水流而不盈，行險
而不失其信。維心亨，乃以剛中也。行有尚，往有功也。天險不可升
也，地險山川丘陵也。王公設險以守其國，坎之時用大矣哉！」孟子提
過國之守護，有三個要領或條件，即天時、地利、人和，此處特別強調
地形條件可以在險要處設關隘來防護國之安全。

[20] 〔清〕陳夢林：〈城池・論〉，《諸羅縣志・規制志》，頁 25-26。

堡,其實,連縣城所在亦無像樣的城牆、城郭可依以守護。陳氏是福建人,必熟閩省水土;閩臺地理環境相似,多莿竹,他說:「嘗就此地土物所宜,為因利乘便之計;有不藉壁壘而堅者,莿竹是也。其附根節密、其枝橫生、其莿堅利,若環植而外布渠苔,堅築敵樓於東南西北之衝,即矢石炮火可左右下,敵不得近。雖雲梯百丈,無所用之,雉堞豈能相過哉!」[21]

周鍾瑄修築新建的諸羅城或是以莿竹建造圍繞的此種因應當地植物生態而加以利用的莿竹城。清治臺灣之前半葉,仍無磚造業,用磚牆為城,相當困難,當時臺灣亦不止諸羅縣城如此建造,在其之後發展的竹塹城,亦是以莿竹而為之。

受到儒家思想影響的傳統官吏,其儒學是以經世濟民之道為其信念,故其在地方的治理,實政的建設是很重要的。陳夢林一方面指出當時的諸羅縣的實政之缺失,一方面則提出他因應地方性質的施行保民安民的行政之方略。

六、諸羅縣學建設的遲緩狀況

儒教是施政建設的核心指標之一,地方主官是否勤政,其勸農和興學是兩項必資以驗證的大政。吾人就當時諸羅縣是否建有「儒學」以觀其儒政,〈規制志·衙署〉曰:「儒學署,未建。」[22]在其說明條中有曰:

---

21 同上注。

22 同上注,頁 26。

> 按儒學一官，朔望宣講《聖諭》，課督生徒，有教化之責。典史職在巡察捕盜，每事署其名於尾。皆與縣令共相為理，衙署宜在縣內者也。諸羅教諭僑寓郡城，典史署在目加溜灣，而在縣者惟佳里興巡檢。佳里興距縣八十里，當未歸治之前，縣令、營守俱住其地，故巡檢權移諸羅山耳。[23]

「儒學」指的是清朝實行的體制教育的各級學校，如府儒學、縣儒學等，通常是與各地文廟配合，合為「廟學」。但在《諸羅縣志》撰述時期，諸羅縣的學校主管兼教師的「教諭」，卻不居於縣治，而是僑寓在臺灣府城（今臺南市）。足證一方面，諸羅縣的基本教育是十分荒廢的，一方面也反映當時諸羅縣可能人口甚少，沒有多少生徒可教。

此節敘述，宜與〈祀典志〉的內容相參。該志的「文廟」條目有曰：

> 諸羅自康熙二十五年設學，乃有釋奠之祭。時廟在善化里西保（即目加溜灣社），春、秋為篷廠以祭，弗克成禮。四十三年，縣治歸諸羅山，四十五年冬，海防同知孫元衡攝縣，建大成殿，〔……〕四十八年，鳳山令宋永清署縣，建啟聖祠，重建兩廡。今廟在縣治西門外。[24]

23　同上注，頁 26-27。

24　《諸羅縣志・祀典志》，頁 55。

由此可見雖然康熙收入臺灣的次年，就在諸羅縣設學，但文廟卻
設在目加溜灣社，即善化里西保，今日之臺南善化。春秋有釋奠
祭祀，但卻是設置篷廠以祭，亦即臨時搭建布篷作為行禮之場所
來祭祀孔子。一則不在縣治之所在，一則是文廟居然設在南邊近
臺灣縣的目加溜灣社，再者需搭布篷行祭，可證所謂文廟，大概
其規制是不成一個樣子。

　　直至四十三年，諸羅縣治才遷到諸羅山，再過兩午的冬季，
由孫元衡以海防同知之官職兼攝縣令之時，才始建大成殿，而又
再過三年，才又由鳳山縣令改調諸羅縣令的宋永清增建兩廡和啟
聖祠，但仍缺明倫堂。由此證明，就廟學的建設和發展而言，諸
羅縣的文教成效不能說是好的。

　　這種情形，在《學校志》中亦有說明，其〈學宮〉曰：

> 諸羅縣，初未有學。康熙二十五年，臺廈道周昌請於三
> 縣各建儒學，始為茅茨數椽於善化里之西保。三十四
> 年，臺廈道高拱乾有建學之議，教諭林弼奉檄庀材，粗成
> 棟宇，以群議基址不固，復行拆卸，止留殿屋一間棲先師
> 之神。[25]

諸羅縣的學校，與另外兩縣一樣，皆是康熙二十五年奉准而成立
興建，但卻立址於善化里（目加溜灣社，今臺南市善化區），而
且根本談不上是個起碼的學校，因為只是茅茨數椽而已，到了三
十四年，又再興築，棟宇粗成，卻又被譏為基礎不固，而被迫建

---

[25]　《諸羅縣志・學校志・學宮》，頁67。

而又拆，只留一個殿屋祭祀孔子。由此可見，初治諸羅縣的時期，當地完全沒有儒學儒教。

> 四十三年，鳳山知縣宋永清署縣事，奉文移歸諸羅縣治，與諸生度地議建學宮。〔……〕定基於城之西門外。永清首捐百金，合教諭丁必捷、貢廩諸生公捐，並前縣毛鳳綸公費，計五百餘金。甫架樑，而知縣毛殿颺蒞任，未數月，殿颺卒，事遂寢。[26]

宋永清是以鳳山縣知縣來兼代諸羅縣事，他將諸羅縣的行政機構搬到諸羅山，積極與當地儒生商議建立儒學學宮，且基本建設經費居然是由知縣、教諭、儒士共同辛苦捐款而得，由此可以見到清廷對於地方治理的態度甚消極。且學宮興工之始，新派任的知縣來接縣務，但卻因疾而逝，學宮的興建因之停止。依此可證，地方的文教之興衰，與主其事者的態度和情況直接相關。宋永清是清初治臺的官吏中的賢仕。

> 四十五年，海防同知孫元衡攝縣，乃興工建大成殿、櫺星門，臺廈道王敏政、知府衛臺揆、北路參將張國、教諭孫襄各捐俸為助；不足者，元衡肩為己任焉，成宋志也。四十七年，宋永清再署縣事，建啟聖祠於大成殿之後及東西兩廡。歲久漸圮。[27]

26　同上注，頁 68。
27　同上注。

康熙四十五年，諸羅縣的學宮才能在一群賢吏和儒士的通力合作下興建完成主體建築。但其規制仍未完備，且其構築不耐日久而頹圮。

> 五十四年九月，颶風發屋，榱棟朽折，傾倒殆盡。知縣周鍾瑄大修大成殿、啟聖祠，重建東西兩廡。啟聖祠左為明倫堂，堂左楔木為臥碑；右為文昌祠。聯兩廡而下，東為宿齋所、西為器庫，為二門三楹。門外左為名宦祠，右為鄉賢祠。前為櫺星門，周圍牆高八十六丈四尺，東為禮門，西為義路，前為照墻。是役也，工起於五十四年十月，成於五十五年十一月。[28]

到康熙五十五年年底，諸羅縣的文廟學宮，才能真正合乎規制地建築完成。從清朝治諸羅縣始一直到此年，才有像樣的廟學成立，這時間已長達三十年之久。一方面顯示臺灣的確是邊陲之地，一方面也顯示清廷對於海防重地的臺灣的輕忽。臺灣的文教以及其他治理，是地方賢仕以及地方儒生共同發心克服艱難而做到的，清朝中央政府其實未能盡責。

七、陳夢林的實政觀

陳夢林主編《諸羅縣志》，並不止事實描述而已，他如太史公修史，常於志之前後效法史公之「太史公曰」，而留有其文，

---

28 同上注。

表現了他的儒家觀。其觀點，實亦可以代表其時的地方儒生的思
想。本章先敘論陳夢林的儒學中的實政實務觀。

陳氏論水利有曰：[29]

> 最宜加意者，莫如水利、津梁。何則？地溥且長，田可以
> 井。畏澇者秋漲驟怒，海潮灌之，雖史起、鄭白無所用其
> 智力矣。

諸羅縣西半部地帶，屬今之嘉南平原的北部，地勢平坦，最懼大
雨形成洪澇，尤其是夏秋之際的暴雨匯洪而下時，又恰逢大海潮
之倒灌，則洪峰與大潮相撞而易引生大水災。陳氏特別警告諸羅
地區的洪澇若起，就是古代最偉大的防洪疏澇的水利大師史起、
鄭白再生亦無可奈何。

> 畏旱者因山澤溪澗之勢，引而灌溉，先王之溝洫澮川，詎
> 異是哉？然穿鑿泉源、旁通曲引；木石之用、工力之煩，
> 既已不貲，而歲有衝決，修築之費，半於經始；故愚者怠
> 於事而失其利，智者有其心而絀於力。且鄉野之眾，謀多
> 不集，非官斯土者激勸有道，考其成功，不委諸草莽，即
> 廢於半塗耳。

是故，地方官吏必須重視水利，修築和養護水利設施，是其治理
地方的主要政事。此處特別指出地方草野庶民多半無知或地方官

29　《諸羅縣志‧規制志‧水利》，頁 44-45。

吏之輕忽職守，則水利之功易於毀敗而廢，故災難常生。陳夢林
透過周鍾瑄的知縣身分（或是周氏自己以縣官身分而撰文）而
言：

> 鍾瑄自五十三年視職，竊嘗留意於斯，循行所至，度其高
> 下蓄洩之所宜，烝髦士，召父老子弟，與之商榷，工程浩
> 大而民力不能及，則捐資以倡之，發倉粟以貸之。決壞雍
> 塞，則令修治，使其復舊。陂之大者，另立陂長，責以巡
> 察，司斗門之啟閉，以時其蓄洩。

以上一段論述，一方面表示了諸羅縣知縣治理地方，必須重視水
利設施，一則是防洪潦之災，一則是為了農耕需要的灌溉；一方
面則表示了儒家的政治思想之中，著重治民愛民的實政，這是儒
家很重要的經世濟民之要務。儒家不尚玄言虛論，儒家之思想、
理論必須是將仁心切實地作用在庶民百姓的生活和生存的充分保
障之仁政中的。其中，防洪與灌溉的水利之關懷、規劃、建設，
是數千年來儒家心性中的根本經世濟民之思想，是仁政王道的基
本治道，從大禹治水的古史傳統一路下來，直到清朝的各層賢官
良吏，莫不如此。陳夢林的史論，表達的大義，就是儒家的實學
實政之中重要的一個環節。

關於儒家重視行政的實務治理，陳夢林修纂《諸羅縣志》，
有非常明著的表達。此處謹以他在〈兵防志・總論〉的文章來加
以詮釋。

陳氏在〈兵防志〉的〈前言〉中曰：

> 臺四周皆海，騎無所用之；水陸並設，亦因地為之制矣。
> 北路搤全臺之吭而拊其背，然則山海要害之地、通川之
> 道，酌其廣狹、相其險易而衷益其多寡，非當務之急與？
> 前代兵制，凡民壯、舖遞、弓兵皆謂之兵，本朝額設，不
> 過勾攝公事、齎送文諜而已。[30]

陳氏嚴肅指出諸羅縣的地緣重要性，它是臺灣之北路，控制全臺之北部和東北部要區，所以國家應該在此區的重要地點和位置設立兵防，同時，他也指出清朝居然將明朝重視的駐防各要點而有兵防之義的如民壯、舖遞、弓兵等制，皆去其軍備之義而只是傳遞公文的驛站而已。陳氏顯示了儒家重視國家在地方治理的實學實政之務實之心，但他或許不能明白清人以異族入主中土，防忌漢人是否會依險而造反，故對於地方上的武備是不放心的，所以多有鬆懈。

以下依〈總論〉[31]來依序以觀陳夢林的經世濟民型儒學之思想。

> 諸羅自蔦松、新港至斗六門一百八十餘里，其間四里、九
> 保，莊社鱗次；府治、縣治之左右上下，漢人有室家、田
> 產以樂其生，諸番頗漸染政教而知所畏。

此指從諸羅縣南端的蔦松、新港一線往北直至斗六門，即今日之

30　《諸羅縣志·兵防志·前言》，頁109。
31　《諸羅縣志·兵防志·總論》，頁109-114。

雲林斗六，大體是今之嘉義縣和雲林縣地區，陳夢林實際觀察所得，已是莊社比鄰且有府治、縣治的文教之區，漢人聚落田莊皆已建立，而原住民亦已漢化，當地陳氏所言諸番，主要是平埔族的洪雅族各部落。

> 自斗六門至雞籠山後八百餘里，溪澗崖谷，既險且遠。當設縣之始，縣治草萊，文武各官僑居佳里興；流移開墾之眾，極遠不過斗六門；北路防汛至半線牛罵而止，皆在縣治二百里之內。

陳氏指出其時諸羅縣的行政機構都暫寓於佳里興辦公，佳里興地點在今臺南市佳里區，根本還是屬於那個時代的臺灣縣轄內。為何如此？乃是由於從今之雲林斗六往北直至今之基隆，完全還是一片未闢的原初荒野之地，從大陸渡海來臺的移民，最北還不敢越過斗六門，換言之，今之彰化縣以北的大片北臺區域，依然是原住民的生活空間。清廷的軍事據點，亦只到牛罵和半線而已，即只到今之臺中市沿海岸的清水區往東進入內陸而至今之彰化縣的彰化市。

陳夢林以實證的方式，清楚說明康熙治下的北臺地區的清朝行政之實際情形。儒家治學修史，必是實學，對於實務實事，能夠積極正視，而非虛玄空論。進一步的論述如下：

> 虎尾、大肚，人已視為畏途，過此，則鮮有知其地理之險易者。又其時崩山、後龍、中港、竹塹、南嵌各港商賈舟楫未通，雖入職方，無異化外。自康熙三十五年吳球謀

> 亂,繼之以吞霄、淡水之土官,繼之以劉却,五年之間,
> 數見騷動,皆在北路。

康熙三十五年之後五年之間,亦即到康熙四十年,北路接連發生漢人和平埔族的叛亂,乃是由於官治基本上未能深入諸羅縣地區,雖然沿岸河口,從南的崩山(今之火餤山下、大安溪口),往北,有後龍(今之苗栗後龍溪口)、中港(今之苗栗竹南中港溪口)、竹塹(今之新竹市頭前溪口)以及南嵌(今之桃園南嵌溪口)等港,但其時皆未有商賈的往來貿易,只是漢人渡過海峽登岸的津口,而且從今之雲林虎尾和彰化大肚一線以北的廣大北路地區,臺灣南部的漢人,完全視之為危險蠻野之地區,多不敢冒冒然進入。

然而,隨著時間推進,情形有所變化。陳氏曰:

> 四十九年,〔……〕設淡水分防千總,增大甲以上七塘,
> 蓋數年間而流移開墾之眾,又漸過半線、大肚溪以北矣。
> 此後流移日多,乃至南日、後龍、竹塹、南嵌,所在多
> 有。以去縣日遠,聚眾行兇,拒捕奪犯,巧借色目以墾番
> 之地、廬番之居、妻番之婦、收番之子;番畏其眾,強為
> 隱忍,相仇無已,勢必搆禍。而大甲以上官兵,初至不習
> 水土,又地方遼闊,塘汛寡弱,無事空抱瘴癘之憂,有事
> 莫濟緩急之用。

由於諸羅縣治移回諸羅山,治理往北推進,如增設淡水分防千總以及大甲以上七塘,皆是諸羅縣治理北路治安的重要設施。於

是，隨著政府力量的北進，漢人移民也就在數年之內就大批越過半線和大肚溪而邁入北臺開墾。半線就是今彰化市，而大肚溪即今之彰化縣和臺中市的界河，換言之，漢移民已經年年大批跨入今之臺中盆地開發建莊矣。甚至亦有移民至今之苗、竹、桃三縣的沿海而佔墾據點逐圈拓殖。

陳氏的論史深度不止乎描述正面情形而已，他特別點出其中的幽暗面，第一是北臺仍屬典型的「移墾型社會」，充斥流民無賴等所謂「羅漢腳」，「聚眾行兇，拒捕奪犯」，換言之，幾乎無治安可言，此即反映當時北臺之文教和法治不彰。其次，陳氏道出了昔時漢人和平埔族之間的種族不平等的關係，漢人集體地以墾首制進入漢番界碑（即日後的土牛溝）之東的番地，「以墾番之地、廬番之居、妻番之婦、收番之子」，於是「番畏其眾，強為隱忍，相仇無已。」再者，則是清派駐北路的官兵，根本是聊備一格而已，真正起不了作用。換言之，諸羅縣從大肚溪以北的廣闊地區，在陳夢林時代，乃是漢人不斷地入墾但卻是羅漢腳好勇鬥狠而無文教且漢人欺侮原住民的移墾型社會。

上述是陳夢林對於諸羅縣治尚未移至諸羅山之前時期的北路寫實。接著，他就以史家觀點而提出批判。他指出有些官員有棄大甲溪以北區域為化外之議，如：

> 知縣周鍾瑄有清革流民以大甲溪為界之請。前北路參將阮蔡文又有淡水一汛、七塘官兵應請咨部撤回之議也。議者又謂臺灣附屬閩省，雞籠、淡水版圖以內必畫界於大甲。

諸羅縣的主官主張文教行政就到大甲溪，溪之南清革所有流民；

甚至北路參將阮蔡文更主張淡水的治安和防禦之軍事據點之一汛和七塘，均予撤除。一些有意見的人都認為臺灣轄屬福建省，只要大甲溪以南的中臺和南臺有所施政治理就好，大甲溪以北廣大的北臺灣，棄之留為番地可也。按周鍾瑄和阮蔡文皆是清康熙時代在臺的賢吏，一文一武，他們卻皆視北臺屬於荒遠邊鄙，不宜治理，宜歸為原住民的蠻夷地方，此種論調亦有議論者附和支持。可證其時，不少人士仍然具有華夏中原和四邊夷狄之空間區隔的文化地緣論，此種思想，並非此文中點名的周、阮兩位清朝地方官吏，其實清朝治臺，整體上是主動劃界，如漢番界碑、土牛溝、隘線等來區分漢人的文教地區以及所謂「番界」，依不同方式予以對待，其背後的民族文化觀是中國的「中土與四夷」的華夏與東夷、西戎、南蠻、北狄之空間觀念。

　　但是，陳氏的看法不一樣，他與傳統仕儒的消極內斂不同，他有剛健之進取心且有架構性知性的實政之建言，他說：

> 今日畫大甲為界，而又撤淡水七塘防汛，則此七百里遂為政教不施、稽察不及之鄉，徒寄耳目於三、五通事，天下寧有七百里險阻藏奸之地，無縣邑、無官兵而人不為惡、為頑、為盜者乎？

陳氏提醒大甲以北廣達「七百里」的遼闊北臺，若是只交給極少數通事來管漢番之際的事務，但卻坐令「政教不施、稽察不及」，而一定會成為藏匿奸人的亂區，又無行政的文武治理和教化，暗中違禁遊移進去的漢人移墾之民卻仍然多且不止，必多有為惡徒、為頑民、為盜匪之人。而這些壞人亦會返大甲溪以南的

治理區來擾亂社會。基於不可讓盜匪之淵藪就形成在政教區旁側的地緣性原則，陳夢林主張必須積極建設諸羅縣的廣大未開發的北部區域。其建言如下，分段敘述之：

> 竊計諸羅之地倍於臺、鳳，山澤險阻多於臺、鳳。臺為郡治，置帥府、宿重兵；澎湖區區一島，鎮以一協兩營；鳳山南路一營所轄，不過三百餘里。獨北路以千里之邊境日闢日廣，聯為一縣，彈壓以參將一營九百四十之官兵，合則阨塞多而不足以設備，分則形勢絀而不足以建威。今昇平無事，其稍遠者已難為駕馭矣，設不幸有水旱之災、有一方之警，而又有不逞如吳球、劉却、卓个、卓霧、冰冷、亞生之狂狡乘間相註誤者，將何以制之？[32]

相較於臺灣縣和鳳山縣，諸羅縣的面積遠為遼闊，而且地形更多山澤，所以交通往來更加艱難。陳氏指出臺灣縣因屬府治的附廓縣，地位重要，所以置重兵守護，但鳳山縣範圍「不過三百餘里」，卻派駐一營軍隊，而與此相對，諸羅縣如此廣闊邊遠，且移民入墾日眾，卻僅有一位參將帶著一營只九百多名兵士的軍

---

[32] 按陳氏此段所言的卓个、卓霧、亞生，皆是康熙三十八年反抗暴虐殘酷之壞通事黃申起而率眾殺黃申等眾的道卡斯族吞霄社之土官；其所言之冰冷，則是同年因漢人主賬金賢之為惡而憤起殺之的淡水土官，即北投社（今臺北市北投區）的巴賽族（凱達格蘭族）之土目。相關敘史，可見《諸羅縣志・崔符》，頁 279-280。兩件康熙三十八年的大案，均是漢人欺凌北路平埔族原住民而引發的種族衝突。但在此點，陳夢林的評述未能依夷狄入中國則中國之，而遠近小大若一的觀點而客觀地敘述，此是清朝時代儒者思想之缺失。

備,如何足以支持北路的防務和治安?他提醒若萬一有水旱之災,將會難以處理,而且北路已經有漢人和平埔族的亂事發生,所以並不安寧。亟需積極面對,提出適合的政策。

這一段引文顯示了儒生陳夢林的實學之態度和觀點。儒家不可以只是將形上哲理拿來往復論辯,而以此玄理就當成心性之學,以為只要靜守本心的孤明就是儒家,只是這樣是不可以的,真儒必須重視且實踐外王之學。他表達了他對於諸羅縣如此廣大、且屬邊陲但卻重要的北路之建設發展的政策的建言。他說:

> 淡水以南至半線三百餘里,水泉沃衍,多曠野平林,後龍諸港實與鹿仔、三林、海豐、笨港各水汛相為表裏,宜割半線以上別為一縣,聽民開墾自如。而半線即今安營之地,周原肥美,居中扼要,宜改置為縣治。張官吏、立學校,以聲明文物之盛,徐化鄙陋頑梗之習;嚴保甲之法,以驅雞鳴狗盜之徒。

陳氏提議應該以半線為界,從此地開始往北至淡水,與諸羅縣分割而別立一縣,而以半線為縣治。他的理由是諸羅縣實在太大,不易治理,而半線以北一直至淡水,面積廣達三百餘里,大概是現在諸羅縣的一半,其地多水泉、多平原,土壤肥沃,甚宜漢人進入開墾,且後龍以北多港,可立汛守,可與中路的諸水汛相為表裏而使防衛更為周全。在半線設縣治,遂可於此置立官吏治理、且成立保甲制,又同時設立儒學推廣文教,帶動半線以北的北臺的治道和教化。

此是實學形態的儒學及其帶出來的實政方策。其復進而有

曰：

> 前此越境有禁，人猶冒險以踰大甲，若既置縣，則招徠益
> 眾，戶口益滋、田野益闢，漢人墾番地為田者計值代番輸
> 餉，於賦既增、於番亦甚便也。土之所入、賦之所出，於
> 官役傭工倍蓰，且可斥其餘以資兵餉也。前此地遠勢隔，
> 官民不得相親，若既增一縣，則兩邑之官各守其土，各訓
> 其民，循行村社，與民日近；拔其秀良，宣講聖諭，告之
> 以孝弟忠信，君子悅其教，小人安其俗，禮義廉恥之心日
> 長，干紀作亂之事日息。然則增兵置縣，非唯張皇威武，
> 抑以昭宣文德；所謂法施已然之後，而禮禁未然之前者
> 也。〔……〕淡水一汛，於今五年，視向者初成之日亦大
> 有間矣，何者？山川之氣鬱蒸而為瘴癘，得人焉為之經
> 理，則氣有所洩而閉者漸開，天地之常也。屯戍眾多，村
> 落稠密，道通木拔，蟲蛇惡物漸次驅除，陰邪既消，災沴
> 自息，而又潔其居食，濟以醫藥，可無憂水土矣。

此承上段文章的觀點而進一步表達割諸羅縣之北半部另立一縣的
實務之要，一者是漢人可以租墾原住民埔地，而就此租穀代替原
住民須繳交給官衙的糧餉，同時，漢人墾地生產之收穫還高於他
們為官役傭工的收入，更可有多餘繳納兵餉，實於官民皆有利
益，且官吏亦易於親近村社，促進官民良好之情。再者，若經濟
生產穩定且上升，則在充足之下，乃可立鄉校，講《聖諭》，教
以孝悌忠信之道德倫常，使庶民百姓知乎四維八德，過德化的生
活。如此既有經世濟民之政，復有文德倫理之教，輔以治安和醫

療之推行，則新設之縣，必能開發繁盛。

八、陳夢林的儒家思想

　　陳夢林出身鰲峰書院，他在《諸羅縣志》中著有史論，在其中表達了他的儒家教化思想和觀念，茲引其相關文章加以敘述、詮釋。

　　首先，可就文廟配祀先儒先賢之議題來看陳夢林的儒學觀：

　　論曰：諸儒從祀，歷代折衷群議，或升或罷，或改祀其鄉，詳且慎矣。至今上而特升朱子以次十哲，道學昌明，如日中天。然竊有聞諸前人以俟論定者：一則明嘉靖間王世貞之議以有若、南宮适補十哲也，以宋范仲淹躋從祀也。〔……〕而當嘉靖間，有永豐訓導羅恢者亦言孔門從祀當以道學論，《論語》記有若之言四，皆有裨世教云云。愚竊以南宮适之在聖門，既嘉其言行而娶以兄子，又稱其君子尚德，其賢實非宰我、冉有所及。今縱不必退宰我、冉有於兩廡之列，亦何不可升南宮、有若於朱子之上，度亦子朱子所心喜也。仲淹以名教樂地引張載，當仁宗朝，數請興學校、本行實，於是詔天下州縣皆立學校科舉法。宋一代道學之盛，實始於此。故先儒論宋朝人物，以仲淹為第一，其宜從祀，抑又何疑？濂、洛、關、閩闡發性與天道無餘蘊，所學同出一源。〔……〕蔡元定之宜祀兩廡，〔……〕皆確有至理可行，絕非好奇立異以新人

　　耳目者可同日而語也。[33]

以上的敘述，是陳夢林的一篇重要之儒家論點，彰著了陳氏對於先儒的品鑒。清初中國的儒者，固然受到康熙特別標榜的清朝政治意識形態化之朱子理學的影響和約制，他們不能肯定、弘揚陽明心學，而必得以朱子理學為標準。譬如陳氏在這篇論文一開頭便說道「今上而特升朱子以次十哲，道學昌明，如日中天」，康熙下旨將朱子提升到大成殿中成為十哲之一，這是近世大儒中的唯一列為十哲者。清以後，朱子理學成為清官方政教的意識形態，而支配影響了兩百多年的中國士子。似乎大多數儒士都在科舉型的朱子理學之薰習之下，皆成為對於滿清異族及高度專制政治的統治而被馴化的軟弱者？但其實不必然全皆如此。以陳氏而言，此篇文章就有其委婉、潛藏的微言，呈露了他的真正用心。

　　陳氏藉文廟從祀發展史來表述其觀點，他提及明朝文士王世貞和訓導羅恢皆主張宜升孔門大賢南宮适和有若為十哲，並以北宋大儒兼大政治家范仲淹從祀，其理由在於若以先儒先賢的成德言，有若在《論語》中有重要身分，其話語列在《論語》首篇的〈學而篇〉第二章，證明有若在孔門弟子群中崇高的地位，而南宮适則是孔子「嘉其言行而娶以兄子，又稱其君子尚德」的一位儒門大君子，既然於德有虧的冉求、宰我皆能位列兩廡，然則南宮子和有子為何不能入祀大哲之位？再者，後世之賢儒亦有入祀文廟者，則北宋大儒范仲淹更宜從祀，其觀點是「仲淹以名教樂地引張載，當仁宗朝，數請興學校、本行實，於是詔天下州縣皆

33　《諸羅縣志・文廟・論》，頁 60-61。

立學校科舉法。宋一代道學之盛，實始於此。故先儒論宋朝人物，以仲淹為第一，其宜從祀，抑又何疑？」再者，朱子高弟蔡元定亦應陪祀文廟，何也？乃是因為蔡氏追隨學習於朱子並為「偽學之害」，而轉移承擔了朝廷奸人加諸朱子的政治迫害，為老師和道統之尊而犧牲自己，是為閩學之大賢大義之君子儒，基於濂洛關閩之道學之闡發天道性命的一脈相傳的意義，故蔡元定宜入祀文廟。於此文中，甚至他還抬出了朱子，說朱子必會心喜南宮子、有子之入大成殿為十哲，相對之意，則是朱子只能從十哲之位階而退為從祀兩廡之賢儒，此種大膽的論述，大逆於康熙的意志，是犯了天下之大不韙的，幸好陳夢林編纂《諸羅縣志》，地方是在邊陲之臺灣的邊陲，故其此篇〈文廟論〉，並無多少中央級的所謂「理學名臣」讀到，相信該志出版時，亦無多少人士閱讀，甚或讀之而不甚了了，所以，陳夢林沒有罹文字獄之難，誠地方型儒士命運之有幸也哉！而從此文亦可證清初御用型理學大行之時，清儒亦有不必然就乖順俯首臣服於政治之勢力者，陳夢林在此呈顯了一位儒者應該具備的「道尊於勢」之信念。

其次，陳氏也就諸羅縣建學之艱難而表述其推廣儒教之看法：

> 諸羅建學三十年，掇科多內地寄籍者。庠序之士，泉、漳居半，興、福次之。土著寥寥矣。夫士農工賈各世其業，故易有成也。諸羅之人，其始來，非商賈則農耳，以士世其業者，十不得一焉。兒童五、六歲亦嘗令就學，稍長而貧，易而為農矣、商與工矣或吏胥而卒伍矣，卒業於學者

> 十不得一焉。子朱子有言：「自田不井授，人無恆產，而
> 為士者尤厄於貧，反不得與農工商賈齒。上之人欲聚而教
> 之，彼亦安能終歲裹飯而學於我！」〔……〕雖有穎悟傑
> 出之子，不能自給，亦終於易慮改圖而已。而巨賈列肆居
> 廛，則金帛貨貝足相傲也；田舍翁多收十斛，則菽麥稻粱
> 足相傲也；吏胥舞文為奸利，鮮衣美食則相傲；強有力竄
> 名卒伍，躍馬彎弓又相傲，於是此邦視學之途為迂而無
> 用。[34]

首先，陳氏先點出其時諸羅縣設立三十年，在當地而參加科考
者，卻不是諸羅縣籍子弟，而是從閩省來此冒籍入庠序為學生而
參加科考之內地人，以泉州、漳州最多，佔了一半；興化、福州
人則次之。自己臺灣人或諸羅縣人，則幾乎寥寥無幾。此處顯示
了一個情形，那就是其時諸羅縣的教育和文風幾乎是闕如荒廢不
振的。此甚合於所謂「移墾社會」或甚至仍屬原始荒野草埔的區
域性。

再者，陳氏更深入說明諸羅縣的漢人，多追求商賈、耕作、
吏胥、行伍等職業，因為，一則當時家庭縱許願意子弟入泮就
讀，卻拘於家貧無學費或由於讀書曠日費時而無速效，故多不鼓
勵子弟讀書，或讀至中途卻輟學者。然而，不讀聖賢書而不受文
教之庶民，從事商賈農稼吏胥軍伍，不免趨利赴勢而以金錢、物
質、權力等世俗之價值互傲且用以驕待君子、賢士，因此而使諸
羅縣成為粗鄙卑陋的社會。陳夢林一則提出了儒家的教化理想之

34　《諸羅縣志・學校志・論》，頁80。

境界，一則是剖出了其時當地的實況。

　　接著，陳夢林此文的大部分篇幅，充分表達了他的儒學儒教的思想。

> 先王謹庠序以養士，五禮六樂、七教八政、養耆老、恤孤獨，上賢以崇德、簡不肖以絀惡。非專為導人梯榮弋祿之資也。是故修之於家而獻之於廷，德行高砂，志節清白，表正風俗，視民不恌，君大夫之所敬求，長吏之所以尊而禮也。[35]

陳氏論述儒家主張的儒教是培養士君子的德操和倫理，而不是學得知識藉此攀得祿位以取榮華富貴。因此，儒士培德從修身齊家出發，最終是出仕任官為朝廷而行仁愛之治道於天下。

　　陳夢林身為閩臺地區的地方儒士，他表達的儒家思想，乃是習得並實踐德操於家國天下的道德理想主義。陳氏正是傳統儒家書院教化培養成就的典型儒士。

> 司馬溫公之說曰：「士先德行後文學。」以文學言之，經術又先於詞章。蓋經術者，格物致知之學，所以進於誠意、正心、修身而為齊家、治國、平天下之具者也。今學者焚膏繼晷，唯科舉是務。即所謂科舉之文，亦非有原本經術、發抒義理，得之於心而宣諸口；揣摩迎合，圖取膏

---

[35]　同上注，頁80-81。

梁、文繡已耳。就其所學，寧堪自問哉？[36]

陳夢林是典型的宋理學的清初儒士，他引北宋大儒司馬光之言來界定儒士的標準，那就是以德性養成為主旨，德性主體挺立具足，才能講求「文學」。此所謂「文學」不是今之狹義的文學創作之意思，其先是「文」，是「博學於文」、「文行忠信」、「文彩彬彬」的那個「文」；而「文學」之意思，就是學習、認識、涵養廣博深厚的人文、文明的知識之意，此是屬於「知性理性」的思維、認知以及建立知識體系的路向。在此知性主體之取徑中，陳夢林指出習得「經術」是較習得「詞章」來得優先和重要的。

「詞章」之學，只是文字、文本的考據、訓詁、音韻、版本、目錄等，它固然亦是治學之一類，但在中國之學中，只是工具性之學，此種學問路數，由於清之文字獄的高壓，而居然成為清之顯學，後人名之為「乾嘉之學」者也。而具有優位之「經術」是什麼呢？陳氏徵引《大學》的「八德目」之修習和實踐的工夫與境界之次第而言之，其實就是儒家「內聖外王」的「由仁心為本而仁政踐之；由仁政之成而仁心彰著」的本體和大用的雙迴向結構的經世濟民觀。

雖然陳夢林只是引用《大學》來定義「經術」，但中國儒家的「經術」之學問核心，當然不止於《大學》一經，而是統合了《六經》以及其他史、子、集等典冊，是指中國歷史思想傳統之價值、精神的本質的研究和實踐。換言之，就是孔孟荀原始儒家

36　同上注，頁81。

創造、弘揚以及代代相傳的儒家之道和學的基本內容，再加上道家、陰陽五行家、法家、兵家等學說，它是通過經、傳、疏、注形成的今之所謂「國學」而存有、詮釋以及形成為國體之中心意識方向、國族的靈魂以及社會生活的根本價值系統。

　　至於「詞章」之學，僅是落在第二序之一般的外緣性之「見聞之知」而已，而「科舉」之「八股取士」，則已是堂正的君子儒加以鄙夷、否定的俗士陋儒的圖謀世間榮華富貴的自私之階而已。對陳夢林而言，他是十分厭惡而不齒的，可證康熙時代，廣大的士大夫之無恥之墮落已是十分嚴重的現象。陳氏再又深入申論：

> 不患才之不及，而患志之不立。年盛質美，始涉學庭講修典訓，志道據德之基也；積分優補，久列膠庠，力學不倦，依仁游藝之漸也。古者之學，自一年以至七年謂之小成，九年謂之大成，故能經術湛深、時務明達，本末貫通，紹休聖緒。敷奏以言，則文章可觀；明試以功，則盤錯皆利，出為家國天下之禎祥；處亦學術人心之倚賴也。[37]

陳夢林此段文句引了《論語》：「志於道，據於德，依於仁，游於藝。」而說儒子之從學受教之方，此章句見〈述而篇〉，朱子注釋有云：「蓋學莫先於立志，志道，則心存於正而不他；據德，則道得於心而不失；依仁，則德性常用而物欲不行；游藝，則小物不遺而動息有養。學者於此，有以不失其先後之序、輕重

37　同上注。

之倫焉，則本末兼該，內外交養，日用之間，無少間隙，而涵養從容，忽不自知其入於聖賢之域矣。」[38]朱子詮釋〈述而〉此章，認為「志道、據德、依仁、游藝」是儒子的學聖賢之進德修業之功夫次第，而能兼及生命、生活的本末體用大小之合乎德性。陳夢林是朱子理學者，其理解當然是朱子的路數。而朱子以其中的「藝」為「小物」，似乎無關於聖賢事業？其實朱子的所謂「小物」，不是此義，而是事物的細緻微小之地的意思，換言之，仁義道德的發用和實踐，乃是從廣大處而至微細處，皆須能悠游、涵泳、浸潤之，而得到周全的實現。所以朱子解釋此「游於藝」，是如此說的：「游者，玩物適情之謂；藝，則禮樂之文，射、卸、書、數之法，皆至理所寓，而日用之不可闕者也。朝夕游焉，以博其義理之趣，則應務有餘，而心亦無所放矣！」[39]依此，可明朱子之理解「游於藝」的「游」不是游戲娛樂，而「藝」則是「六藝」，不是時下狹義的文藝、藝術、表演等意思。在〈述而篇〉，還有一章句，如此說：「子所雅言，《詩》、《書》、執禮，皆雅言也。」傳統注解，皆以「執」視為「執行」，如朱子就是這樣理解，「禮」就是一般禮儀、儀式。但是吾師愛新覺羅毓鋆先生不是這樣詮釋，他詮釋此章句時，說了兩段：

> 「求也藝，於從政乎何有？」（見《論語・雍也》）。
> 「詩、書、藝（執）、禮」，若講「執禮」，就不是「雅

38　〔南宋〕朱熹：《四書集註・論語集註》。
39　同上注。

言」，而是行禮。但是這裏講「皆雅言也」，都是「言」
的，所以「詩、書、藝、禮」都是孔子常講的，所以這
「執」，就是「藝」也，所以冉求是學「藝」的人。
「子所雅言，詩、書、執、禮，皆雅言也。」「執」不是
「守」的意思，這「執」是「藝」也。「雅」，常也。孔
子常講「詩、書、執（藝）、禮」這些學問，這就是「雅
言」。所以，求（冉有）學得最好，「求也藝，於從政乎
何有？」（《論語・雍也》）。求學「藝」了，通《六
藝》，就是《六經》，可以從政了。[40]

儒家從孔子教育弟子始，就重視《六經》、《六藝》的經世濟民
實學。孔子鼓吹弘揚「游於藝」之功夫以及其「雅言詩書藝
禮」，皆是重視仁心必須發出為仁政的實學實政實務之義，儒家
是不空談心性、形上、玄理的。陳夢林的儒家觀點亦是如此，他
證明了清初康熙時代雖然乾嘉考據學的瑣碎學風已漸興起，但懷
抱外王心志的儒士仍然尚有，在閩臺邊陲，此類儒士依然剛健，
惜乎不在中原，其志其文遺憾淹沒而不彰。

陳夢林在北臺諸羅縣之親身經歷，他清楚地方的既有文教的
主旨和品質，離聖賢之大義遠甚，他指出：

但取斷爛時文以求應舉，粗知對偶便望巍科；閭里童昏儼
然師塾，又安望其知類通達、強立不反乎？無論雕蟲小

---

40 愛新覺羅毓鋆：《毓老師講論語》第二冊（臺南：奉元出版事業股份有
限公司，2020），頁563-564。

> 道，立名非真；即造極登峰，亦何關聖學絕續、風俗盛
> 衰、政治得失？以此求才，徒虛語矣！[41]

這裏不但指出當時北臺的文教精神的低落，說出子弟之讀書，不
過就是謀取科考路上八股中元而得一官位好來獲得俗世富貴罷
了，同時也昭著了其時清廷的以儒學來牢籠天下士子的實情，清
朝以「御用朱子學」為進身階來陷溺讀書人的志節，確乎發生了
極長久且深沉的效果，所以清朝士子一則不識道體，一則欠缺知
識，導至清朝之中國無法因應當時的世界現代化潮流，因而落後
於歐洲列強，甚至還被日本超前，乃有自道光之後的一連串的被
入侵壓榨凌辱的國家民族之大危局。但雖然如此，仍然還有不少
儒者，包括位居要津的儒家型大員，如曾、左等中興名臣或中原
地區的有思想學問的儒士，如常州學派或湖湘學派的人物，他們
一方面仍有孔孟《六經》的正知，同時也以開放的心胸眼界來吸
收、引介、弘揚以西方或世界的新知。與此相較，亦有不得志於
科場和宦途，而只在邊陲之地身為地方儒士者，如陳夢林，亦能
保持孔子之常道以及朱子的真精神，而盡其一位讀書人應盡的言
行。所以，他在其文的最後，表達了他的儒教觀：「漢陽朔二
年，詔曰：『儒林之官，四海淵源，宜皆明於古今，溫故知新，
通達國體，故謂之博士。否則，學者無述焉。』」陽朔是西漢成
帝年號，時為西漢經學發達時代，此詔書明確定義了「博士」，
須是「明於古今，溫故知新，通達國體」，陳夢林不只僅有「理
學觀」而已，他更具有「經學觀」。他徵引西漢重經學之教育的

41　《諸羅縣志・學校志・論》，頁 81。

詔書內容，來強調儒者應該具有博士的德學，就是必須明悉古今大義，認識傳統現代，且通達國家的根本體制，這是對其當代亦即清朝的儒者說的。基於這個重點，所以，陳夢林對於臺灣的儒教設施和推展的原則，是有其看法的，他說：

> 胡安定先生教授蘇湖，嚴師弟子之禮，視諸生如子弟，諸生亦信愛如其父兄。其教人之法，有「經義齋」，有「治事齋」。「經義齋」擇疏通有器局者為之；「治事齋」者，人各治一事又兼一事，如邊防水利之類。故天下謂湖學多秀彥。
> 許魯齋設教燕京，弟子出入進退，嚴如君臣；相其動息，以為張弛。課誦少暇即習禮，或習書算。少者，則令習拜跪、揖讓、進退應對，久之人人自得，尊師重業，下至童子，亦知三綱五常為生人之道。[42]

陳夢林在此特別舉出宋初三先生的胡瑗以及元初的北方大儒許衡為例，說明儒家之學，除了重視心性修養之外，亦同時重視禮節規範以及經世濟民之實學技術。其主旨一則依朱子理學而反對陽明心學末流的空談心性成為虛玄蕩越無用之物，一則強調儒士在各種場合、日常生活之中，應該知道待人處事的禮節規範，再者，儒士必須明白熟習治國平天下的經世有用的實學，不能只成為一無能力和知見的廢物。陳氏是有感而發的，因為在他那個時代，一定有很多士子皆心性空洞，既缺德性，亦無知性。所以他

42　同上注。

感嘆而曰：「今或博士弟子，漠如路人，甚至避不相見。二者必居一，失於此矣。鄉塾之師，或崇飲戲謔，倚席不講；弟子亦蔑視其師，師之去留不關心，父兄悉由弟子之好尚。如此而尚可冀其相與有成乎？」[43]其時臺灣諸羅境內，師生和父子皆多無教學向道之心，社會風氣粗陋無文。

然而，陳夢林雖然對於當地文教之不振表達了不滿和憂慮，但他亦是一位具有剛健之德的儒士，所以他亦秉持理念而提出了他的儒教實務的觀點，他說：

> 昔文翁治蜀，每出行縣，擇諸生明經飭行者與俱，蜀人爭為學官弟子，比於齊、魯。明道先生令晉城，鄉皆置校，正兒童所讀句讀。教者不善，輒易置之。鄉為社會立科條，旌善別惡。今縣令簿書期會，日不暇給；況茲地千里，勢不能鄉為日涉而人為面命也。廣勵教化，使邑之人明知學之為貴而群趨焉。義學、社學聘有學生儒主之。民間塾師，必籍其名，覈其文藝品行。內地寄籍者隆其禮，土著未入庠序者復其身。有教約以嚴其師，師有殿最；有教法課以其徒，徒有賞罰。月朔，與學博諸生講求御製訓飭士子之文。文字一本經術，申之以孝弟忠信、禮義廉恥，無為沾沾科舉是崇。都人士之文章德業，焉可量也！[44]

---

[43] 同上注，頁 82。

[44] 同上注。

陳氏舉出西漢文翁以及北宋程顥兩大儒的重視和實踐人文道德之教的例子為楷模而指明諸羅縣地方官員亦應如此，就是如文翁由明經飭行的儒士陪同下鄉，到處顯揚文士的尊榮，而激發起當地父老之勸勵鼓舞子弟向學之風，按文翁治蜀，出自班固的《漢書‧循吏傳》，班固於其中論文翁曰：

> 文翁，〔……〕景帝末，為蜀郡守，仁愛好教化。見蜀地辟陋有蠻夷風，文翁欲誘進之，乃選郡縣小吏開敏有材者張叔等十餘人親自飭勵，遣詣京師，受業博士，或學律令。減省少府用度，買刀布蜀物，齎計吏以遺博士。數歲，蜀生皆成就還歸，文翁以為右職，用次察舉，官有至郡守刺史者。[45]

文翁治蜀時代的西漢時期，四川文風未開，仍有蠻夷之風，所以文翁從當地人才的培養開始其治理，選派小官吏，以公費護持，赴京深造進修，經過數年而學有所成，返回蜀地，這批青年菁英就是基本的治理人才。四川的人文水準因此而能提升。陳夢林舉西漢景帝時代的四川來比喻清朝康熙時代的臺灣，兩地皆是王朝邊陲，文翁如此培養邊陲人才，臺灣主官亦是可以效法行之。

> 又修起學官於成都市中，招下縣子弟以為學官弟子，為除更繇，高者以補郡縣吏，次為孝弟力田。常選學官僮子，

---

[45] 〔東漢〕班固：《漢書‧循吏傳》（楊家駱主編：《新校本漢書并附編二種》五）（臺北：鼎文書局，1995），頁3625。

> 使在便坐受事？每出行縣，益從學官諸生明經飭行者與
> 俱，使傳教令，出入閨閣。縣邑吏民見而榮之，數年，爭
> 欲為學官弟子，富人至出錢以求之。繇是大化，蜀地學於
> 京師者比齊魯焉。至武帝時，乃令天下郡國皆立學校官，
> 自文翁為之始云。[46]

文翁在成都建立學校，招轄內各地子弟來成都學校中就學，食宿
其中，不必服一切勞役，就以進德學習為其主業，優秀者可補縣
吏，其次則具孝弟力田身分，可待薦舉。文翁亦選學官中的學
生，在其衙中參與公務實習，他出巡於各地視察時，更從學生中
擇取學德俱優的學生同行，又使他們能夠在辦公處所出入參贊辦
事。蜀地吏民看在眼裏非常欣慕，數年下來，子弟多努力爭相為
學官弟子，富人甚至樂捐求取學官入學資格。於是四川人文大
化，而其青年向上入京習熟經典而為博士者，可以比美於齊魯。
武帝令全國各區皆立「學校官」推展教育，乃是文翁創始的啟
發。陳夢林特舉出西漢文翁教化蜀地，以古論今，意思是諸羅的
主官亦應建地方學官，培育子弟而為治理國家之良才賢仕。

　　陳氏在其文中也舉宋大儒程顥之教化之功來表揚地方文教之
重要。其典故出自伊川先生著作的〈明道先生行狀〉，其文有
曰：

> 再期，就移澤州晉城令。澤人淳厚，尤服先生教命。民以
> 事至邑者，必告之以孝弟忠信；入所以事父兄，出所以事

---

[46]　同上註，頁3626。

長上。度鄉村遠近為伍保，使之力役相助、患難相恤，而
姦偽無所容。凡孤煢殘廢者，責之親戚鄉黨，使無失所。
行餐出於其塗者，疾病皆有所養。諸鄉皆有校，暇時親
至，召父老而與之語，兒童所讀書，親為正句讀，教者不
善，則為易置。俗始甚野，不知為學。先生擇子弟之秀者，
聚而教之，去邑纔十餘年，而服儒服者蓋數百人矣。
鄉民為社會，為立科條，旌別善惡，使有勸有恥，邑幾萬
室，三年之間，無強盜及鬥死者。[47]

澤州，即今之山西省晉城市，明道先生曾任晉城主官，盡心教化
當地淳樸居民以孝弟忠信之德，且在各鄉村立保甲制，互相助
力，共同救濟，亦建立鄉社的治安聯保自治共同體，促進地方良
好治安，且使當地鰥寡孤獨廢疾者以及外出卻罹疾之有難之人，
皆能得到鄉社自治共同體的照顧，而更重要的措施，則是在每個
鄉村中設立學校，推行文教，明道先生常常下鄉巡視，親入學
校，召集父老垂詢之，且在教室親考學童課業，糾正其句讀，若
發現有不適合的教師，則加以替換。因此，治理澤州晉城一陣
子，當地儒生人數大增，文教大好。

　　陳夢林特別舉出程顥在地方推展儒教的顯著成效，其用意是
在鼓舞、要求治理諸羅縣乃至北臺的儒官，實須重視當地的基本
教育，文教的推動和實踐，是主官治道的首務，須自己親力為
之，若能效法文翁和明道的仁政實為，臺灣諸羅縣雖為邊鄙之

---

[47]　〔北宋〕程頤：〈明道先生行狀〉（《河南程氏文集》卷第十一），收
　　入〔北宋〕程顥、程頤：《二程集》（一）（臺北：漢京文化事業有限
　　公司，1983），頁632。

區，相信必能在短時之內就可轉化而為有教、有德的地方。因此，在其文末，他所提出來的實行教化的那些教育的設施和踐行，基本上都是從古儒治理地方而有的實政取法而來。於此，證明陳夢林雖是清朝不得志的邊陲地方型儒生，但卻不尚虛玄高論之心學亦不屑零碎釘餖之考據而是注重實學、實務的正統儒家之士。

九、結語

　　周鍾瑄和陳夢林，是清盛世時期的康熙初期治臺之時而來臺灣的仕儒和儒士。他們共同編纂撰寫完成的被稱為臺灣最優秀方志之《諸羅縣志》，呈現的內容和精神是儒家主要的實學、實政和實務的本質。

　　康熙是清朝最有儒學涵養的帝王，他推尊朱子，表彰理學，他本人也熱衷科學研究，在在顯出他的實證型的儒學性質，所以，在清初的儒學有考據之學，有科學之學，有經世濟民史學，甚至也不斷絕明心學精神和方向的儒學，而國家的人文方針則是朱子理學。此種豐富活潑的內容，在梁任公、錢賓四兩位大儒各自的《中國近三百年學術史》之中皆有詳明論述，可以說康熙時期正是「一體多元」的儒學表現。

　　周鍾瑄、陳夢林修纂《諸羅縣志》，其修志和撰文是以此種清初的「一體多元」的儒學精神和方向在邊陲臺灣的邊陲之區諸羅縣的治道之真確實踐，乃具有實學性質的經世濟民之傳統儒家本質。兩位賢儒及其修纂《諸羅縣志》的撰史群儒，在他們那個時代，給臺灣樹立了剛健為德的儒家的楷模。

肆　清賢吏胡建偉的儒學及其編纂的《澎湖紀略》敘述之實學實政

一、前言

　　研究並詮釋清代臺灣方志之著名史家陳捷先將數部清代的臺灣方志，稱為臺灣方志文化的茁壯之代表作，其中府志有三，即劉良璧的《重修福建臺灣府志》、范咸的《重修臺灣府志》、余文儀的《續修臺灣府志》；而縣廳志有四部，即魯鼎梅的《重修臺灣縣志》、王必昌的《重修臺灣縣志》、王瑛曾的《重修鳳山縣志》以及胡建偉的《澎湖紀略》。[1]

　　上述各部志書，皆修纂於乾隆年間，府縣志，皆是多人共同編纂而成，只有《澎湖紀略》是胡建偉一人蒐集史料而加以編整、詮釋而成的既是方志又有作者史識史觀史德的一部史著。

　　胡建偉是何許人？金門人林豪主修於光緒十九年的《澎湖廳志》對於胡氏有詳細的敘述。其文曰：

---

[1]　陳捷先：〈臺灣方志文化的茁壯〉，《清代臺灣方志研究》第三章（臺北：臺灣學生書局，1996），頁95-120。

> 胡建偉，廣東三水人，學者稱勉亭先生，乾隆十年成進
> 士，十四年選授直隸無極縣，歷正定。丁丙艱，起復改補
> 福鼎縣，調永定，歷署閩縣及福防同知。乾隆三十一年，
> 用薦升授澎湖通判，惠政甚多。[2]

依此，胡建偉是粵省三水人，中進士後，本在河北出任知縣，再
調到福建任知縣或同知。乾隆三十一年從閩調來澎湖廳出任通
判。可說做官愈做愈到邊陲，而是一位典型的儒者型的地方循
吏。其在史冊上的評價是受尊敬的仕儒。林豪又繼續說：

> （胡建偉）惠政甚多，大要在勤民造士，不沾沾於末俗苟
> 且之治。至於興利除弊，則銳身自任，始終不倦。
> 〔……〕每值農時，輒親行郊野，獎勤戒惰，訪詢疾苦，
> 用達下情。故其聽訟則案無留牘，徵賦而民自輸將，則上
> 下相親之效也。協標戍兵，夙習驕悍，欺擾鄉愚，每裁以
> 法，不徇情，良民賴之。[3]

此段是敘說胡建偉任職主官，認真當地政務的治理，重視農耕、
關心民謨、留意司法和治安，也能探詢稅收是否過重而壓民，又
由於清兵特別是「駐臺班兵」一向品質甚劣，所以胡氏非常留意
地方兵弁的良窳與否，絕不任由惡兵欺壓平民百姓。由此段林豪
對胡建偉的實政之肯定的敘述，可證胡氏雖是地方性底層官員，

2　〔清〕林豪：《澎湖廳志‧名宦傳》（臺北：大通書局，未注年分），
　　頁 223。
3　同上注。

但卻是一位賢能的仕儒。

除了政、經、軍、警之治理之外，而更重要的地方治道，乃是對於當地青年的教化工作，林豪剋就胡建偉在澎湖的教育施行情形而有所說明：

> 念澎士獨學無師，為創建書院，親校文藝，作學約十條，以為學者程式。又勸各社設塾；因公下鄉必詣塾，取幼童所讀書，正其句讀，誘掖獎勸，如父兄之於子弟。
>
> 先是澎士赴臺灣考試，淹留時日，資斧維艱，每歲應試者，不過數人；乃援南澳之例，詳准就澎局試，徑送道考，士皆稱便。及調補鹿港同知，猶在郡創澎瀛書院，為澎湖諸生試寓。其愛士之誠，可謂有加無已者矣。[4]

胡建偉如同傳統歷代賢良儒仕，在治理的地區，其經世濟民之政務，一是讓人民安居溫飽，此屬於治安和經濟的建設和實踐；一是設學校來切實地教育當地的青年弟子，以提振地方的德教和文風，同時，也照顧當地的士子可以便利於參加科考，循路而上，可望成為國家的地方或中央的行政的棟樑之才。胡氏在澎湖，興建書院，訂下〈學約〉以規束學生，並且視自主持任山長來督導教育弟子，再又在各島的各鄉社，勸喻設立鄉塾開展教化，他下鄉巡視時，一定到鄉塾中勉勵師徒並且親問句讀而教正之。

再者，澎湖士子渡海赴臺灣應考，需費多日，且又耗金，故請准在澎湖當地考試，後來調任鹿港同知（臺灣北路理番同

4　同上注。

知），遂在臺灣府設立「澎瀛書院」用以專門提供澎籍士子考試時借宿的場所。

　　總之，林豪在《澎湖廳志》中，對乾隆年間在澎湖治理的這位通判胡建偉，是甚為敬佩而給予很高的評價的。林豪在〈胡建偉傳〉中的結論如此說：

> （胡建偉）嘗以澎湖為海疆重地，開闢已百餘年，而文獻無徵，前任通判周于仁僅成《志略》一卷，語或未覈，版亦失傳；乃竭力蒐羅，輯《澎湖紀略》十二卷刊之。
>
> 在任四年，士興於庠，農歌於野，商旅樂於出塗，政通民和，百廢俱舉。士民為位祀於書院，歷久不替，迄今澎人稱善教者，必首推胡公云。[5]

依林豪的贊頌和肯定，胡建偉在海上孤懸貧困的澎湖列島四年通判之地方官員的地位上，所作所為，卻是孔孟和歷代大儒最為認可的賢能之儒家型仕子。在這個典範中，胡建偉以一人之力纂修的《澎湖紀略》，就是儒家型傳統賢能之仕子的理想實踐，它表現為經史精神的文本，一則使澎湖從窮荒轉升為人文光照之地，一則使澎湖開始有其信史而使其人文生命傳之久遠。

二、纂修《澎湖紀略》的初心

　　胡建偉發心纂修《澎湖紀略》，有當時的官員為之寫序。如

5　同上注。

當時出任臺澎兵備道兼提督學政的蔣允焄為胡氏的此部史籍撰文，曰：

> 古之善治者，每務乎其大，而籌乎其所不及備，迨臚所措施，往往立言不為一時，而收效期諸數世，〔……〕則如勉亭胡公所撰《澎湖紀略》是矣。[6]

蔣允焄其時是清朝在臺最高行政首長，他認為胡建偉是如同「古之善治」一樣，是一位賢能的治理地方之人才，而此種賢能之仕儒，不計較瑣細小務，而是究實於大局，籌劃一般人不知道整備之要務，並且臚列記載其每項重要建設，成乎著作以傳乎久遠後世，可提供給予後人之施作、發展的參考。而蔣氏指出《澎湖紀略》符合其所言之「古之善治者」之境界。蔣氏又曰：

> 昔歐陽文忠公作《唐書・地理志》，凡一渠之開，一堰之立，無不記於其縣之下，論者謂其詳而有體。君殆得是意歟！夫以環瀛絕島，桀然疆索，又得賢通守精心擘畫，所措施具有本末，而復以公餘研成一書，義例井然，持論精卓，足使後之司是土者資所考鏡，是真合古之善治者。[7]

《地理志》是中國為政者以及史家纂修史志的重要核心篇章，其內容和精神，從《尚書》就已存在，《尚書》的〈禹貢〉，是中

6　〔清〕蔣允焄：《澎湖紀略・蔣序》，收入〔清〕胡建偉：《澎湖紀略》（臺北：大通書局，未注出版年分）。

7　同上注。

國古代的地理書、方志書，是中國古人對於區域地理的素樸的認知和描述，筆者在往年研究撰述的〈由地理學觀念系統看《尚書》的地理識覺〉一文中，徵引綜合方家觀點而加以詮釋，〈禹貢〉固然有想像的內容，表現了神話文明的世界觀，但其中卻有甚顯著的透過「知性理性」而由實證和經驗得出的合於知識的地理事實，此篇地理著作之成書，最晚不會越過戰國時代，應該是春秋時期整理編纂而成的作品。[8]

　　自《尚書‧禹貢》之後，地理學的觀念在史冊中已是重要內容，司馬遷的《史記‧八書》雖無〈地理書〉之名，但其《天官》、《河渠》兩書，亦必牽涉古代的自然和人文地理的記載內容，而至班固修《漢書》，就有正式的〈地理志〉的創述，以後中國正史大多均有〈地理志〉的記載編纂的傳統。

　　重視地理的內容，不僅是國史的重要觀念和要求，在地方志中，〈地理志〉亦是非常重要的篇章。

　　蔣允焄拿北宋名儒歐陽修主纂《唐書》甚重視〈地理志〉的編修來表彰胡建偉主撰《澎湖紀略》之意思，乃是指胡氏的修纂澎湖列島的地方史籍，其實具有史中的地理認識和記錄的重要意義，而史與地不相離，「史在地中、地由史顯」的思想觀念，正是中國正統史家的認知，這一點，從《尚書》、《史記》既已如此，而歐陽修無例外，當然，胡建偉亦是如此。

　　再舉其時原職「翰林院庶吉士」的朱仕琇撰述的序文來觀照胡建偉編纂《澎湖紀略》的發心所在。朱氏只是儒士而不是官

---

[8]　潘朝陽：〈由地理學觀念系統看《尚書》的地理識覺〉，《心靈‧空間‧環境——人文主義的地理思想》（臺北：五南圖書出版公司，2005），頁 349-353。

吏，其論說和判準，可以代表一般的讀書人對於此本地方志的觀
點。朱氏曰：

> 《澎湖紀略》十二卷，三水胡公通判澎湖時所著也。公以
> 名進士歷知五縣，皆有惠政，且以振興文教為己任；由閩
> 邑陞判澎湖。[9]

首句重點指出胡建偉以進士身分而歷任五個縣的主官，其治理地
方，是以「振興文教為己任」，於此說到了賢明之仕儒在地方的
治道的重點，那就是必須建設、推展、發揚儒學儒教。其文又
說：

> 澎湖在海中，居民僅數千家，小島也；實為臺、廈咽喉要
> 地。故任公以鎮撫之。公官澎湖五載，公餘之暇，因成此
> 書。書中述澎民為生之苦，地無草木，率以牛冀為薪；男
> 女相守轆井之上，後先序飲，以救旱渴，早夜嗷嗷然。其
> 言咨嗟太息，曲盡情態，令人愀然不忍卒讀。又載市肆區
> 目，致意守土者之加惠商人，招致其來，以給居民之用。
> 其用心惻怛，籌畫周至，如護惜弱子，惟恐傷之，詩所云
> 民之父母者矣。[10]

朱氏序文此段指出澎湖列島之位置在戰略上非常重要，但其地理

---

9 〔清〕朱仕琇：《澎湖紀略‧朱序》，收入〔清〕胡建偉：《澎湖紀
  略》。
10 同上注。

條件卻十分貧困，島上居民生活艱苦，胡建偉擔任主官，在那個時代，無法改善當地的環境，藉以提升居民生活的水準，於是考量如何招引商賈來澎湖貿易以增加當地經濟財富，他心存悲憫惻隱，盡心為民生而想方設法，因此在志書中多所表達出來，此處點明了胡建偉是一位居心仁愛的賢吏，具有儒家仁民的初心。朱氏再說：

> 至於袪除鄙塞、開牖闔汹，尤尚文教。公創建書院，條設學規，教以人倫，分別義利，勗之躬行，以志為賢人君子，非僅興藝取科第榮名而已。
>
> 澎士赴試臺灣，多憚遠涉風濤，以致皓首窮經，不得預童子試者，公詳請列憲，就澎考試送道，免其縣、府兩試守候之苦。科、歲二試，獲雋入學者十有三人。澎之文風，實公開之也。[11]

在這一段，朱仕玠肯定、表彰胡建偉身為澎湖地區的主官，他關心並且去實踐的實政，是儒家傳統中最重要的事務，就是地方的儒家文教之推行，在澎湖，是建立書院培養儒士、提升德教和文風，同時，也協助當地窮民子弟轉化為士子，而有一條較便利、公平的科考之路來獲得在社會、政治層次和實質上的上升。由此可知，胡建偉的治澎之初心，是儒者為仕治理地方時以民為念的施仁和教化的基本觀念和信仰，是一位賢明之仕儒。

　　基於如此發心和實踐，故乃有澎湖首創史志之《澎湖紀略》

11　同上注。

的編纂。

再者，須從《澎湖紀略‧凡例》來看胡氏纂述此紀略的基本構思。其第一條，胡氏曰：

> 集以紀略名者，紀對綱而言，略則詳之反也。凡作志乘者，必先挈其大綱，然後詳其節目；此班志之例，由來尚矣。
>
> 茲集就事論事，無須立綱發明。取其紀以記事之體而已，故不稱志而稱紀也。況澎地無文可考、無獻可詢，事屬草創，則略而不詳者，亦勢之所不得不然者耳。[12]

首先，胡氏明示其撰述的「紀略」，乃是相對於正史的「志乘」而立名，其意思是他只能簡略地記錄有限的地方事實而已，並不能如班固之創修《漢書》的宏偉，蓋因所謂「志乘」也者，皆有其大綱的繁複規模，再來詳述其節目。何以他強調其纂修的澎湖之方志，只能謙言之為「簡略之紀」？那是因為澎湖列島於胡建偉任官之時，乃一「無文可考、無獻可詢」的荒涼原始之區，一切人文建設根本不成氣候，需待建設，均在草創狀態，故其修載當地的史志，只能簡略而謙稱為「紀」，而不自稱為「志」，實則也說出了《澎湖紀略》的敘論，乃是一個原創型的史籍創作。又第二條曰：

> 集內分十有二門，其先後次序，首天文、次地理，天尊地

12　〔清〕胡建偉：《澎湖紀略‧凡例》，第一條。

卑之義也；高卑陳，斯貴賤位，故次官師；官師立，然後
教化行，故次文事；文教興，則賢材出，故次人物；有文
事者，必有武備，故次武備；經文緯武，由是而俗美風
清，故次風俗；醇者厥心臧，必由土物愛，故次土產；物
產饒，則任土作貢，故次貢賦；貢賦以人戶為籍，故次戶
口；人戶盛，則積貯不可不裕，故次倉儲；倉廩實，然後
知禮節，故以藝文終焉。[13]

胡建偉此種修志的觀念是源於《易》的，先有天地，這是自然環
境、地理，人類有此基礎，才會有在天地之中或環境空間之中的
人文活動而創造並發展其文明歷史。《易傳》有曰：

天尊地卑，乾坤定矣；卑高以陳，貴賤位矣；動靜有常，
剛柔斷矣；方以類聚，物以群分，吉凶生矣；在天成象，
在地成形，變化見矣。是故剛柔相摩，八卦相盪；鼓之以
雷霆，潤之以風雨；日月運行，一寒一暑；乾道成男，坤
道成女；乾知大始，坤作成物，……[14]

此一段敘述，是中國古人的自然地理的敘述，有宇宙的生成、空
間上下四方的架構、自然生態的秩序等。《易傳》又曰：

古者包犧氏之王天下也，仰則觀象於天，俯則觀法於地，

---

[13] 同上注，第二條。
[14] 見《易·繫辭上傳》第一。

> 觀鳥獸之文與地之宜；近諸諸身，遠取諸物。於是始作八
> 卦，以通神明之德，以類萬物之情。作結繩而為網罟，以
> 佃以漁，蓋取諸離；包犧氏沒，神農氏作，斲木為耜，揉
> 木為耒，耒耨之利，以教天下，蓋取諸益；日中為市，致
> 天下之民，聚天下之貨，交易而退，各得其所，蓋取諸噬
> 嗑；神農氏沒，黃帝、堯、舜氏作，通其變，使民不倦；
> 神而化之，使民宜之。〔……〕[15]

此段《易傳》的內容，其實就是古代儒家從自然環境、地理、生
態的觀察、認識而到進一步的利用，因此而逐步地創造、發展了
文明的各層內容和制度之敘述。在這裏顯示了中國菁英分子重視
的實際世界的兩大結構即自然與文明，同時也重視兩者的互動情
形以及人文狀態在此互動過程中的結構和內容。

　　《易繫辭傳》的形成，據黃慶萱的論斷，其主體完成於戰國
時代的老子之後莊子之前，但今人見到的《繫辭上下傳》的全文
定本，可能一直到西漢初年文帝時代仍未確定下來。[16]但無論如
何《易‧繫辭上下傳》的思想和論著的大體形成，是在戰國時期
的一個重要的學術文化之成績，其時，中國的諸子百家興起繁
榮，而且據中國科技史的研究，其時的中國的器物、制度及其相
關科學、技術的發明，也已十分發達進步，[17]所以，上引的

15　見《易‧繫辭下傳》第二。

16　黃慶萱：《新譯乾坤經傳通釋‧導言》（臺北：三民書局，2007），頁
　　13-14。

17　杜石然：《中國科學文明史‧古代科學技術體系的奠基》（臺北：木鐸
　　出版社，1983），頁 89-160。

《易・繫辭上下傳》的文章，正是古代中國的文明體系及其歷史內容的描寫，其具有的精神是客觀、務實、具象的，而為後世的為政者以及仕儒吸收、肯定、弘揚、實踐。毋論《史記》、《漢書》如此，連地方志書亦具有上述的精神來呈現他們的史識和史觀。胡建偉所修纂的《澎湖紀略》之自然地理主體，乃是一小群位於臺灣海峽中的列嶼，其時仍是荒涼的人文未闢的地方，但胡氏在纂述其志書時，心態和精神卻與古大史家並無兩樣。

〈凡例〉的第五條又說到：

> 澎湖島嶼向傳三十有六，昔人亦祗言其概耳。以今考之，實五十有五焉。即《臺志》載《澎湖全圖》，方隅多有淆舛，率皆耳食，未經身履目擊之故也。余悉為更正。至於各嶼水陸程途，均未的確；茲一以廳署為主，由近及遠，一一註明於各嶼之下，俾披圖而閱者，勝概悉在目前，可以臥遊而得之也。[18]

胡氏在此提出了兩個重要見解，一是通過實地考察、驗證的知性科學的實學態度，此種親身走入現考實證的研究治學之取徑，是從《尚書・禹貢》乃至司馬遷修《史記》甚或後世的遊記型創作如《徐霞客遊記》、《裨海紀遊》，都是如此。另一則是地圖的創作以及閱讀地圖的重要，地圖學和讀圖學，亦是中國的史地之學術的重要傳統，胡氏修纂澎湖的志書，也掌握並表達了這個原則。

---

[18] 〔清〕胡建偉：《澎湖紀略・凡例》，頁10。

據上論述，得悉胡建偉修著《澎湖紀略》的初心，就是身為儒仕，乃是依據經世濟民的精神和信念來治理轄區，其治理的項目有實政、實教以及實學，實學方面，為治理的轄區的自然和文化留下史述，使其歷史，不但彰著且亦得以傳承久遠而不斷滅，是中國儒家最重要的心志。胡氏正是基於這種人文理想，才有其志書的創述。

三、胡建偉對自然環境、地理的認知

傳統儒家並非只知心性論、形而上學的玄談虛論者，儒者重視實際的經世濟民的實學，對於歷史、地理以及具體的自然物、人文物，十分務實而必以「知性理性」來加以認知並且建立客觀性、架構性的知識，在此基礎上，他才能實質治理社會、國家。

上章已指出中國史學傳統重視自然、人文的地理、區域的內容，顯現了中國史著重視認知和知識。胡建偉編纂《澎湖紀略》，是澎湖第一本方志，他在其中記載、撰述的地理內容，既是其知識的記錄，也是他的「知性理性」的學習、研究而得的創述。此中，顯現了胡建偉的儒家心靈、思想中的實學態度和取向，但於其中也看得出來清初傳統的儒士對於自然世界的認知，還有不少是傳統的看法，顯出當時的中國知識分子對於現代科學認知的相對落後，但不論如何，澎湖志略於其氣候和地理等相關自然環境的記載，也呈現了胡氏對於當地的自然地理現象的描述，其中，也具有其對生活環境的實狀之重視。

本章詮釋《澎湖紀略》的相關敘述。在《澎湖紀略》之首篇，記有〈天文紀〉，其實之內容就是澎湖地理學的記載。首先

是所謂「星野」，其文一開始曰：

> 《易》曰：「仰以觀於天文，俯以察於地理。」在天為分
> 星，在地為分野，此精氣之相通，亦理之有可信地也。
> 《周禮》保章氏以星土辨九州之地，所封封域皆有分野以
> 觀妖祥。〔……〕閩自漢初始隸職方，後之疏星野者，大
> 都指《禹貢・維揚》，而以星紀之次屬之，為會稽域內
> 云。[19]

依此，胡氏的地理觀念源於《易繫辭傳》，古人已知通過「仰觀
天文俯察地理」來建構自己的空間區位之認知，而他敘述澎湖列
島的位置，則視之屬於福建的地理的一部分，而依據《尚書・禹
貢》的「九州說」來界定澎湖是維揚之州的會稽域內。但若就地
理實證來看，福建已不是浙江的一部分，何況遠在臺海之遙的澎
湖？所以胡氏雖然在文中依據老傳統撰寫了一大段古人星野概念
下的地理位置之說，但在文後只得勉強說：「星紀在北而光燭於
南，其以吳越當之者，從星紀之所燭也，亦何疑南北相配之未協
耶？今閩越正從其所燭耳。」[20]這當然是非實證科學之見，然而
亦在此看出胡建偉其實已不以傳統星野的敘法為是，所以只用天
文日月星宿之光照幅度來說閩地緊靠近吳越，為吳越星光由北而
南照的空間範圍，而澎湖既屬閩地，則當然亦在此區域中。

　　但就客觀學術言，胡氏撰述《澎湖紀略》，其據傳統「星

---

[19]　〔清〕胡建偉：《澎湖紀略・天文紀》，頁1。
[20]　同上註，頁2。

野」觀而作的關於澎湖列島的敘述，已非現代地理學之科學論
述，還將澎湖歸屬於浙江會稽的地理區。今將這些傳統之言刪
去，才能顯出其符合科學地理的描述。

胡氏曰：

> 澎湖孤懸海中，向屬荒島，〔……〕隋開皇中遣虎賁陳稜
> 略地至澎湖三十六島，其名始見。元末置巡司，迨明初隸
> 泉郡，星土從泉。國朝平定鄭逆，改隸臺灣郡。[21]

此句說明了澎湖的地理歸屬之歷史演進，它是隋煬帝時代其將軍
陳稜領軍航海略地始見這個群島的，共計三十六個大小島嶼構
成，澎湖也就是在隋朝時，為中國人發現，進入中國的史籍，但
不必然納入版圖。元末時，則正式設置巡檢司於島上，已有軍事
上的管控，至明初，將澎湖歸隸泉州轄內，其天文地理均屬於九
州說中的泉州。而到清朝收臺灣入版圖後，澎湖遂劃為臺灣府的
一個行政區，稱澎湖廳。

胡建偉對於澎湖群島的氣候認識如何？他首先說：

> 澎湖僻處東南，居大海之中，地勢最下。其氣候不特與
> 燕、齊、秦、晉、吳、楚諸省懸殊，即與閩中內郡亦覺迥
> 別。[22]

21　同上注，頁 2-3。
22　同上注，頁 4。

此段指出澎湖群島位在臺灣海峽之大海中，其地形低平，此乃由
於澎湖是由海底熔岩冒出形成的火山玄武岩臺構成，地勢海拔低
而離海面甚近，且平坦無山。然而由於其時胡建偉對於臺灣本島
全然陌生，他是拿大陸各地理區來對照澎湖，所以才會說澎湖的
氣候與燕、齊、秦、晉、吳、楚等華北、華中地理區差異大，也
與華中地理區有別，更與福建各區域的氣候迥異，卻不是納入臺
灣氣候區的區域氣候系統。

　　氣候的細節，胡建偉拿澎湖與內地相比較，先說降雨：

> 閩中春則多雨，澎則頻旱；夏日西北風則有雨，語云「夏
> 北風太公」，澎則北風無雨；必待東南風，方得有雨。此
> 雨暘氣候之不同也。[23]

胡氏以春夏兩季描述降雨情形。春季時，福建會降雨，但澎湖則
依然多旱，這是因為若海上的東南季風（其實應是西南季風）已
經興起吹上福建，因有武夷山脈將水汽承接而在閩區就會形成春
季降雨，但是同樣的季風通過澎湖時，由於地勢低平，所以不會
阻擋而成雨，所以澎湖春季經常乾旱。胡氏又說福建夏季如果吹
西北風亦會降雨，提及的那句地方諺語「夏北風太公」，真不知
其什麼意思，但若就夏季而言，福建也是吹東南季風（西南季
風）為主，此所言的「西北風」，可能是地區性的上升氣旋引起
的局部西北風，它是帶有豐富水汽的，上升易於降雨。然而夏季
的澎湖，如果氣流從北風來，則是從高緯來的下沈氣流，必無水

---

[23]　同上注。

汽，故無雨。以澎湖的夏季言，必須是從低緯熱帶亦即南海吹來的東南季風（西南季風），若是飽含著水汽，澎湖才可望降下一些雨水。但也不會很豐富。總之，澎湖群島因為其地勢抵著海面而全境低平，很難興雲而降雨，是一個乾旱型的群島。

　　胡建偉是清乾隆時代的地方文仕，其時，中國的地區儒官不太可能具備有如現代的氣象學和氣候學的專業知識，因此，其敘述的澎湖之氣候現象，只能是事情之簡單描寫，而無法進　步敘述其自然因素及其結果。再者，他描寫植被以及風之性質：

> 內郡中四季草木長青，澎則自立春以至清明，草芽不發，至夏方生；立秋以後，草則漸黃，更無花卉，此生植之氣候不同也。[24]

內郡指福建，四季草木皆長，但是澎湖在初春之期，草芽是不生的，主因是仲春至初夏的降雨才會使草芽生長，但盛夏到秋季，澎地已無雨水，草漸黃萎，群島又呈現荒涼景象。

> 內郡春風融和，夏日南薰溫煦，秋日清肅，天高氣爽，最足宜人，冬日北風雖寒，亦無栗烈之威、摧折之勢。澎則春時東南風起，入人腠理，以致頭暈，土人每以青布裹頭禦之。夏日則赤日炎熱，無高山樾蔭，暑氣襲人與瘴癘相似，土人多嚼檳榔以解之。至秋則西風時作，稍晴仍似夏日。冬日雖然奇寒，然風聲、水聲無日不聒耳，甚至飛沙

24　同上注。

　　走石。[25]

　　胡建偉在澎湖親歷了一年的四季，他指出澎湖的春天，東南風
（西南風）從海上吹來，會令人很不舒服，春風冷冽入人皮膚，
使人頭昏，所以澎人多在春天以青布巾裹頭以防冷風吹襲。此處
其實顯示了春天的澎湖，其實其氣溫仍如冬季，因為位在海中且
地勢低平，所以地表無法蓄熱且散熱快。到了夏日，則海上氣流
熱，吹上澎湖陸地，因少植被，太陽輻射更強，故氣溫更高，胡
氏發現澎人多嚼檳榔，主要是認為檳榔有除體濕及防酷毒的藥
效。而冬天時，若北方冷氣團勢力大，則東北季風吹在低平的澎
湖會特別強烈，氣溫甚冷且風聲和潮聲整個冬天每天聒耳不休，
甚至還有沙塵暴。

　　這一大段是胡建偉對澎湖的氣候現象的寫實記錄，是當時的
知識水準的敘述。在《記略》中的相關篇章中，有風雲雨露等現
象的記載，皆是澎湖自然地理的描述，惟沒有從學理上作深入的
科學說明。此乃其時中國傳統儒士的知識系統尚缺現代性而使
然。

　　胡建偉是傳統中國的仕儒，他的地理氣象以及人與自然關係
的觀點，多由中國古典的經史子之學而來，對於澎湖的居民之環
境影響，胡氏的解釋之觀念系統的依據，明顯是從中國之學而
來，其曰：

　　　《左傳》曰：「天有六氣，降為五味」，蓋氣候既殊，則

_____

25　同上注。

飲食自別。董子曰：「陰陽之氣常漸入者，若水常漸魚也，澹澹不可見耳。」凡物漸則變，氣化之漸非值水也，而人以治亂之氣相淆動無已時，於是，搖蕩失常，徙其故跡矣。夫暑之變寒也，始於微涼，積百八十一日而暑始盡，寒之變暑亦然，此積漸之驗也。澎之人，其為氣候之變者，非其漸也？人自不覺耳。殆亦如魚之在水，或淡或鹹，或清或濁，惟其所際，魚且如何哉？[26]

胡氏引了《左傳》和董仲舒《春秋繁露》的說法，來說明和解釋人之在氣候影響下，不知不覺的一種積漸的變化。他又以魚在水中生存之漸滲的影響來形容人之逐漸受氣候的影響，如澎湖人亦當然如此。而胡氏是將氣象、氣候乃至於天氣，皆等同或比擬於中國古人的「陰陽氣論」來加以理解。其敘述不是現代科學的氣象學、氣候學之思維和表述體系。

　　其所引的《左傳》原文如何？《左傳・昭公元年》載晉平公生病，派人去秦國聘請名醫來晉診療，秦伯派了名為和的良醫（醫和）去給晉侯看病。在對話中，醫和有一段話如此說：

天有六氣，降生五味，發為五色，徵為五聲，淫生六疾。六氣曰：陰、陽、風、雨、晦、明也。分為四時，序為五節，過則為災。陰淫寒疾，陽淫熱疾，風淫末疾，雨淫腹疾，晦淫惑疾，明淫心疾。[27]

26　同上注，頁 4-5。

27　〔春秋〕左丘明：《左傳・昭公元年》，引自郁賢皓、周福昌、姚曼波注譯：《新譯左傳讀本》（下）（臺北：三民書局，2002），頁 1251-1252。

在此段敘述，春秋時人以為天氣有六種，就是陰陽風雨晦明，陰冷、陽暖、風或無風、雨或無雨以及天亮或天黑。大體上就是天氣的氣溫、風大小、乾濕以及明暗或白天晚上。就這一點而言，是很有經由觀察氣象和氣侯而得出來的素樸的自然環境知識，但古人卻認為此「六氣」會降生「辛酸鹹苦甘」等五種味道，又表現出「青黑黃白紅」等五種顏色，也會生出「宮商角徵羽」等五種聲音，而且又會發生六種疾病，那就是醫和說的「陰淫寒疾，陽淫熱疾，風淫末疾，雨淫腹疾，晦淫惑疾，明淫心疾」，即「寒、熱、末、腹、惑、心」等六種疾病，而醫和和古人皆認為這六種病症，是分明與「六氣」有因果關聯。其實，氣候和天氣的變化，當然會影響人的身心狀態，但卻是「相關關係」而非「因果關係」，顯然春秋時代古人沒有如此嚴謹和精細，才有此論。但《左傳》此段使述反映了中國古人的「環境決定論」之思想，天對人有決定性的影響力，此種環境觀一直延續而下，清初之人胡建偉仍依此觀點來看澎湖居民在當地特有的自然環境和生態之下的因應。

　　再者，胡建偉再又徵引了西漢大儒董仲舒的一段文章來說明澎湖當地的地理環境於人的影響。董子之文如何敘說？請見其言：

> 天地之間，有陰陽之氣，常漸人者，若水常漸魚也，所以異於水者，可見與不可見耳，其澹澹也。然則人之居天地之間，其猶魚之離水一也。其無間，若氣而淖於水，水之比於氣也，若泥之比於水也，是天地之間，若虛而實，人

　　常漸是澹澹之中，而以治亂之氣與之流通相殽也。[28]

此段文章，「漸」是浸染、滲透的意思；「澹澹」是形容水清淨而透明；「離」是附著的意思；「淖」，是濕潤的意思；「殽」，是錯雜的意思。董子的論點是天地有氣曰陰與陽，常常浸染滲透人的身體，就有如氣水常常浸染滲透魚身一樣，氣與水不同的地方是前者看不見而後者自得見，也是清淨透明的，人生存生活在天地之間，就如同魚附著於水一樣，人也附著於陰陽之氣。水潤魚而無形，氣潤人亦無影，而且董子認為氣較水更是細微透明，他說水若與氣比較，就等同是泥與水之比較。然而，人在氣中的被浸染滲透，其情況是清淨透明的，人往往無法察覺，所以，氣的治亂狀況就會在流通的態勢中，而有所錯雜。董子的意思是天地的陰陽之氣對於人會發生治亂之影響。

　　胡氏的觀念顯然是承繼古籍如《左傳》、《繁露》而來，他是用「六氣」或「陰陽」來理解、說明澎湖人的那些因應澎湖位處海中的列島的特殊氣候而有的人地關係之調適。所以才會在本文上引的一段敘述中，以閩中和澎湖的氣候和天氣的差異以及兩地的人民之不同的人與自然關係之因應來表達人地互動。胡氏也明白地理條件若是相似，則兩地居民的身體的不適之問題以及調適是類似的，他說：

　　《廣東志》云：嶺南陰少陽多故四時之氣，闢多於闔，一

28　〔西漢〕董仲舒：《春秋繁露・天地陰陽第八十一》，引自賴炎元：《春秋繁露今註今譯》（臺北：臺灣商務印書館，1984），頁440。

歲間溫暑過半，元府常開，毛腠不掩，每因汗溢，即致外
邪。蓋汗為病之媒、風為汗之本，二者一中，寒瘧相乘，
其疾往往為風淫。又云：盛夏士庶出入率以青布包頭，蓋
南風為厲，一侵陽明，則病不可起。余官斯土，將及兩
載，驗其氣候，略與相仿云。[29]

　　嶺南即廣東，屬華南地理氣候區，所以天氣濕熱，人多流汗，風
一吹，就容易生病，稱為「風淫」，因此，嶺南居民多用青布包
裹頭部，就是怕頭上冒汗吹到南風因而生病，甚至因此而死者。
實則若是高血壓，頭部忽濕忽乾又忽熱忽涼，風一吹來，真的容
易中風而猝死。粵省如此，澎湖也與其相似。這敘述正是傳統地
方仕儒關心而認知一地的氣候生態與人之身心狀況之間的關係之
一個積極例證。胡建偉表現了此種實務、實學型儒家的典範。

　　在其《志略》一書中，還有其他敘述談及氣象氣候和天氣，
譬如他引《臺灣府志》細論颱風，有曰：

風之大而烈為「颶」，又甚者為「颱」。「颶」則倏發倏
止，「颱」常連日夜。其正、二、三、四月發者為
「颶」；五、六、七、八月發者為「颱」；九月則北風初
烈，或至連月為「九降」。〔……〕二月渡洋，最為第
一。〔……〕「颱」、「颶」俱多挾雨而來，「九降」多
無雨而風。至於「颶風」將至，則天邊斷虹先見一片如船
帆者，曰「破帆」；稍及半天如鱟尾者，曰「屈鱟」。

29　胡建偉，同前引書，頁 5。

《稗海紀遊》云:「颶」之尤甚者曰「颱」,「颱」無定
期,必與大雨同至,至必拔木壞垣,飄瓦裂石,久而愈
勁,舟雖灣泊,常至虀粉,海上人甚畏之,惟得雷聲即
止。〔……〕「颶」驟而禍輕,「颱」緩而禍久且烈,春
風畏始,冬風慮終。[30]

無論是《臺灣府志》或是《稗海紀遊》都寫於康熙後期,而其等
對於臺灣的颱風、颶風乃至於九月(農曆)由於大陸冷氣團和海
洋暖氣團的在臺海交綏,因而形成的激烈氣旋擾動造成的驟促之
風,臺灣人稱之為「九降風」,都熟悉且都能客觀記實,其內容
的確真切地敘述了「颱」、「颶」和「九降風」的形式和特色,
胡建偉亦如實地引用,此處證明了清朝儒者及其等在臺灣的根據
「知性理性」進行的客觀知識性之記錄和論述。

　　胡氏又敘述了澎湖的日照,他說:

《易》曰:「懸象著明,莫大乎日月」,《傳》曰:「日
月所照」,蓋言明照四方,無遠弗屆,無處弗周也。然而
日暄月皎,在澎地蓋亦有不同焉者。如冬日可愛,夏日可
畏,此日之恒也。澎則冬日多風,日不著地,負背不溫;
夏日則砂磧一片,熱曬如火,又無高山峻阜林木陰蔽,行
人喘息。甚於吳牛,此爍石流金所以過於內地也。[31]

30　同上注,頁 6。
31　同上注,頁 10。

此段敘述是胡氏對澎湖的日照情況的描述，胡氏喜歡引用經史之文來發揮其敘述，其所說的《易》，見《易繫辭上傳》，曰：

> 是故易有太極，是生兩儀，兩儀生四象，四象生八卦，八卦定吉凶，吉凶生大業。是故法象莫大乎天地，變通莫大乎四時，懸象著明莫大乎日月，崇高莫大乎富貴，備物致用，立成器以為天下利，莫大乎聖人。[32]

胡建偉取於《易繫辭》的一段文章來說日月，就是高懸於天空運轉不已的太陽和月亮兩個天體，創作《易傳繫辭》的古儒顯然是將天地、四季、日月等大自然的結構和物體來說明環境的生態規律現象，而指出顯出最大之光明來照亮照熱大地的就是太陽和月亮。胡氏引了《易繫辭上傳》此文突出日月天體的重要。其文又引了《傳》曰：「日月所照」，此所謂《傳》，乃是《後漢書·南匈奴列傳》，其中載有司徒掾班彪在其上奏漢帝的奏章中有一言如此：「漢秉威信，總率萬國，日月所照，皆為臣妾。」[33]其實，在《中庸》已有類似文句，其曰：

> 是以聲名洋溢乎中國，施及蠻貊，舟車所至，人力所通，天之所覆，地之所載，日月所照，霜露所墜，凡有血氣者，莫不尊親。[34]

32　見《易·繫辭上傳》。
33　見《後漢書·南匈奴列傳》。
34　見《中庸》。

由於此句《中庸》的句子是其傳文而非經文，所以，胡氏所引的
傳曰：「日月所照」，或許是指《中庸》而言。

　　總之，中國古代的文獻就已記載了日月是普照天下的最為光
明的天體，是它們給世界和人類帶來了光明和溫暖，而其實也是
它們帶來了生命。同時，也以日月普照所及的天下視為王化之所
至。但是，胡氏文氣一轉，對於澎湖的太陽卻有完全不一樣的映
象和觀念，他指出澎湖冬天時海風冷冽冰寒，太陽光根本「照不
到地面」，人若背著陽光，就得不到溫暖；而到夏天，則太陽又
以酷熱的光照曬著大地，就如火焰一樣，澎湖平坦無高山峻阜，
更無林木來遮蔽使地面陰涼一些，行人無不非常炎熱而無法忍
耐。胡氏以「爍石流金」來形容澎湖夏天的非常酷熱之日照。

　　徵引古典，是傳統儒者的習慣，也表現了他們對於經史子等
典籍的嫻熟，但同樣重要的是胡氏對於澎湖的太陽照射的性質，
是通過實際真切的觀察和體驗而得到的，他才知道澎湖的冬夏兩
季日照的區域特性，這是一種田野實察的知性型的認知，是實
學。

四、胡建偉的實政及其思想觀念

　　傳統儒家思想不是專務形而上的玄哲思維；孔孟荀皆重視仁
政的實踐，所以在儒者和儒典中，皆可追尋實政，亦即經世濟民
之思想和觀念而且多有依此而在為政時實際加以踐行。只把儒學
視為玄哲學術，而在學院和著作中大加發揮者，乃是「五四新文
化運動」以後的大趨勢。傳統儒家並不如此，包括心學開創大儒
陸象山、王陽明都是形上形下兼備的大思想亦是大實踐家，其實

踐並非單純地如古之禪者、道徒及玄儒之以為心性之內在證悟和感知之心理主體境界就是，而必須是在外王層次和領域中的具體和架構地客觀性踐履；傳統儒家就是在齊家、治國、平天下之同心圓中去實施仁政王道的。

這種基本認知，直至清朝的修為高的仕宦或秀士，莫不如此。譬如中興名臣、自強運動名儒乃至於「公羊春秋學常州學派」的今文學家如龔自珍、魏默深等，皆是非常重視德性和知性雙彰而在家國天下及政治、社會、教育、文化領域中實踐仁政王道者也。

胡建偉生當清初三帝盛世，朱子儒學是為顯學，依理學觀，胡氏當然重實學型的經世濟民之道，因此，他在《紀略》中，也充分地呈現了他對澎湖的實政之認知以及他自己的實政觀念。以下據《紀略》之文而予以陳述並予詮釋。

胡建偉對於澎湖列島的形勝，有如此敘述：

> 《易》曰：「王公設險，以守其國」。〔……〕《方輿紀要》[35]云：「海中島嶼最險要而紆迴，則莫如澎湖。蓋其山周迴委折，險口不得方舟，內溪可容千艘，非熟悉水道者，稍差一線，舟船則立為齏粉。且與海壇、南澳夙稱海外三山，為全閩咽喉；然占形勢者，則以澎湖為最云。」

---

[35] 胡氏所引《方輿紀要》，其全稱是《讀史方輿紀要》，是晚明至清初的顧祖禹所作的名著。此部巨著，是清初大地理學家創述的最著名且重要的中國地理總志，但較偏重軍事國防的地理和地緣敘述。顧祖禹（1631，崇禎4年－1692，康熙31年），出生於江蘇常熟，終身不仕，授課於私塾。

誠以澎湖西則控制金、廈，為犄角之聲援；東則屏蔽臺
灣，居上游之扼要；北而薊遼、江浙；南而瓊州、交趾以
至日本、呂宋諸番，莫不四達，在在可通。〔……〕澎湖
實為東南半壁之鎖鑰也，烏得以黑子彈丸而輕之也哉？[36]

胡氏喜於其文中引用古典，此段《紀略・形勝》一開頭提到的
《易》之句子「王公設險，以守其國」，出自《易・坎卦》，
〈坎卦〉上下皆是「坎」，有如水邊崁坡或崁崖，意謂險又加
險，故其《象辭》曰：

習坎，重險也，水流而不盈，行險而不失其信。維心亨，
乃以剛中也。行有尚，往有功也。天險不可升也，地險山
川丘陵也，王公設險以守其國，險之時用大矣哉！[37]

易學家今人朱維煥先生釋曰：

習坎，上下卦皆坎，坎為陷，《說卦傳》：陷則險也，故
有重險之義。坎又為水，《說卦傳》：下卦、上卦皆坎，
是水之流之，又流而無滯，故「不盈」；「水流而不
盈」，則「信」在其中矣。夫水流，乃奔向江河坑壑；江
河坑壑，險地也；水流奔之，是行險也。行險如水流無滯

之有信，則為履險之道也。[38]

上述指出坎而又坎，乃是說明江河大水流動不息不滯，永遠都不會漲滿而就停止不再有水之流而不止。江河大水奔流在河谷深壑中，乃是大水流過於險地，此如履險一樣，但卻流動一往而不會止息停滯。接著，朱先生又釋曰：

> 習坎之義為重險，作象傳者藉此以申坎險之道，而示設險之教。蓋天設不可升之險，以全覆幬之道；地設山川丘陵之險，以成持載之德；王公則亦當設城郭溝池、禮樂刑政之險，以盡安保之責。[39]

此段指出坎險就天地而言，是自然地理的形態造就的對人之行動、居住、生存之安危狀況和條件。而人面對或身處如此自然地理環境，就必須有適恰的因應調適。而為政者更須明白國家的安危存亡，故一定要倚地形之利害而建設城郭溝池來護衛國家，且亦須推進一步，須有禮樂刑政的推行實踐才能保衛國家，使免於敗亂而陷入危亡。關於為政者利用地理的條件狀況來設置國防，在其他儒家古典中亦有一樣的敘述，如〈禮運〉曰：

> 今大道既隱，天下為家，各親其親，各子其子，貨力為己，大人世及以為禮，城郭溝池以為固，禮義以為紀。

---

[38] 朱維煥：《周易經傳象義闡釋》（臺北：臺灣學生書局，1993），頁215。

[39] 同上注，頁215-216。

〔……〕40

　　在此，乃是〈禮運〉作者就「小康世」的國家政治的說詞，其中就提及「城郭溝池以為固」，此即指出列國紛爭對峙的時代，國際多戰亂，為保護國家，就必須重視國防建設，「城郭溝池以為固」，就是國防之必備，是為政者基本的職責。

　　由此可見，中國古儒就自然環境和地勢之險峻狀態宜以設下防備護衛國家、人民，早就具有此種觀念。胡建偉引《易‧坎》之〈象辭〉來闡釋澎湖列島的天然形勝，是傳統儒者的實學表現，而他徵引了明末清初儒家顧祖禹的《讀史方輿紀要》關於澎湖地形分佈之內容，實亦可證明清時代儒家對於地理學的認知實是相當周詳而具有科學地理學的內涵，這亦是實學之儒的典範。胡氏先提出《易傳》之經文和《讀史方輿紀要》之地理，再來描述澎湖的地形以及區位在戰略地緣上的重要性，證明了他是一位知性理性清晰高揚的仕儒。在上引他所撰述的關於澎湖的戰略地緣重要性，如西控金、廈，東屏臺灣；北連薊遼、江浙而南抵海南、越南以及航行線上達於日本、菲律賓，澎湖實居十字路中心的位置。胡氏之論，直至今日，依然正確不易。

　　再者，胡建偉就澎湖之建城史，又有客觀實證的研究，並非據較早的志書而馬虎帶過。胡氏曰：

　　　《臺灣志》載：「澎湖城乃康熙五十六年總督覺羅滿保、
　　　巡撫陳璸、布政司沙木哈建」，大書特書如是，豈志亦有

40　見《禮記‧禮運》。

誤耶？大約其時建議，後不果行，作志者不察而書之耳。[41]

胡氏認真查出《臺灣府志》提及的覺羅滿保、陳璸、沙木哈三人共同建造的澎湖城之史載，是錯誤的，是修志者之疏忽不察而有以致之。

> 澎湖以大山嶼為主，四面八方，島嶼羅列，水道紆迴，此無形之金湯也。奚必高樓雉堞、重門擊柝、濬隍墮壍，始足為固哉？稽之舊志，又有載「暗澳城」係明嘉靖四十二年都督俞大猷建，以備征流寇林道乾為駐師之所一事。暗澳即今之文澳，廳署在焉。然問所謂「暗澳城」者，則居人之耆艾者亦不知其基址之在於何處也。蓋世遠年湮，存而不論，闕疑焉可也。[42]

在這一段敘述一開始，胡建偉提出自然環境和海流、島嶼等海上險要就是「王公設險以守其國」的軍事防禦觀，認為澎湖天險就是防守的最佳屏障。接著他指出志書所說明之禦倭大將俞大猷曾在澎湖文澳築城，稽之當地耆老，皆曰沒有此事，或曾建過，但因年深日久，早已消失，或根本沒有建此城，作史者隨意說之而已。無論如何，胡氏是經過實地親訪考察而下判斷，且以保留的態度而曰「存而不論、闕焉可也」。這是理性客觀的態度，正是實學的知性精神之實踐亦是修史纂志者的基本原則。

---

[41] 《澎湖紀略・城池》，頁 29。
[42] 同上注，頁 29-30。

再者，荷蘭曾來澎湖，嘗建有城堡，唯久已塌廢，胡建偉亦予以認真的考察追索。其曰：

> 廳治迤西二里許，有紅毛城廢址一處，周圍一百二十方丈，舊傳為紅夷所築云。
> 媽宮澳之西，逼近海岸，有小城一區，名曰「新城」，不知築自何年，並為何人所建？周圍僅及百丈，中無民居，惟澎協設兵更番戍守於此，今名為「新城汛」。
> 奎壁澳有社名大城者，相傳亦云紅毛時築城於山頂之上，以為瞭望之所；今城址亦頹廢無存，居人但指其地而云然耳。瓦硐澳亦傳有紅毛銃城一處，址亦無存。
> 此則澎湖之所謂城也。[43]

以上胡氏列舉了澎湖列島上代有相傳的城，其敘述大體上有幾點意思，一是「傳說」，亦即實無明白確然還存在的城；一是「紅夷」所築，其意是指昔年荷人短期據澎所築；一是多已頹廢塌陷而無存；一是其實規模皆甚小，實為碉堡而已。因此，嚴格而言，這些所云城者，不可稱之為「城」。

此種親臨其地加以觀察的嚴謹態度而下的判準，正是史家的基本精神和表現。所以，胡建偉結語曰：

> 澎湖蓋無城也，至於池則大海周環於外，汪洋萬頃，內而港汊支流之玄，曲折層層繚繞，兼之砂線礁石嶙峋布伏，

---

[43]　同上注，頁30。

> 齒齒凌凌，盡皆險要，楚人以漢水為池，豈能方其萬一
> 也！[44]

胡氏心目中的城，是都邑城郭的那種大城，澎湖依此標準，是沒有城的。但若就王公據險以為固而言，則列島的海與嶼交錯犬牙的險要地形，就是最好的防衛。此種就地理地形的判斷，用以思慮地方的對外敵的防範之條件，這是傳統仕儒的基本實學和實政之顯現。

再來看看胡建偉論「公署」的根本精神，他說：

> 《魯語》曰：「署，位之表也」。雖職有崇卑、秩有厚
> 薄，莫不有署以為出而治事、入而退思之地，此署之所由
> 設也。[45]

胡氏每纂志書各條，多有引經史者。此處他引了《國語·魯語》之言「署，位之表也。」然後表示「署」是任官者辦理政務的構築空間，從此走出是治事，返回此處是思政，意思是官吏的處理政務，不是整天在辦公室中呆坐空想的，而是必須勤走政區來瞭解民膜，返回辦公室中認真籌劃愛民之政來推展實施。胡建偉引用的〈魯語〉之文如何？它如此記載：

> 文公欲弛孟文子之宅，使謂之曰：「吾欲利子於外之寬

44　同上注。
45　同上注。

者。」對曰：「夫位，政之建也；署，位之表也；車服，
表之章也；宅，章之次也；祿，次之食也。君議五者以建
政，為不易之故也。〔……〕夫署，所以朝夕虔君命也。
臣立先臣之署，服其車服，為利故而易其次，是辱君命
也，不敢聞命。〔……〕」[46]

在《國語‧魯語》中，由孟文子表達了官署是政治‧爵位的表徵
之空間，有其不可隨便更易輕忽的重要性和神聖性，如果為政者
不把官署及政事和爵位當一回事，那就是有辱君命，亦即侮辱了
國家。胡建偉以古說今，他的觀念與孟文子是一樣的。胡氏又
曰：

必繫之以「公」者何也？《詩》曰：「委蛇，委蛇，退食
自公。」又曰：「敬爾在公。」故曰「公」也。[47]

胡建偉再又引了經典來說明公署之「公」的意義。他徵引了《詩
經》。其所言詩句如此：

羔羊之皮，素絲五紽；退食自公，委蛇！委蛇！
羔羊之革，素絲五緘；委蛇！委蛇！自公退食。
羔羊之縫，素絲五總；委蛇！委蛇！退食自公。[48]

---

[46]　見《國語‧魯語上‧文公欲弛孟文子與邱敬子之宅》。
[47]　《澎湖紀略‧公署》，頁30。
[48]　見《詩‧國風‧召南‧羔羊》。

此詩提到的羔羊之皮、革、縫，都是指用羔羊的身上的物質來製作羔羊皮襖；所提到的素絲五種紽、緎、總，則是縫製羔羊皮襖的那些絲線、紐扣。總之，為此詩者是用此種精美羔羊皮襖來形容官宦或貴族，亦即為政者的衣著，顯示其地位和權貴。「退食自公」或「自公退食」的「公」，就是官衙公署，而此句是說官宦從公署下班回去家裏吃飯休息。「委蛇」就是形容他們從公署下班返家的心情放鬆的而走路愉悅的樣子。

再者，胡建偉又引「敬爾在公」詩句，是出自《詩・周頌》，其文曰：

> 嗟嗟臣工，敬爾在公。王釐爾成，來咨來茹，嗟嗟保介，維莫之春，亦又何求？如何新畬。於皇來牟，將受厥明。明昭上帝，迄用康年。命我眾人，庤乃錢鎛，奄觀銍艾。[49]

此是周成王鼓舞臣民力田而在春耕之始舉辦的宴會之歡唱的詩歌。宴會中有兩篇，一是〈噫嘻〉，是給農民誦唱的，而此篇〈臣工〉則是給臣僚們誦唱的。其中的「敬爾在公」之詩句，是勉勵臣僚宜勤敬盡心於治國理民的實政，胡氏引之就是自我期勉亦是勉勵其他官員僚屬應該以敬謹之心來從事政務，要勤政而愛民養民教民。

基於上述的從《詩經》引出的儒家思想，胡建偉就發抒了一段敬心勤公的論述：

49　見《詩・周頌・臣工之什・臣工》。

創建必書，繕葺必書或增或廓亦必書者，亦公也，蓋以官
之遷徙無常，代替不一，謀其政乃居是位，與一家之經紀
異矣。是公者，又別乎私而言之也。故凡一言之出，一令
之行，要有易直子諒之意，以流溢於文誥之間，毋居上以
凌下，毋挾勢以朘民，俾托吾宇者悉有家人父子之誼，斯
可以為民表而無愧乎！署之為官表也。〔……〕居是署
者，其可不恪供厥職，公爾忘私，顧名而思義乎？[50]

胡氏認真於纂史修志者的客觀史學之史德，所以要求地方之公家
構築凡新創、修繕、增擴等建設，都必須如實而書，不可粗疏馬
虎，因為官員有任期，會遷來移去，所以，公署也者不是私宅，
有必要在政務的實情上交接明白清楚而不可有假公濟私的舞弊之
情形，這就是實政上的公義。且胡氏更進一步申論凡是為政者，
均必須心懷愛護人民而力行仁政，不可欺下瞞上，為官奸邪。他
特別提醒凡為仕而坐在公署辦公者，切切必須恪供其職而從公忘
私，這才是為官治民的基本之義。

　　傳統儒家主張為政之道在於養民和教民，胡建偉治澎，甚重
視之。他在《紀略》中曰：「蓋衣食足，禮義興，乃化民善俗之
第一件要政也。」[51]這種觀點，是從孔孟思想來的，孔子重「富
之而後教之」之政，[52]孟子也強調井田以興農而謹庠序之教的基

50　《澎湖紀略・公署》，頁30-31。

51　《澎湖紀略・職事・課農勸學》，頁57。

52　《論語・子路》載，子適衛，冉有僕，子曰：「庶矣哉！」冉有曰：「既
　　庶矣，又何加焉？」曰：「富之。」曰：「既富矣，又何加焉？」曰：
　　「教之。」孔子的為政之道是「庶之、富之、教之」的「三步曲」。

本為政原則。[53]胡氏基於孔孟的為政之要道,先申論振興農業,
曰:

> 民以食為天,農者,食之所從出,重農正所以足食也。每
> 歲於春二、三月之時,一遇雨澤露濡,即肩輿簡從,親往
> 四郊勸農。如有勤者,賞以錢文,以為酒食之資;惰者則
> 申飭之。間有老農,則更加優恤,併詢其風土人情。則官
> 民之氣上下可以相通,閭閻之利病亦可因而併悉也。至收
> 耘時,亦照此巡行辦理,無少怠惰,則農見我勤,而農自
> 勤矣。況澎湖以海為田,力農者少,更不可不再三董勸以
> 作其勤也。若徒奉行故事,而無真實之意貫注其間,則農
> 已窺我之後矣,勸於何有?[54]

胡建偉說每年春耕和秋收,身為地方主官,就會輕裝簡從,到地
方上去巡視農耕的情形,見有勤奮力田的農民,就賞以錢文以資

---

[53] 梁惠王問孟子曰:「鄰國之民不加少,寡人之民不加多。何也?」孟子
對曰:「王如知此,則無望民之多於鄰國也。不違農時,穀不可勝食
也;數罟不入洿池,魚鱉不可勝食也;斧斤以時入山林,材木不可勝用
也。穀與魚鱉不可勝食,材木不可勝用,是使民養生喪死無憾也;養生
喪死無憾,王道之始也。五畝之宅,樹之以桑,五十者可以衣帛矣;雞
豚狗彘之畜,無失其時,七十者可以食肉矣;百畝之田,勿奪其時,數
口之家,可以無飢矣。謹庠序之教,申之以孝悌之義,頒白者不負戴於
道路矣;七十者衣帛食肉,黎民不飢不寒,然而不王者,未之有也。」
(見:《孟子‧梁惠王》)。孟子也以同樣道理對齊宣王說。其為政之
要道亦是「庶之、富之、教之」的「三步曲」。

[54] 《澎湖紀略‧課農勸學》,頁 57-58。

鼓勵，若有怠惰，就會當面斥責，而若見有老農還在田地中辛勤
勞作，他就會加以救濟，同時，藉此巡視鄉野的機會，他又對於
民情風俗之情形進行考察，社會上的利病乃能明白。再者，胡氏
也告戒治澎的各層官吏，絕不可陽奉陰違、虛應故事，若無治民
之誠，則地方人心和治道一定敗壞。此種治理之方，其實就是孔
孟荀一路下來而到明清的重農之政道的主要實政。

再者，胡氏也表達了重視地方文教的儒政，其曰：

> 若夫讀書一事，更不可不作之矜式也。海外之人，必使之
> 明理義，然後可以為良民。故每到各澳，必赴社學，親為
> 指點；即蒙童小館，亦必親到。如童子能背誦經書、能講
> 解字義者，即獎賞之，給以紙筆錢文，以示鼓勵。其生監
> 俊秀，授以程氏課程，必令讀《四書》、《五經》、《小
> 學》、《近思錄》、《性理綱目》諸書，以端其心術，正
> 其識見，為國家有用之才。澎湖向來讀書人少，余行之兩
> 載，近日漸見鼓舞，各澳皆有書聲，蓋長上之教比兄父之
> 教，事半而功倍也。[55]

胡建偉說明他治澎兩年來，甚重視澎湖子弟的文教，推展社學，
必使生童明義理，他甚至也必到蒙童小館視察塾師的教學，而且
更加以親自考核，學童會背誦經文、明解字義者，就給予獎賞，
獎品是紙筆錢文。若有俊秀子弟有能力為監生者，就授以程伊川
的理學課程，也指導他讀《四書五經》、《近思錄》、《性理綱目》

55　同上注，頁58。

等清朝推行的朱子性理之學。胡氏此處展現了儒仕治道中的重視
文德之教的信念，而其內容是程朱理學，重視道德倫常之教。

　　以上論述是依據《紀略》的相關篇章而來析論詮釋擔任澎湖
列島的行政首長的胡建偉，其表現出來的儒家基於實學而有的實
政實務以及其中的思想觀念。一位傳統的儒者在其為宦從政的位
子上面，必是如此重視實政的經世濟民之政務，其一是養民之
政，其一則是教民之政，孔孟首開其端，而後世大儒朱子陽明亦
是如此，一位清初在臺灣擔任地方官員的儒家也是一樣的。

五、胡建偉創立澎湖的書院

　　胡建偉對於地方的儒教十分重視，清之儒教除了廟學之外，
則是以書院補其不足。胡氏對於清初的書院建設和發展，有其論
述，曰：

> 若夫右文重士，則國朝實有度越千古者焉。如會城鼇峰書
> 院，於康熙五十年聖祖仁皇帝親灑宸翰，御賜「三山養
> 秀」匾額，〔……〕。雍正十一年，世宗憲皇帝又命各省
> 書院延師督課，頒賜帑金一千兩，永資膏火，書院之教，
> 從此益興。乾隆元年，當今皇帝御極之初，即頒諭旨，慎
> 延講席，選擇生徒，肄業其中。並令酌仿朱子白鹿洞規
> 條，立之儀節，仿分年讀書之法，予以課程。務欲令諸生
> 檢束身心，貫通經史，為世通儒。〔……〕[56]

---

[56] 《澎湖紀略·書院》，頁79。

此段敘述，胡氏提到清初三帝皆甚重視書院之教，且以朱子儒學為本，依《白鹿洞書院規條》為範式而設立各書院的學規。胡氏特舉福州的鼇峰書院為閩臺地區的第一書院。他又說到清廷的書院教育的宗旨是「務欲令諸生檢束身心，貫通經史，為世通儒」。即是儒家的尊德性道問學的德與知雙彰的全人教化，士子務使其德學之養，能為經世之通儒。

　　胡建偉特別指出其時閩臺的書院有．興化的考亭書院、泉州的泉山書院、漳州的龍江書院、延平的道南書院、建寧的文定書院、邵武的崇賢書院、汀州的龍山書院、福寧的正學書院，而在臺灣，則有海東書院。他又說：「以至二州六十四縣與夫通都巨鎮，亦莫不設有書院，以為士人敬業樂群之所。」[57]據此，可知胡氏只是特舉閩臺地區重要的書院之名而已，其實已多有書院之設立。若就臺灣而言，在胡氏治澎時期，[58]就只有設於臺灣府的海東書院、崇文書院兩間而已。[59]

　　基於儒教場所設施之缺少，臺灣本島既已如此，何況澎湖！胡氏指出：

　　　　澎湖一隅，自入版圖，於今八十餘年，向未設有書院。而

57　同上注。

58　胡建偉，廣東三水縣人，乾隆戊午科舉人，己未科進士。他曾任直隸無極縣知縣，又任正定縣知縣，再任福建福鼎縣知縣，復調任永定縣知縣，乾隆二十九年署閩縣知縣，三十一年派任澎湖廳通判。見：《澎湖紀略．題名．胡建偉》，頁 71。

59　連橫：《臺灣通史．臺灣書院表》（臺中：臺灣省文獻委員會，1976），頁 221。

> 教官則又遠阻大洋三百餘里，實膠庠之所不及者也。生童
> 有志稽古而問道無門，學鮮良師，致有望洋而嘆。是何異
> 百工而不居肆，欲其制器判象，以期得心應手，豈不艱
> 哉！[60]

澎湖缺少儒學文教乃是遠隔重洋的地理位置影響所致，一則它向
來沒有書院，二則無論大陸或臺灣的教師亦畏海而不願赴澎設學
施教。

胡建偉是一位出身進士的治理地方的基層儒官，重視地方教
化，他對於澎湖人民的教育水準程度甚為重視，至澎履新之際，
就說：

> 余〔……〕濫叨斯職，則化民造士，有不容辭焉者矣。乃
> 於下車之始，即進生童而校閱之，士多秀杰，但牿於聞
> 見，無人指授，聰明俊彥終於汨沒，殊可惜也。嗣於公餘
> 之暇，纂輯諸儒入德之方、讀書之法、作文之式，以為模
> 範；季課月考，人品學業，漸見成效。[61]

胡氏一抵澎湖廳上任，其要務之一就是找當地生童詢核，他發現
澎湖子弟資質大多優良，然而因為地點偏僻，所以，他們得到的
資訊、知識就無法豐足，而且乏老師教授，所以可惜多有這樣就
汨沒了天生好的資才。胡氏乃「纂輯諸儒入德之方、讀書之法、

60　《澎湖紀略·書院》，頁 79-80。
61　同上注，頁 80。

作文之式，以為模範」，此實即依據朱子規劃的讀書進修的教材
加以整理安排來給予澎湖生童有一套教本可以就讀。胡氏說如此
進展一些時日，果然產生了進德修業的顯明成效。

　　由此可以見到胡建偉作為一位偏遠地方的主官之重學重教的
基本儒家性格。此種仕儒的性質皆可在中國傳統的儒家行誼中看
到，起碼宋明儒家就是如此，如北宋周張二程四子以及南宋朱文
公乃至明之陽明，莫不如是。

　　胡建偉遂接著敘述了創建「文石書院」的歷程：

> 澎地一十餘年以來並無入泮之人，今歲試獲雋者三人，實
> 澎湖向未曾有之事也。以故人皆鼓舞，時則有貢生許應
> 元、張綿美、監生蔡聯輝等呈請捐創書院，以惠士林；隨
> 即稟明本道學憲張公、札商本府秦公，俱蒙報可。余
> 〔……〕擇文澳之勝地創建焉。經始於乾隆丙戌之孟冬，
> 落成於丁亥之孟夏。中為講堂三楹，區曰「鹿洞薪傳」，
> 中祀朱子、兩程子、周子、張子五賢。前則頭門三間，中
> 架為樓，樓上祀魁星之神，後為後堂三間，中祀文昌之
> 神，左右兩間以為山長住居之所。至於東西兩面，翼以書
> 室各十間，以為諸生讀書精舍，統榜曰「文石書院」。[62]

此段引文提到澎湖已有貢生和監生，共同呈請胡建偉為澎湖創建
書院，由此可以發現澎湖雖無書院，但透過私塾社學之教，還是
產生了少數的士子。他們實即澎湖得以興學的種子，由他們配合

---

[62]　同上注。

重文重教的地方官儒，於是官民共同努力之下，地方基本的文教
設施之書院乃得以創成。這就是文石書院所以誕生之故。再者，
胡氏題匾曰「鹿洞薪傳」，於此亦證澎湖之書院的立院精神是效
法朱子《白鹿洞書院揭示》的，是典型的宋朝理學而傳下的由清
康熙皇帝標榜鼓吹弘揚的朱子儒學，所以，其書院中敬祀了北宋
的二程、周、張四子且主祀以南宋朱文公。

　　朱子為白鹿洞書院撰述的《揭示》之文如下：

> 父子有親，君臣有義，夫婦有別，長幼有序，朋友有信。
> 右五教之目，堯舜使契為司徒，敬敷五教，即此是也；學
> 者學此而已。
> 而其所以學之之序，亦有五焉，其別如左：
> 博學之，審問之，謹思之，明辨之，篤行之。
> 右為學之序，學、問、思、辯，四者所以窮理也。
> 若夫篤行之事，則自修身以至于處事接物，亦各有要，其
> 別如左：
> 言忠信，行篤敬，懲忿窒慾，遷善改過。
> 右修身之要。
> 正其義不謀其利，明其道不計其功。
> 右處事之要。
> 己所不欲，勿施於人，行有不得，反求諸己。
> 右接物之要。[63]

63　〔南宋〕朱熹：《朱子全書》，第二十四（上海：上海古籍出版社，
　　2002），頁 3586-3587。

朱子著重的書院教育之主旨不是知識的學習，而是道德倫常的「五倫」的體悟式學習，而他又認為學習的次第在於博學、審問、謹思和明辨，此乃出自《中庸》的經文，只是謹思和慎思一字之別。而朱子說這四個次第，就是格物窮理，使自己明白事事物物的道理，但其目的卻不是認知而已，而必須是堅篤地加以實踐，而從何實踐？就是必須修身，修身之要則是「言忠信，行篤敬，懲忿窒慾，遷善改過」。處事之方，則引漢儒董仲舒之言「正其義不謀其利，明其道不計其功」來標舉道義；接物之方，則是孔子提出的恕道之精神而曰「己所不欲，勿施於人，行有不得，反求諸己」。總之，朱子撰寫的《白鹿洞書院揭示》，完全是孔孟之道統而下傳到宋之道學、理學的理念，它是道德倫理的教化主旨。

　　基於上列數項要點，朱子論述其觀點而曰：

> 熹竊觀古昔聖賢所以教人為學之意，莫非使之講明義理，以修其身，然後推以及人，非徒欲其務記覽、為詞章，以釣聲名、取利祿而已也。〔……〕然聖賢所以教人之法，具存於經，有志之士，固當熟讀深思而問辨之。〔……〕特取凡聖賢所以教人為學之大端，條列如右而揭之楣間。諸君其相與講明遵守而責之於身焉，則夫思慮云為之際，其所以戒謹而恐懼者，必有嚴於彼者矣！〔……〕諸君其亦念之哉！[64]

---

[64]　同上注，頁 3587。

朱子提醒學子不可只為了記覽或詞章才來學習聖賢之教，而讀聖賢經典也不是為了科考功名以及官位利祿。入書院從師就學，目的是在於道德倫理的熟習和踐履，平時為君子，若有大德則為聖人。這就是宋儒上追先秦孔孟仁義之實義而加以發揚重振的德教之旨，經過朱子的提升弘揚，形成往後中國各朝代的基本文教的中心，清朝更是如此，康熙提倡朱子儒學以為國教之根本，胡建偉身為乾隆年間的邊陲列島之澎湖之地方主官，在此文教氛圍和理念中，當然積極實踐開創。

基於朱子儒學以及《白鹿洞書院揭示》的精神和方向，胡建偉也為文石書院而立了其《學約》共十條，其標題是：「重人倫、端志向、辨理欲、勵躬行、尊師友、定課程、讀經史、正文體、惜光陰、戒好訟。」[65]其文甚長，但主旨是朱子儒學之重道德倫常的教化精神和原則，如其在〈重人倫〉一條中提到：

> 古者庠序學校之教，皆所以明人倫也。是人倫者，非教者之所最重，而為學者之所必先也哉？〔……〕孟子曰：「規矩，方員之至也；聖人，人倫之至也。」又曰：「堯舜之道，孝弟而已矣。」朱子《白鹿洞規條》，首列：父子有親、君臣有義、夫婦有別、長幼有序、朋友有信五教之目，以為學者學此而已；而博學、審問、慎思、明辨、篤行，則所以學之也。若夫修身、處事、接物之條，皆在所後焉。蓋人倫之理，命於天則謂性，率於性則謂道，性與天道，乃學問之大原，而其實不過於人倫日用之間，各

盡其當然之實，自可以為天下後世法。〔……〕孝為百行
之原，則又五倫之本也。人能善事父母，必篤於兄弟，和
於妻子，求忠臣，必於孝子之門，至性厚者，朋友亦不
薄。以至明天察地，通於神明，光於四海，何一而非孝之
所推暨乎！[66]

此一大段敘論是胡氏發揮《文石書院學約》的第　條〈重人倫〉
之相關內容，其思想源頭由朱子儒學而來，是《白鹿洞書院揭
示》之精神的重現。但他上溯孟子的孝弟思想，而以道德倫理的
教化為書院教育的宗旨，同時，更以「孝」為眾德之核心。依
此，胡建偉反映的教育原則，是中國儒家的國民之教以心性之德
為主旨的傳統，不是職業知識之教育，此種重德之教，清朝的邊
陲之地如澎湖之書院，也是如此。

　　然而邊陲如臺灣或澎湖，其書院規制卻無法依據純粹的儒家
教育場所之方而創立。正式規制，若以文廟言，必主祀孔子、陪
祀四聖、十哲以及先儒和先賢，而在正統書院則祀朱子，並且陪
祀以北宋四子。可是文石書院卻又在樓上祀魁星、後堂祀文昌，
此兩神祇乃道教系統的掌管科考、文教以及主導士人舉子之考運
的神祇，此種儒家和道教相混的書院，其實在清代臺灣各地多
有，顯示清朝臺灣屬於閩省之一府，相較於中土，是當時之邊陲
之地，屬於新闢的移民社會，故關係於地方教育的書院的空間、
景觀和設施，遂有其雜冗的情形，澎湖文石書院亦不能免。

　　何以名為「文石書院」？胡建偉是取澎湖當地的特殊石料而

66　同上注，頁81。

名之，[67]其文曰：

> 文石者，澎產也。產於澎而重於世，此石之所以可貴也。
> 石何以貴？以文為貴也。〔……〕惟文石之文，以堅貞之
> 質，著斑爛之耀，五色紛綸，應乎天則五緯昭，應乎地則
> 五行位，應乎人則五常敍而五教彰，充實光輝，發越而不
> 可掩，斯文之所以可貴也。君子觀此，因以得為學之道
> 焉。
>
> 夫石之由璞而發於山也，如人之自蒙而就於塾也；石必擇
> 土之良者而授之治也，如人必擇師之賢者而從之遊也。始
> 而琢磨，繼而攻錯，久之而彫刻之形痕跡俱化，以幾於純
> 粹之精之候，亦如學者之始而訓詁，繼而服習，久之而漸
> 摩之至義精仁熟，不知不覺升堂入室，進乎聖賢之域。
>
> 〔……〕澎之人士，從此居業得所，游息有方，而無言龐
> 爭雜之累。春夏詩書，秋冬禮樂，以砥礪其心性，潤澤其
> 文章，處則為有道之士，出則為有用之儒。《記》曰：君
> 子比德於玉，豈欺我哉！〔……〕石云乎哉？書院之名，
> 因有取焉。[68]

---

[67] 澎湖的地質是玄武岩，文石是玄武岩孔隙中具有紋理的岩石，其形成和
火山岩漿冷卻活動有關，岩漿噴發時，流至常溫常壓下的地表時，熔岩
逐漸冷卻，岩漿中氣體因壓力減低而膨脹，形成氣孔，有呈圓形，也有
因熔岩持續流動而被拉成橢圓形或不規則形，因此，形成大小不一的紋
理，從數釐米到數公尺皆有，當地人稱為「文石」，這種玄武岩被海水
覆浸，其礦物質和水接觸又漸漸產生新的礦物，就是文石的主要成分。
（引自《維基百科·文石條》）。

[68] 《澎湖紀略·文石書院落成記》，頁 261-262。

文石書院之所以命名為「文石」，乃是胡氏將當地的主要石材拿來作為書院建築的材料，以文石之特色來加以發揮君子之教的切磋琢磨之功夫的重要意義，他的意思是期望澎湖儒子可以就文石書院而接受孔孟程朱的儒家德教，始而訓詁，繼而服習，久之而漸摩之至義精仁熟，不知不覺升堂入室，進乎聖賢之域。也就是學習成為君子，繼而持之以恆，加以實踐而上升為聖賢。

　　胡建偉此文重點是拿文石來轉引出「君子如玉」的典故和意義，其文中所言之《記》曰：「君子比德於玉」之文，出自《禮記》。其文曰：

> 子貢問於孔子曰：「敢問君子貴玉而賤珉者何也，為玉之寡而珉之多與？」孔子曰：「非為珉之多，故賤之也，玉之寡，故貴之也。夫昔者君子比德於玉焉。溫潤而澤，仁也；縝密以栗，知也；廉而不劌，義也；垂之如隊，禮也；叩之其聲清越以長，其終詘然，樂也；瑕不揜瑜，瑜不揜瑕，忠也；孚尹旁達，信也；氣如白虹，天也；精神見於山川，地也；圭璋特達，德也；天下莫不貴者，道也。《詩》云：『言念君子，溫其如玉。』故君子貴之也。」[69]

胡氏所引之君子比德於玉，是子貢問於孔子關於君子與玉之關係的對話，子貢將重點置於玉，但孔子卻提啟發他，重點不是玉石，玉與珉的品質之差異只是比喻，是拿來比喻成德君子之德

---

[69]　《禮記・聘義》。

行，孔子舉出君子的基本德性是效法天地而具有仁智禮義忠信之
德以及和樂於道的修養。基於禮記的君子比德於玉的論述和發
揮，胡建偉遂以澎湖的文石比擬為玉，而以文石命名書院，意思
就是此書院之精神就是玉，而在此書院讀書的生童，就應該比德
於玉而進德修業，使自己成為德學兼備的君子。

六、胡建偉表彰澎湖的人物

　　傳統時代治理地方的仕儒甚重視當地的賢能之士，也甚重視
當地的鄉賢之行誼，往往會予表彰且必載錄於方志中以傳久遠作
為楷模。澎湖時為偏遠邊陲的海上列島，無法與中土文明鼎盛之
區或臺灣本島的精華地區如臺灣府縣之邑比美，但胡建偉既然主
管澎湖，亦絕不輕忽當地的文德修為之君子，故特予以記載表
揚，而這些人物雖然尚屬稀少，卻是澎湖文教之先創、黎明的德
光。

　　胡氏曰：

> 賢，有德者；能，有才者。命於天則曰簡在，鍾於地則曰
> 嶽降，賢能之參於天地也尚矣。傳曰：「太上立德，其次
> 立功，其次立言。」夫輔世莫如德，濟世莫如功，覺世莫
> 如言；有此三者，所以能卓立兩間，利賴斯人，而為千古
> 之不朽也。賢能之人，顧不重哉？〔……〕皆天地之所鍾
> 毓，不以時代今古而有殊，不因疆域大小而或異也。[70]

---

[70]　《澎湖紀略・人物志》，頁99。

胡建偉論到地方的賢能之士，提及「賢」就是有德君子而「能」就是有才之人，總之即是德知能三者兼備之君子儒。他也點出賢能者是在德、功、言之「三不朽」有所建立之人，否則不能稱為賢能之士。再者，他也特別強調賢能之君子是天地之所鍾毓，即天地鍾靈毓秀之所產，不分古今也不論地區，其意思是說澎湖至今才有所開發，而又偏處海上，但卻也有其賢能君子。

　　胡氏在其論述中特別引了「太上立德，其次立功，其次立言」之古語來闡明其所謂賢能之士的應有之品質。此句出於《左傳》：

> 二十四年春，穆叔如晉，范宣子逆之，問焉，曰：「古人有言曰：『死而不朽』，何謂也？」穆叔未對。宣子曰：「昔匄之祖，自虞以上為陶唐氏，在夏為御龍氏，在商為豕韋氏，在周為唐杜氏，晉主夏盟為范氏，其是之謂乎？」穆叔曰：「以豹所聞，此之謂世祿，非不朽也。魯有先大夫曰臧文仲，既沒，其言立，其是之謂乎！豹聞之，『太上有立德，其次有立功，其次有立言』，雖久不廢，此之謂『三不朽』。若夫保姓受氏，以守宗祊，世不絕祀，無國無之，祿之大者，不可謂不朽。」[71]

穆叔就是魯卿叔孫豹，他於魯襄公二十四年訪問晉國，晉之執政卿大夫范宣子歡迎接待。此是兩人關於何謂不朽的對話，范宣子特別引了上古氏族傳襲之說而以為世祿的傳襲不替，就是不朽，

71　《左傳·襄公二十四年》。

他的觀念是著重其家族權貴的世世掌有。但叔孫豹的不朽觀卻與范宣子之觀點之層級有大差異，他舉魯賢臣臧文仲為例，贊其立言不朽，並進一步提到他聽聞到的箴言曰：「太上有立德，其次有立功，其次有立言」的「立德立功立言」的「三不朽」。

人之不朽不在於己身是否為世族貴胄，而是自己是否如胡建偉所言的「輔世莫如德，濟世莫如功，覺世莫如言；有此三者，所以能卓立兩間，利賴斯人，而為千古之不朽也」。人若能以德輔世、以功濟世、以言覺世，如此而有大功大德貢獻於世人及後世，則其人必不朽。

胡氏這一大段論述，乃是指出士君子的人生志業宜以「三不朽」為最高目標。這是儒家典型之觀念。縱然是在偏陬之地的澎湖，若有賢能之士，亦必以立德立功立言而為人生的目的。基於此信念，胡氏乃曰：

> 澎之人有以明經著者，有以材武稱者，斯亦經文緯武、足備一時之選者矣。以視夫當日文身漆齒不大異乎？況從此沐浴盛朝之化，日新月異，安知將來不有如邱文莊、海忠介者其人出焉，以破天荒於海表耶？子曰：「十室之邑，必有忠信，如丘者焉。不其然乎？不其然乎？」[72]

文中所舉邱文莊是明朝賢良仕儒，海南海口人，其名邱濬，文莊是其諡號；海忠介亦是明朝賢良仕儒，也是海南海口人，其名海瑞，忠介是其諡號。兩人在朝在野都重治道，實政實教，對於民

---

[72] 《澎湖紀略·人物志》，頁 100。

眾教化甚有貢獻。胡氏以此兩位賢儒為例來說明澎湖較海南一樣皆是邊地，但焉知澎湖在文教推拓發展之下，就不會出如同海南之邱濬海瑞這樣的士君子？

於是，胡建偉特別表彰其時澎湖之儒士。他說：

> 程子曰：「凡一命之士，苟留心於愛物，於人必有所濟。仕以行道，君子欲之，以此而已，豈有他求哉？」澎湖自入版圖以來，雖無尊官顯秩之人，而明經司鐸則亦一命之榮也。昔王文成訓司鐸，謂視兒童如己子，以啟迪為家事，不但訓其子弟，亦復化其父兄，不但勤於詩書章句之間，尤在致力於德行心術之本。務使禮讓日生，風俗日美，〔……〕蒙以養正，教化之始也，意深遠矣。苟能身體而力行之，有益於世教，有裨於人才，即秉鐸亦何慚焉！寧必將相乎哉？[73]

此段敘述是胡氏為地方儒師而說的，他表揚地方的塾師或書院的教師之教化地方子弟之功，他特別以陽明先生在江西、貴州、廣西的各個地區之重視、尊重儒學教師為例來獎勵贊揚澎湖的地方型儒師，因為地方文教的開啟和提升，乃肇端於「蒙以養正」的啟蒙之學，而儒教之主旨不能僅在詩書章句之間背習而已，而尤在致力於德行心術之本，且更帶有一種功能，那就是教化了子弟，而子弟們回到其家中，進一步也影響了父兄亦薰習了德風，如此一久，整個社會的風氣也就敦篤知禮。

---

[73]　同上注。

於是，胡建偉表彰了一位澎湖重要的儒師之學德。他說：

> 澎之仕於教職者，則有顏我揚，西嶼澳小池角社人，由臺
> 灣縣學，康熙四十六年歲貢，於雍正五年八月，內選授汀
> 州府歸化縣學訓導。為人品高行潔，居官三載，齋頭首
> 蓿，自甘淡薄，不受諸生贄禮，教人不倦。嘗言人以立品
> 敦行為重，文章詞藻其枝葉也。品之不立，則本實先撥，
> 葉將焉附？縱有佳文，風雲月露，無補於身心，無益於政
> 治，亦何取焉？以故汀之人多取法焉。雍正八年，告假回
> 家，教訓鄉里，澎人至今論文行兼優者，必為我揚首屈一
> 指也。此澎湖文士入仕之始也。[74]

顏我揚，參與臺灣縣學之教育和考核，得歲貢之秀才身分，乃能
至福建汀州的歸化縣擔任縣學訓導，從事地方的儒教工作，換言
之，顏我揚是閩西一個地方縣的基層儒師。胡建偉文中提到的顏
我揚的德行，正是傳統有品有守的中國傳統儒仕儒師的基本修
為。而其教育汀州歸化縣的生童，亦是依據朱子理學的根本原
則，那就是啟發、鼓舞、激勵弟子們應該希聖希賢，在心性德操
上努力上進而使自己為君子賢士更進一步為聖人。顏氏後來歸返
澎湖，遂在澎湖教授家鄉子弟，是澎湖文教始祖，換言之，澎湖
由野而轉升為文，是由顏我揚的播植儒學儒教而開其端，時為清
雍正八年。

　　胡氏再於其《人物志》的〈鄉行〉中曰：

---

[74] 同上注，頁 101。

> 古者同鄉而處，則必共井而耕；出入相友，疾病相關，緩
> 急相濟。此閭里所以有長者之行，君子觀於鄉而嘆王道之
> 易也。以故三載賓興，取士者亦必始於鄉焉。[75]

此段所言，是中國傳統的鄉治精神。向來為歷代仕儒所重。如北
宋張橫渠、南宋朱文公以及明朝王陽明，皆有相關文本述此儒家
鄉治之觀念。以今日用語來說，就是「社區共同體」。胡建偉既
是清初朱子儒學教化下的仕儒，在基層的縣治作為長官，他必然
重視鄉治的實施和效果。而他對於實際的他所親歷的地方社區的
情況，有所批評而曰：

> 無如世情多鄙，古道為難。鄉中有多收幾石粟，則曰我富
> 矣，而挾富以制貧；多養幾個兒子，則曰我強矣，而恃強
> 以凌弱。嗚呼！何其鄙也！此種風氣，北方猶鮮；惟近海
> 之鄉，地薄而氣浮，往往有焉。閩、粵為尤甚。余粵人而
> 仕於閩者，知之甚悉。自慚德薄，不足以感人，欲以隻手
> 挽巨海之狂瀾，力雖不逮，而心實有餘也。[76]

胡氏說出他自己是粵人而又在閩地為官，他的生活成長經驗以及
在閩省為宦治理的實踐，讓他深刻明白鄉民的文化和倫理修養之
狀況，往往鄙薄澆漓，甚是卑陋。他指出華北民風較敦厚樸實，
而在華南，尤其是閩粵之地，特別是臨海的邊區，則「地薄氣

75　同上注，頁 105。
76　同上注，頁 105-106。

浮」，甚難教化治理，他慨嘆自己雖然認真從事，但卻深覺心有餘而力不足。

胡建偉由於深具道義心，有責任感而對己不斷地要求，所以發現了閩粵此種臨海邊省的民風鄙俗澆薄且多以強欺弱、恃富譏貧，而且難於教化，因此覺得自己似乎沒有盡到為仕之職責。其實，這是他的太過於期求自己的治績。若看那個時候的臺灣，民風鄉情亦率多如此，周鍾瑄和陳夢林主修的《諸羅縣志》描述康熙時代的臺灣的社會狀態，也是類似胡建偉提到的閩粵和邊海地區。其有曰：

> 人無貴賤，必華美其衣冠，色取極艷者，靴韈恥以布；履用錦，稍敝即棄之。下而肩輿隸卒，褲皆紗帛。大中丞雷陽陳公觀察臺灣時，躬以節儉訓俗：衣惟布素、食無兼味，禁諸服飾奢侈者；積習已錮，亦未盡改。宴客必豐，酒以鎮江、惠泉、紹興，肴罄山海，青蚨四千，粗置一席。臺屬物價之騰，甲於天下，於是有彼此相勝，一宴而數千金者。〔……〕
>
> 村莊神廟集多人為首，曰頭家，廟雖小，必極華采；稍圮，則鳩眾重修，歲時伏臘，張燈結彩鼓樂，祭畢歡飲，動輒數十緡，雖曰敬神，未免浪費。神誕，必演戲慶祝，二月二日，八月中秋，慶土地尤盛。秋成，設醮賽神，醮畢演戲，謂之壓醮尾。比日中元盂蘭會，亦盛飯僧，陳設競為華美，每會費至百餘緡。事畢，亦以戲繼之。〔……〕
>
> 喜博，士農工商卒伍相競一擲，負者束手，勝者亦無贏囊，率入放賭之家。乃有俊少子弟、白面書生，典衣賣履，辱

身賤行，流落而不敢歸者。此風，漳泉多有，臺郡特盛。
〔……〕

尚結盟，不拘年齒，推能有力者為大哥，一年少者殿後，
曰尾弟。歃血而盟，相稱以行次。家之婦女亦伯叔稱之，
出入不相避。多凶終隙末及閨閣蒙垢者。〔……〕

尚巫，疾病輒令禳之。又有非僧、非道，名客仔師，攜一
撮米，往占病者，謂之米卦，稱說鬼神。鄉人為其所愚，
倩貼符行法而禱於神，鼓角喧天，竟夜而罷。病未愈，費
已三、五金矣。不特邪說惑人，亦糜財之一竇也。[77]

依上所述，清初臺灣實屬邊陲移墾地區的粗俗鄙薄而無文的社
會，其因教化不振，且多為渡海來臺的冒險犯難之徒，故人心狠
愎，結幫拉派，蠻野無文，迷信鬼神，誇飾浪費，嗜賭成癖，其
時臺人多不重視教化，因此清初臺灣存在許多嚴重的政治、社會
和教化的危機與問題。

　　如此社會和政教之情況下，吏治卻又非常惡劣，如「訟師」
現象，《諸羅縣志》曰：

內地稍通筆墨而無籍者，皆以臺為淵藪，訓蒙草地或充吏
胥。輟八比未久者，科、歲猶與童子試。其姦猾而窮無依
者，並為訟師。愚民一紙公門，惟訟師是主。訟師一經包
攬，訟者雖欲自止而不能矣，更有唆使番夷，造端飾詐。

---

77 〔清〕周鍾瑄、陳夢林：《諸羅縣志》（臺北：大通書局，未註明年
　分），頁146-148。

> 或官長明察，罪無所逃，則激之使變，遂為地方大害。[78]

由於臺灣移墾社會一般人民多不識字，那種失意於科考而流移於
臺灣的小知識分子，遂得以替訴訟者寫狀子，打官司，在此結構
中，訟師可以與官吏勾串而上下其手，欺瞞壓榨無知的百姓，製
造很多社會中的黑暗慘酷的事情。再者，訟師亦會誘騙原住民，
使其蒙受損失生出仇恨而造出變亂。對於此種惡質的訟師興訟斂
財害人的現象，世人譏斥之為「訟棍」。

又有另一種腐敗現象，即胥吏之為害社會。《諸羅縣志》
說：

> 胥吏各處所有，臺屬為盛。有室家者十之二、三，謹愿者
> 十不得一、二焉；皆遊棍望風夤緣而入也。一衙門而數百
> 眾、一皂快而十數幫，非舞文撞歲、見事風生欺官以朘民
> 之膏血，何以飽其蹊壑乎！吏書之勢，艷於紳士；皂快之
> 燄，烈於吏書。上官胥役視察屬如烏有，又安怪其以愚民
> 為魚肉也。此輩善伺本官，而巧中其欲；稍假以詞色，即
> 門以外無所不至矣。[79]

上述所言，亦是移墾社會和邊陲社會形態的臺灣地區之亂象，那
就是地方吏治敗壞的情形，官衙的胥吏皂快比土匪還要欺負壓榨
迫害平民百姓。

---

[78] 同上注，頁 150。
[79] 同上注。

　　同一時期在臺灣遊歷考察的漳浦籍儒士藍鼎元亦有一樣的觀察心得，譬如他列舉了：臺民積玩成習，每故撓法令，以試官長深淺；臺地訟師最多，故民皆健訟；臺中惡棍鼠竊不乏，寬之則行劫、寬之則聚嘯；臺俗豪奢，平民宴會，酒席每筵必二兩五六錢以上，或三兩四兩不等；遊手無賴，綾羅錦襪，搖曳街衢；負販菜傭，不能具體，亦必以綾羅為下衣，寬長曳地；臺灣賭風最盛，兵民皆然；臺中胥役比內地更熾，一名皂快，數十幫丁，票之差，索錢六七十貫，或百餘貫不等，吏胥權勢，甚於鄉紳，皂快烜赫，甚於風憲，由來久矣；臺人未知問學，未知教化，口不道忠信之言，耳不聞孝弟之行；臺灣地方寥闊，民俗悍鷙。〔……〕等，[80]總之，與周鍾瑄、陳夢林在《諸羅縣志》之中所描述的情況雷同。皆指出臺灣吏情民風人心之敗壞和無文，這是典型的邊陲移墾型社會的特色和性質。

　　胡建偉是乾隆年間的閩地循吏，派任臺灣所轄澎湖，他雖然較康熙時期在臺的陳夢林、藍鼎元較晚，可是臺灣的政治社會和文教的狀況並無太大改善，但是他卻明白這種情形，所以，他也在《澎湖紀略》的〈鄉行〉一節中簡扼提到，但是畢竟澎湖列島是海中的島嶼，人口本來就不多，且由於孤獨處於大海之中，風氣之樸始，未受外來之俗的浸染影響，他說到：「澎湖雖海中一孤島，而人淳俗厚，視他郡獨勝焉。採風之下，里老尚有談及某某仗義輕財、某某解紛息訟，古道在人。」[81]於是，他舉實例來加以說明澎湖的風俗有其敦厚淳美的成分和存在，主要是鄉中善

80　〔清〕藍鼎元：〈與吳觀察論治臺灣事宜書〉，收入氏著《平臺紀略》（臺北：大通書局，未注明出版年分），頁49-52。

81　〔清〕胡建偉：《澎湖紀略‧鄉行》，同前揭書，頁105-107。

人的貢獻。如：

> 薛應瑞，西嶼澳內垵社人。生平好善樂施，嘗築義塚二
> 處：一在東衛，一在西嶼，以葬無主之棺骸。又自北山至
> 中墩，自中墩至潭邊社，海港阻隔，屬涉維艱，因獨自修
> 造兩石堤以利行人。費白金數百兩。今土人稱為澎湖蟳廣
> 汐二處是也，迄今遂為通津。男女無跋涉之苦、望洋之
> 嘆，皆瑞之力也。[82]

其所述的人物和事蹟，其實是中國傳統社會中地方上的施善功
能。在儒家影響下，地方儒官或儒者皆明白有兩件工作是關乎地
方治理的良否的，那就是「施善」與「教化」；後者是興學校、
辦書院或設置社學、家塾來推廣文德之教，後者則是由地方鄉
紳、耆老、官員各自或合作來展開地方公共建設，譬如架橋舖路
和辦理義塚以及規設診療治病的醫院等。這些工作和實施，其實
是傳統中國通過鄉約鄉規而進行的鄉治的主要內容，在清朝的邊
陲之邊陲的澎湖，也無例外，但這層重要的地方治理，卻是必須
幸運地有著賢官良吏的主政才有真正的踐履，而胡建偉正是這樣
的典型。

七、結語

　　胡建偉是一位典型的儒家，也是一位模範的循吏。他終身為

---

[82] 同上注。

官，都只是地方上的知縣層級的儒仕，未曾在中央與政。但他在《澎湖紀略》的地方志之撰述之中，卻表現了一位傳統儒家的「素其位而行，不願乎其外」的節操。他具有實學實務實政的儒家真正的風格和踐履，此與那種喜歡抽象哲思的玄儒或繁瑣考據的陋儒有著根本的不同。儒家須具足純一的德性和充分的知性來依據道德和知識來修其身並認真參與國政，將公家事辦好，在傳統時代，身為地方官的儒者，就是在地方治好經濟財政以利民生，並且建立推展地方教化，再者撰作修纂地方文史，以為地方建立其史地和文學。胡建偉在澎湖列島雖然為官僅僅數年，卻充分實踐了一位賢儒的智仁勇三達德。

伍　日據臺灣抗日大儒洪棄生的
春秋志節和實踐

一、前言

　　乙未（光緒二十一年，1895）割臺，其時臺灣有飽讀詩書而具朱子儒學素養的儒士，在華夏道統之中，以為順著科舉青雲之路，則可邁向政途而在政道和治道中，一展孔孟之學來實現仁民愛物的官宦之生涯。但臺灣一旦沉淪，臺灣儒者的內聖外王之抱負，完全化為泡影，且恍惚似於一夕之間，臺灣與祖國橫被割裂，乃驚覺雖然海峽彼岸的祖國仍在，但自己卻頓成亡國之奴。乙未之際，臺灣傳統儒士的心情率多如此，有些棄筆而執干戈以死對抗日寇，如吳湯興、邱國霖、徐驤、姜紹祖，有些則大隱隱於文社和詩社而恥食日粟、恥穿日服、恥說日語，而終身仍以中國之民自居，如林幼春、林痴仙、莊遂性、洪棄生。

　　無論成為忠烈殉道之儒士或是成為亡國之遺民儒家，他們都為日據時代的臺灣，保存了華夏春秋大義，也延續了孔孟一脈相傳兩千數百年的常道慧命。這個精神成為臺灣人文和歷史中最珍貴的核心價值。

二、臺灣遺民儒家洪棄生

　　彰化鹿港人洪棄生，生於清同治六年（1867），原名攀桂，學名一枝，字月樵。臺灣淪陷，改名繻，字棄生。

　　洪棄生幼時攻舉業，每試均列前茅，光緒十七年（1891），以案首入泮。乙未臺灣被棄，洪棄生痛覺臺灣既亡，等於國亡天下亡，遂絕意出仕，乃潛心古詩文史。其子洪炎秋說其父曰：

> 先父諱攀桂，學名一枝，字月樵，臺灣淪陷後，改名繻，字棄生，原籍福建省南安縣，先曾祖至忠公流寓臺灣鹿港，遂家焉。先父生於清同治六年（1867）十一月十一日，卒於中華民國十八年（1929）二月九日，享年六十有三。
>
> 先父幼攻舉業，每遇觀風試，輒冠群，性至孝友，有撫孤寡姑，常恃先父書院所得膏火以維生計，光緒十七年以案首入泮。割臺後絕意仕進，不再內渡赴考。遂潛心於詩古文辭，為淪陷後臺灣國學界之魯靈光殿。先父身居棄地，危言危行，扢揚風雅，鼓舞民氣，不為威屈，不為利誘，以遺民終其生，臺灣淪陷凡五十年，民族精神迄未泯滅，祖國文化尚能延續者，先父預有力焉。[1]

洪棄生本來就是典型的傳統中國儒生，他遵循傳統士子讀儒書而

---

[1]　洪炎秋：〈先父洪棄生先生傳略〉，收入洪棄生：《洪棄生先生全集‧寄鶴齋詩集》（臺中：臺灣省文獻委員會，1993），頁 1。

科考入仕之途，若臺灣未逢巨變，他很可能就是在朝廷為官而在社會為師，同時也是一位在傳統儒家倫常之中的地方士紳，謹遵家約族規而實踐孝父友弟之生活，然而臺灣淪亡，改變了洪棄生的人生途轍，他真成為亡臺之後的「遺民儒家」。

　　洪棄生以文章明其心志，就是鄭延平王的心志，其論鄭成功，文有曰：

> 鄭成功之心志，雖經奉聖諭，而當時固以「海寇」目之。夫以「海寇」目之者，絕之於明，則將繫之於本朝乎？而鄭成功則明之臣子，未嘗身入本朝也。成功少受唐王特達之知，賜姓、賜名，以駙馬體行事，封忠孝伯，其志趣必有過人者，其唐王必有早悉其心事者。厥後頑民自待，可諒其心之為唐王也。唐王而非明之苗裔，則唐王寇也；唐王寇，則成功不得為忠也。然王彥章之於朱溫，史臣猶有不絕之者；況唐王非篡逆之比，《御纂通鑑輯覽》且以列藩係之也。係唐王於明，則成功不得列於「寇」矣！[2]

文中，洪棄生明白說鄭成功是忠孝之人，不是清入主臺灣前期一般清吏之稱成功為「寇」。洪氏此文甚具《春秋》正名分之關鍵之義，鄭成功對於華夏言，他是臺灣人尊稱的「開臺聖王」，臺灣能夠成為華夏之疆域，而臺灣人不是匪寇的後代，而是儒家最肯定的英雄聖賢的後代，必須還鄭成功為延平王和開臺王的崇高

---

[2]　洪棄生：〈鄭成功論〉，收入氏著《洪棄生先生全集・寄鶴齋古文集》（臺中：臺灣省文獻委員會，1993），頁 11-12。

潔淨的歷史地位。否則，鄭成功蒙此羞辱，等於是臺灣蒙此羞辱。此種沉冤必須洗清。

> 〔……〕成功人臣孤憤之誼，固昭昭在人耳目間也；厥後唐王死，猶奉桂王正朔於海外。忠臣之繫戀，百世後猶瞻依其君也，非若奸雄之假名義以懼人也。唐王立，奉唐王；桂王立，奉桂王，成功固皆一心於明，無一毫私意於其間，非猶夫世之以黨援事君者也。[3]

接著，洪氏亦指出鄭成功之擁兵反清，並非要自己稱帝建新政權，而他是忠貞一志地奉明正朔，由此也就明白肯定臺灣屬於中國正朔之國家的一片領域。換言之，明鄭之臺灣既入中國，乃奉中國之正朔，故明鄭不是自外於中國的一個島夷。

> 成功於本朝時有衝突，祖伊為紂，不足怪耳。迨聖祖仁皇帝硃諭，以為成功者乃明之義士，非朕之逆臣；則大哉王言！萬世春秋，如天之無不覆，如地之無不載矣，千古帝王所未有之綸言也。獎成功，所以愧明之臣子甘心銜璧者也。使知不遜如成功，而始終矢志，猶蒙異代之恩襃；則彼洴忍偷生為長樂老者，可知其狗彘之不若矣，或猶以開闢土宇為成功稱，陋乎哉稱成功也。[4]

3　同上注。
4　同上注。

在結語中，洪棄生直接引用康熙的批示，清帝稱頌鄭延平王是明朝的義士，立乎《春秋》之大義，成功是明朝忠義大臣，從來不屬於清朝管制，所以不是清廷的逆賊，相對之下，倒是如洪承疇之流才是明朝的逆臣。當大明淪亡於滿清時節，那些寡廉無恥而背明事清的「長樂老」們，在鄭成功的照射下，簡直是豬狗不如。洪氏認為鄭成功的貢獻，不是他的驅荷開臺，而是在於他為忠貞之德操創造了典範，而這也就成為臺灣的最崇高光明的精神。

乙未割臺，臺灣菁英和紳商多有迎逢日寇入臺據臺者，如與洪棄生同鄉的鹿港人辜顯榮就是在基隆海岸親自跪迎並嚮導日寇登陸並入臺北的頭號大漢奸，在洪棄生的鄭成功典範之信仰中，這種人物，是狗彘而不是人。他致其友人洪韞嚴論及自己傷楚的心境，有云：「所恨神州陸沈，仙山糞土；表海無虯髯之客，太原無褐裘之英。江山萬里，洋鬼縱橫；風土九州，島夷睥睨。志士終夜撫膺，中華亙古失色。興念及此，痛何如之！戴天如囚，登朝如狗。小弟立意不作青紫中人，職是故耳。」[5]此文撰於乙未割臺之後，此所謂「戴天」是說臺灣人頭已頂著日夷的天，受日寇統治，而此境遇就像囚徒一樣地悽慘；而所謂「登朝」是說若出任日據下的臺灣殖民政府的官吏，那簡直就是一條奴狗一般地卑賤。洪氏表露他有無限的痛苦，因為神州大陸慘遭西洋帝國主義的侵略，而寶島臺灣則又遭東夷帝國主義的竊據。但是無論大陸或臺灣，遭此國難，卻無英雄豪傑出來抗擊夷狄而救中國人

5　引自程玉凰：《洪棄生及其作品考述》（臺北：國史館，1997），頁61。

於水火、解中國人於倒懸。洪氏哀嘆仁人志士無可如何，只能終夜撫胸而悲嘆不已。洪棄生深明春秋大節，對照同一時代，卻有不少甘為日狗日奴的臺灣人，譬如與他同鄉的辜顯榮、吳德功，正是「如囚戴日天，如狗登日朝」的卑顏事夷狄的墮落之臺灣人菁英。洪棄生一方面痛心於臺灣同胞的墮落，一方面則表現其堅貞於國族的志氣。他設帳授徒，折節讀書；不媚日人，不與世事。隱居於家長達三十多年，平時遊歷臺灣、大陸，且著史撰詩，是一典型的陶淵明型隱士，也是如王船山一樣的遺民儒家。[6]

三、遺民儒家洪棄生的春秋志節

光緒三十二年（1906），洪棄生修成《瀛海偕亡記》，在其序言中痛責曰：

> 自古國之將亡，必先棄民，棄民者民亦棄之。棄民斯棄地，雖以祖宗經營二百年疆土，煦育數百萬生靈，而不惜輒斷於一旦，以偷目前一息之安，任天下洶洶而不顧，如割臺灣是已。[7]

洪棄生痛責清廷居然棄民棄地，將先祖前賢艱辛經營了兩百年如此美好江山的臺灣及島上的人民出賣拋棄。又說：

6　　同上注。

7　　洪棄生：《瀛海偕亡記・自序》（臺中：臺灣省文獻委員會，1993），頁1。

> 當鄭氏之開拓臺灣也，北不踰諸羅，南不踰鳳山，其地不
> 及今五之一；兵二、三萬，番二、三十萬，其眾不及今十
> 之一，而西驅荷蘭，東敵倭人，南控呂宋，北犯大清而有
> 餘。而今負之以清國之大，重之以本島之庶，而不能有
> 為，反舉而畀之島國，天下孰有痛于此者乎！[8]

在洪氏看來，明鄭始拓臺灣，地方和人眾均甚狹少，可是卻能勵
精圖治而「西驅荷蘭，東敵倭人，南控呂宋，北犯大清而有
餘」，他甚敬佩鄭成功，反照之下，清廷居然如此腐敗不仁，將
臺灣奉送給島夷日本，令臺灣人民一夕忽然從天朝子民淪為異族
殖民統治的棄兒，全天下再無比割臺更痛之事！

　　洪棄生在其文中表達了一位儒者對於無能無德的統治者率爾
殘忍而不仁不義之作為的最深沉的抗議。他顯示了《春秋》經的
「正君臣之大義」的思想。而同時，他也對於臺民之奮發激越的
抗日，致上其懇切的敬意，他說：

> 自和約換，臺灣沉沉無聲，天下皆以蕞爾一島，俯首帖
> 耳，屈服外國淫威之下矣。而烏知民主唐景崧一去，散
> 軍、民軍，血戰者六閱月；提督劉永福再去，民眾、「土
> 匪」，血戰者五越年，靡無盡英毅之軀于炮火刀戚之中，
> 而無名無功，此吾人所當汲汲表襮者也。[9]

8　同上注。
9　同上注。

臺灣既已被清廷背棄，全世界皆以為臺灣人就這樣乖乖地俯首帖
耳願當順奴，實則不然，臺灣的散兵義軍對付日本精銳血戰六個
月，再則一般人民和山林江湖好漢，也血戰五年多。[10]對日血
戰，洪氏予以表彰，乃依據《春秋》經中的「嚴華夷之大防」之
義。

　　清廷終究棄臺灣如垃圾而日本終究竊奪臺灣，洪棄生以悲憤
之心痛責曰：

> 臺灣擎七省屏藩，當東海南海之衝，即黃海渤海，亦握其
> 柄，非若奧羅二州介在德法一隅之比。而李傅相等乃夷然
> 漠然，視割臺如唾涕之委地，且要朝廷，飭各省毋隱濟，
> 是尚為有心肝乎？[11]

彼時，清廷西太后以及王公臣僚實無眼界亦無心肝，昔年施琅諫
康熙莫棄臺灣，其重點就是說出臺灣的戰略地緣之重要性，而從
一六八三年到一八九五年，過了兩百多年，臺灣的屏障中國海疆
的戰略地緣更加重要，可是兩百年前的康熙和施琅君臣都清楚明
白，而洪棄生指出的臺灣的地理重要性，腐朽的清廷滿朝文武和
君臣卻全然不放在心上，既無智慧且無仁心。洪棄生在其序文的
結論曰：

---

[10]　洪棄生撰述此史書時，距日本據臺方數年，故曰五年多之血戰。日本據
　　　臺五十一年，臺灣人武裝抗日約一半的二十五載，而其後半後則進入文
　　　化抗日時期。

[11]　洪棄生，同前揭書，頁2。

> 唐之微，猶復河湟；明之季，猶窺河套；宋之將南，猶不
> 忘燕雲；法社奧羅二州之神，佩喪章四十年而不去。而清
> 國之視臺灣，何如乎？京師不以為足趾，閩越不以為唇
> 齒，而使沉淪水深火熱之中，長屬侏離襟昧而靡有底止，
> 是則可為臺灣哀也夫！是則可為故國哀也夫！[12]

洪氏指出在中國歷朝危弱之際，仍然不忘疆域之寸土不可喪失，時時企圖光復淪陷的邊土。然而腐爛的清朝卻壓根不此之圖，不認為臺灣是京師的腳足，而閩粵也不認為臺灣是東南海域的唇齒。而其實，臺灣正是中原的腳足，是東南的唇齒。清朝麻木不仁，早已忘了臺灣，故乙未年無心無肝割了臺灣，此種不仁不義，遂激起孫中山先生立志從事革命來救中國，一九一一年辛亥革命成功，民主共和的新中國創立，到一九四五年，侵華日寇戰敗，臺灣才能重光返回中國。然而臺灣的遺民大儒洪棄生卻已無法看到。正如陸游所言：「死後原知萬事空，但悲不見九州同；王師北定中原日，家祭毋忘告乃翁。」[13]洪棄生有詩詠陸游，其詩曰：

> 夜讀兵書意氣真，風騷孤憤見君親；
> 北征戎馬悲何日，南渡河山痛此身。
> 半局乾坤留逸老，八年梁益寄詩人；

12　同上注。

13　〔南宋〕陸游：〈示兒〉。此詩是陸游臨死前所寫的絕命詩。無法活著親眼看著國家光復統一，頗有遺恨。

　　浣花天寶悽涼甚，千古成都作比鄰。[14]

江山破敗分裂，無法重歸光復，洪氏借陸放翁而表達自己的孤憤
之心。陸游隨宋室南渡而堅決主張北伐重光大宋之北土，然勢不
達，而事與願違，空留其憾恨。洪棄生借古人以說他自己的命運
和期盼，臺灣被割竊，華夏之國分裂，身在淪陷之地，成為亡國
奴，真是衷心希望得以驅倭而重歸中華，奈何其勢如此艱難，故
表達了自己的沉痛。而其實，臺灣被棄之時日一久，重歸中華的
想望逐漸斷絕，洪棄生有詩〈冬至日家祭有感〉，就藉陸游之命
運來泣訴臺灣淪陷而使自身成為日寇之奴的悲痛：

　　陸游家祭日，不見王師來。告考無喜信，一慟泣蒿萊。
　　肅肅孫子曹，拜跪趨堂階。年少無憂思，何知事可哀。
　　我在滄桑內，零淚滴蒼苔。仲冬風雪下，陰氣橫九垓。
　　乾坤已荒老，天地滿塵埃。為時經易歲，人事長悠哉。
　　生命既不辰，自甘為棄材。行蹤羈遠海，墳墓守南陔。
　　富貴非吾願，濶跡於輿儓。時亂身愈重，韜晦復何猜。
　　載拜捧籩豆，莫上黃金臺。[15]

此詩甚傷心矣，冬至之日洪棄生家祭祖宗，臺灣已亡，先人廬墓
恐怕難保，傳統文化和民族自主，亦恐難維持，臺灣之亡，對被
棄的臺灣人而言，是亡國亦亡天下，皆為亡國奴，故令詩人慟

14　洪棄生：〈詠陸放翁〉，收入氏著《洪棄生先生全集・寄鶴齋詩集》
　　（臺中：臺灣省文獻委員會，1993），頁 237-238。
15　洪棄生：〈冬至日家祭有感〉，同前揭書，頁 139。

哭。乙未慘變，臺灣已淪入夷狄之手，作為一個儒生的洪棄生，
原本立志依循科舉之路，邁向入仕之途，一心想成為中國政治層
中的人物，而能將自己的儒學加以實踐。然而這樣的人生藍圖卻
成夢影，或認為亦可在日本殖民政府中出任治臺的要職，如當時
其他恬不知恥的讀書人一般，亦可享有榮華富貴。但是這卻不是
洪棄生的為人，他遵從孔孟的春秋之教，視不義之地位和財富如
雲煙，決定遁隱民間，白甘為樗木型之棄材。而在如此困頓之情
形下，陶淵明也成為他的先儒之典型，他有一詩詠陶淵明，詩
曰：

> 典午江山頓寂寥，田園日涉自逍遙；
> 菊栽處士同含傲，柳對先生敢折腰。
> 人到桃源無魏晉，官休彭澤有漁樵；
> 葛天近在柴桑路，歸去來時酒一瓢。[16]

東晉陶淵明不為五斗米折腰，於是歸隱田園，成為中國最偉大崇
高的田園隱士大詩人，陶淵明同時兼具儒道釋的生命和人格之涵
養，是中國士人亦是隱者的最高典範。洪棄生在被棄的臺灣，只
能效法陶淵明歸隱山林田園，以教書著書寫詩自娛。洪氏的遺民
儒家的風範和志節乃成為臺灣人最高的情操。

16　同上注，頁 238。

四、遺民儒家的詩魂

　　洪棄生是大詩人，其詩作集為《寄鶴齋詩集》。陳昭瑛評價洪氏之詩曰：「（棄生）詩歌包括各體，除了表達民族情感的詠懷詩之外，亦有許多反映民生疾苦的詩〔……〕淡雅處有大謝味，沉鬱處有老杜風，慷慨處有放翁悲。」[17]洪氏詩魂正是陸放翁的慷慨悲憤之再現，而在其詩中看得到屈原、靖節、文山、船山等先儒先賢的憂憤精神。臺灣之亡，使洪棄生由心層深處生發了終身飄零的悲愁，其亡臺遺民的詩魂貫穿了他的一生。

　　洪棄生在詩中慨嘆雖飽讀詩書，卻苟存於日寇殖民宰制的臺灣，他的詩作〈愴懷身世感〉，先自述年已不少，卻逢臺亡噩運，無法施展治國仁民的大志，心中甚是悲怨。再述自己雖有西歸大陸之想法，卻阻於海而不可行，一切理想均化為雲煙，詩曰：

> 氣盡處籠鷹，身是棲籬鷃；嗟嗟長夜中，不能得一旦。
> 身世方沉湮，時世忽危亂；海島早滄桑，瀛州大糜爛。
> 干戈似蝟毛，民庶紛魚竄；詩書既焚燒，衣冠亦塗炭。
> 耆舊半雲流，朋儕又雨散；世異人已非，星移物復換。
> 顧我賤頭顱，奈何蒙此難？忽忽棲山中，悠悠吟澤畔。[18]

這首詩是亡國遺民的悲恨詩，洪氏感嘆作夢都無法料到瀛州海島

---

[17]　陳昭瑛：《臺灣詩選注》（臺北：正中書局，1996），頁237。
[18]　洪棄生：〈愴懷身世感〉，收入氏著《寄鶴齋詩選》，臺灣文獻史料叢刊（臺北：大通書局，未刊年分），頁57。

居然會沉陷而糜爛。庶民百姓遭逢戰火蹂躪，而詩書衣冠也橫遇劫難。臺灣被棄，在此風雲慘變的時代，致使洪棄生的故舊友朋皆雲流雨散，臺灣被日寇入主後，對洪氏言，簡直是世異人非的巨大災變，因此，他在哀嘆自己何以有此苦難之際，決定了如同屈原行吟澤畔的隱居遺民之生涯。

　　然而，洪棄生畢竟原本屬於朱子儒學的菁英，所以全然的道家型態之隱居於山野，又不是他的本懷。他雖然撰有不少山野自然詩，表面上是觀覽欣賞自然美景而似乎表現了道家的曠浪天地之情愫，但其內在卻存在著深沈的傷痛，如〈早起望海〉：

> 遙聽洪濤聲，不見波濤色；茫茫大海中，榑桑陷深黑。
> 蛟龍出晦暝，鯨鯢上潮汐；桑木微影生，烏輪湧傾側。
> 四山雖暫曙，大地猶未白；東嶺與西崖，陰陽互窟宅。
> 寒暑去來邊，人間一駒隙；黯淡悲河山，寥寥興廢跡。
> 我生處塵寰，亦一不速客；俯仰古今人，愴焉流光擲。[19]

這首詩雖然只是描寫詩人於晨曦時分在海邊觀賞日出，並且看海潮聽濤聲的心情，但若細讀此詩，卻能發現其內在深層是借景而痛訴日寇侵臺；詩人描寫身處於天空本來應該明亮而卻不明且黑暗的時分，太陽似乎不會出來普照大地。洪棄生實是寫景而悲嘆臺灣河山的黯淡，同時，也悲嘆自己黑暗無光的短促且無可作為的悲哀人生。

---

[19]　洪棄生：〈早起望海〉，收入氏著《洪棄生先生全集‧寄鶴齋詩集》（臺中：臺灣省文獻委員會，1993），頁 269-270。

乙未戰火慘酷，詩人有感而發為詩，他說：

　　五月西風吹轉東，雲霞蔽海半天紅；
　　行人記得樓臺路，盡在寒煙燹火中。[20]

日寇與臺灣義軍戰，殺入鹿港城，燒臺灣名城，洪氏是鹿港人，
心有大恨。故為詩。又有詩曰：

　　驚天蕩地起兵戎，閭左繁華瞬息空；
　　喧路鸛鶴同上蔡，失家雞犬異新豐。
　　蔓煙無復炊烟綠，燐火猶疑燹火紅；
　　舊日樓臺何處認，亂堆殘瓦夕陽中。[21]

日寇殺燒鹿港街甚殘酷兇狠，整個市區被戰火焚燬，樓臺成為煙
灰蔓草，一切繁華轉瞬成空。洪氏生長於名都鹿港，親見鹿港因
日寇攻殺而殘破，大半生經歷生活的繁華一下子化為空煙，他當
然非常傷痛悲憤。故發而為詩，作詩人的深沉的抗議。

　　乙未之役對臺灣人民的殺戮迫害甚厲甚慘，洪氏寫有長詩，
以表達作為一位被亂亡國的遺民儒者的哀痛。其有詩〈老婦
哀〉，其詩甚長，但須全詩引錄以見臺灣割地之際，臺民之慘
傷。

20　洪棄生：〈即事〉，同前揭書，頁 228。作者自注云：「五月，夷兵燒
　　鹿，風甚緊。」按：夷兵指日寇，鹿指鹿港。
21　洪棄生：〈兵火之後舊時街衢但存瓦礫感賦〉，同前揭書，頁 230。

出門逢老婦，自髮蓬壓眉；倭兵蹴之行，哀哀泣路歧。
乞食不得飽，眼淚垂作糜；問婦何所苦，嗚咽不成辭。
有室無可歸，殘年喪子兒；一家八九人，遭殺不勝悲。
大者能扶耡，小者僅知飢；愛女倚房居，刺繡手牽絲。
大婦在炊下，淅米玉如脂；一夕聞兵來，悚息淚交頤。
聚泣共吞聲，忽有兵人窺；闖入掠衣裳，索錢勒藏貲。
刀鎗交股下，大者死階墀；回頭視幼子，身首已分肌。
女婦駭啼走，并命於一時；縷陳不及終，哭聲已漣洏。
更端問老婦，搖首不聞知；旁人紛紛說，甲乙亦如斯。
甲家益酷死，饋倭為倭欺；遺下數頃田，蕪穢草差差。
復存數間屋，入夜棲鳶鴟；東家絕炊火，西舍遊鹿麋。
亦有倭人宿，連甍臥豺羆；破壁繫鞍馬，折門煮牲犧。
行人不敢過，迂迴且鞭笞；世衰人物賤，不死皆便宜。
翹首望蒼天，言之有餘噫；歎息百年上，琛費朝四夷。
民物皆豐貴，雞犬亦雍熙；草野無知覺，聽我吟哀詩。[22]

此詩言洪棄生在路途遇見難民群，與其中一憔悴悽苦的老婦之對話。老婦道出日寇倭兵闖入其家，先是搶掠財物，繼則將一家八九口男女老幼屠戮盡淨，只剩下老婦孑然一身，流離在街頭成為家破人亡的哀哀無告的難民。繼則旁邊其他難民也哭訴其他臺灣人民的家庭也遭遇相同的慘狀。在日寇摧殘屠殺之下，數頃田地因為農民已被殺害而無人耕種，因而早已長滿野草；家屋亦因居者早已死的死逃的逃而變成敗壞頹圮的廢宅，已無炊煙，卻有群

---

[22]　洪棄生：〈老婦哀〉，同前揭書，頁 138-139。

鹿徘徊亦有夜禽棲息。再者，洪氏也控訴日寇倭兵隨處隨時強佔臺灣人的屋宅，臺灣人誰敢經過探看，動輒被抓起來鞭笞痛打，不是傷重便是殘死。最後，洪棄生深深長長地哀嘆中國的臺灣，百年以來本來物阜民康，何以會落到受夷狄宰割的慘局？

　　洪棄生上詩的深意是以詩來控訴日寇侵臺的殘暴不仁，雖以單例入詩，其情狀卻有普遍性，乙未割臺，日軍入臺遭逢臺灣人民激烈對抗，遂惱怒而由北而南到處殺人放火。日寇在臺灣的屠戮反映了日本帝國主義的殘暴絕不下於納粹，以後的全面侵華戰爭，更殺害了數千萬無辜的中國人民。

　　洪棄生對於日寇倭兵的殘忍不仁之深沉痛恨的控告，在其詩集中甚多，茲再引一段以詮釋之。

> 皇天降災殃，發自倭人手。非彼能橫行，天假為篡帚。雨膏兩百年，時數丁陽九。〔……〕潢池有沸湯，小民受其咎。〔……〕一波未能平，一聲狂鯨吼。汪洋日出方，突如來禍首。疆臣無瑰材，每天遭碎剖。烽火遍全臺，間時燎薪槱。去冬臺北城，忽有群雄糾，聚沙不成團，焚如付烏有。首從咸遠颺，傷哉村童叟。茲夏斗六門，亦復出抖擻。彼族好擾人，亂絲益生緒。聞說據在山，巉巖鬼神守。彼族佩鎗登，傷仆如墜缶。失利無如何，餘怒及耕耦。旁近幾十村，村村焚成黝。〔……〕。[23]

在這首詩中，洪棄生先是提到臺灣在兩百年清朝治理下，承平豐

---

[23]　洪棄生：〈聞斗六一帶被燬有感〉，同前揭書，頁 137-138。

盛，突然遭逢陽九厄運，而被夷狄入侵。結果是臺灣庶民橫罹災
難。日寇來臺，遍臺皆燃抗日烽火，他再說臺北城有群眾武裝抗
日，但皆是烏合之眾，故不能成事而卻波及無辜的村莊老幼。然
後他又提到南部雲林斗六的武裝抗日，在這裡，是依據山巖的險
峻來對付倭兵，倭兵死傷甚重，因而惱羞成怒，將一股怒氣發洩
到附近平地的農村，斗六一帶數十村莊都慘逢焚殺擄掠，其狀甚
懍屬。

詩中所言臺北城的抗日，與北臺抗日英雄簡大獅有關。簡大
獅（？-1900），臺北人，祖籍福建漳州南靖，青年時曾返大陸原
鄉習武三年，在臺北，甚為地方敬重。乙未年（1895）日寇入
臺，五月，倭兵姦殺其母嫂與妹並殺盡其家十多口。簡氏遂散家
財募勇士，攻擊臺北金山日寇的憲兵駐所，殺光全部駐警。並率
眾入草山，即今陽明山區，與日寇倭兵展開遊擊戰，倭兵在大屯
山區被圍殲，幾乎全軍覆沒。一八九五年十二月三十一日，簡大
獅領軍攻擊臺北城，初期打死打傷倭兵三百多人，後來日寇軍隊
增援，簡氏率部退入山區。

一八九六年簡大獅再從關渡襲淡水，攻入淡水街，殺死甚多
倭兵，並安全撤離。一八九七年五月八日，簡氏與另一位抗日英
雄陳秋菊共同領導五千名志士，再次進攻臺北城，一度佔領奎府
街、大龍峒等地，此役逼使日本總督避走他處，後來義軍無法對
付來援倭兵，只好退回山區。但此役的確驚動了日本殖民帝國。
其時日本治臺總督是乃木希典，雖屢次入山征剿，均換來倭兵慘
重的死傷。一八九八年二月，兒玉源太郎出任臺灣總督，採取分
化和封鎖策略，義軍無法存活，簡大獅解散部眾，自身內渡廈
門，居安溪，欲伺機再返臺北抗日。

　　一八九九年，日本脅迫清廷拘捕簡氏，他向清朝官員慷慨陳辭：

> 我簡大獅，係臺灣清國之民，皇上不得已以臺地割與日人。日人無禮，屢次至某家尋釁，且被奸淫妻女；我妻死之，我妹死之，我嫂與母死之，一家大餘口僅存子姪數人，又被殺死。因念此仇不共戴天，曾聚眾萬餘以與日人為難。然仇者皆係日人，並未毒及清人。故日人雖目我為土匪，而清人則應目我為義民。況自臺灣歸日，大小官員內渡一空，無一人敢出首倡義。惟我一介小民，猶能聚眾萬餘，血戰百次，自謂無負於清。去年大勢既敗，逃竄至漳，猶是歸化清朝，願為子民。漳州道、府既為清朝官員，理應保護清朝百姓，然今事已至此，空言無補！惟望開恩，將予杖斃，生為大清之民，死為大清之鬼，猶感大德！千萬勿交日人，死亦不能瞑目。[24]

簡大獅之言非常清楚明白，第一，他在臺北是抗日寇殺倭兵，應該視之為忠心於大清的義民；第二，他既已歸返大陸，清廷就應以大清子民而善待之。換言之，簡大獅乃是忠於儒家春秋大義之君子，他實踐的是「嚴華夷之防」的臺灣志士，今既已歸回中國，奈何清廷腐朽顢頇的官吏居然將志士君子奉送給日寇，真是可恨之極！漳州清吏竟將簡大獅械送日寇押返臺北。光緒二十六

---

[24]　王曉波：《乙未抗日史料彙編》（臺北：海峽學術出版社，1999），頁108。

年（1900）抗日的臺灣英雄簡大獅被絞死於臺北監獄。其弟簡大度繼其遺志抗日，壯烈犧牲。可說滿門都殉於國難和臺灣之難。

後有清朝進士某氏隔海以詩哭祭簡大獅：

> 痛絕英雄灑血時，海濤山湧泣蛟螭；
> 他年國史傳忠義，莫忘臺灣簡大獅。

簡大獅為臺灣人立下了忠義的典型。[25]洪棄生的詩又說到臺灣中部雲林斗六地區的抗日，史家對於斗六抗日慘事，亦有著墨。此區抗日英雄名柯鐵虎（?-1900），本名柯虎，乙未日寇竊臺，他在雲林大坪頂山建立抗日基地，稱「鐵國山」。一八九六年六月，他領導義軍進攻日寇倭兵，殲滅日方偵察部隊，保衛南投，襲擊斗六，且曾一度光復雲林。日寇派出討伐隊在雲林斗六地區村莊展開掃蕩，持續五天，屠滅五十多個村莊，有四千多戶農家被焚，遭倭兵屠殺的臺灣人民多達三萬多人，史稱「雲林大屠殺」。

日寇大屠殺後，柯鐵虎甚恨之，再率眾出鐵國山，攻林圯埔（今南投竹山）的日本倭兵和倭警，且再次攻佔斗六。一八九六年十二月十二日，日本駐臺灣總督樺山資紀派出數千員組成的討伐軍對鐵國山展開大攻擊。日寇倭兵傷亡慘重，至月底，鐵國山淪陷，柯鐵虎率其義軍退入深山。之後，柯鐵虎改採遊擊戰術攻擊日寇，在一八九七年的一年之中，臺灣中部發生很多遊擊日寇

25　以上關於簡大獅的論說，據安然：《臺灣民眾抗日史》（臺北：海峽學術出版社，2005），頁81-83。

的戰鬥，當年十一月，柯氏率眾據觸口山，十二月，大量倭兵猛攻觸口山，雙方傷亡均重，但柯氏與義軍終於敗退而重返深山。一八九八年二月，柯氏再佔據大鞍莊，此莊位於斷巖絕壁之上，地勢險要，以此基地，柯氏經常率眾四出攻擊日寇據點。該年三月，日寇遣倭兵從竹山出發前往大鞍莊攻打柯鐵虎，柯氏擊殺敵眾數十人，再退入深山。此後，柯鐵虎常對竹山、南投、東勢等地展開襲擊。

一八九八年五月，新任臺灣總督改採懷柔之策，欺騙柯鐵虎談和，由漢奸辜顯榮、林武琛、吳克明、鄭芳香等出面，許以優厚條件，十二月底，柯氏提出雲林、斗六地區，另設治民局，由臺灣人自治，並由自治之臺人抽稅，鐵國山還給柯鐵虎，且在雲林境內，臺灣人民自由使用武器。日寇皆曰可，以欺騙柯鐵虎「歸順」。一八九九年十月，日寇派兵圍苦苓腳莊柯氏住處，預備捕殺之，柯氏逃離，遁居打貓（今民雄）的東頂堡竿蓁村的山上岩窟中。一九〇〇年二月九日，臺灣英雄抗日豪傑柯鐵虎病逝。[26]

洪棄生的詩其實是贊歎歌詠臺灣有英雄豪傑在割臺慘變之際，奮發而起，以嚴華夷之分的春秋大節來對抗日寇，簡大獅和柯鐵虎，不是出身於廟學或書院的儒士，他們與南部屏東抗日的林少貓，史稱獅虎貓三雄的抗日而死的忠烈，均是地方上的經營農或商之業者，由於生具豪邁之正氣，而帶有江湖俠義之風，故一旦鄉邦一夕淪落為夷狄殖民之地，在他們言，實屬奇恥大辱，故乃奮勇揭竿而起，組義軍抗擊日寇倭兵。但乙未抗日的臺灣人

26　柯鐵虎抗日史事，據安然，同上注，頁84-86。

不止地方之豪傑者，亦有儒士，他們亦入洪氏之詩。洪棄生有詩
曰：

> 歎息唐撫軍，始末未交鋒；倭人長驅進，拉朽施利鋩。
> 誰料大廈傾，乃逢一木當。香山苗栗間，義民起如蝗。
> 鏖戰不得前，敵馬徒披猖。自言海上來，未遭此頡頏。
> 倡之者為誰？義士吳徐姜。用予赴齊師，爭推為徐驤。
> 紹祖亦悍鬥，視死如陽陽。吳君能統率，亦未易低昂。
> 〔……〕27

　　在此詩中，洪棄生指責臺灣巡撫也是臺灣民主國總統的唐景崧，
全無擔當，完全沒有抵抗，坐令倭兵登陸而長驅直入。其實唐氏
早就隻身遁逃離臺。而似乎當時治臺大吏丟了儒門之顏面？而其
實不然，在詩中，洪棄生特別提到義士吳徐姜三人。他甚美這三
位抗日壯士，故以詩贊頌之。吳徐姜是誰？就是苗栗銅鑼的儒士
吳湯興；是苗栗頭份的徐驤；是新竹北埔的姜紹祖。
　　此三賢皆是乙未興兵抗拒日寇倭兵而戰死的忠烈之士。連橫
在其《臺灣通史》巨著中特別有傳以表彰之。吳湯興，雅堂如是
說：

> 吳湯興，粵族也，家於苗栗，為諸生。粵人之居臺者，多
> 讀書力田，負堅毅之氣，冒危難，不稍顧。而湯興亦習

27　洪棄生：〈臺灣淪陷記哀〉，收入氏著《洪棄生先生全集·寄鶴齋詩
　　集》，頁136。

武，以義俠聞里中。

乙未之役，臺灣自主，各鄉皆起兵自衛。湯興集健兒，籌守禦。及聞臺北破，官軍潰，褐旗糾旅，望北而誓曰：「是吾等效命之秋也！眾皆起！」遂與生員邱國霖、吳鎮洸等，募勇數營，就地取糧。富家多助餉，架一櫓，置大鼓其上，有事擊之以聞，立法嚴明。當是時，徐驤起於苗栗，姜紹祖起於北埔，簡精華起於雲林，所部或數百人、數千人，湯興皆馳書合之。[28]

吳湯興是祖籍廣東的客家人，居苗栗，是儒生。連雅堂稱美臺灣的客家人多讀書力田、耕讀傳家，民風堅毅貞亮，有勇而肯犯難。吳湯興乃文武兼備的客籍青年儒生。因此，乙未割臺，湯興遂集結地方義士如邱國霖、吳鎮洸等人，組義軍抗擊倭兵。而邱、吳兩人亦是地方儒生。

日寇入侵，倭兵南下，一路殺害臺人，義軍亦一路截擊對抗，吳湯興皆親身與戰。倭兵攻苗栗，黑旗管帶袁錦清、幫帶林鴻貴皆戰死，吳湯興退至彰化，守八卦山。一八九五年農曆七月初九日，吳湯興殉義於山上。[29]

連橫論姜紹祖，曰：

紹祖世居北埔，家巨富，為一方豪，年方二十。散家財募軍，得健兒五百，率以赴戰。夏五月二十日，日軍略新

---

28 連橫：《臺灣通史·吳徐姜林列傳》（臺中：臺灣省文獻委員會，1976），頁 784。

29 同上注，頁 785。

竹，至大料崁，莊民伏險擊，退據娘仔坑。〔……〕湯興
亦集提督首茂林、總兵吳光亮、棟軍傳德陞、謝天德所
部，各調五百，與紹祖北進。二十有三日，次楊梅壢，途
遇日軍。併力攻之，日軍稍卻。二十有五日，邱國霖以七
百人戰於大湖口，無援而歸。日軍追之，迫新竹。王國瑞
逃，紹祖力戰不屈，所部多死傷，被俘。日軍囚諸庭，
問：「誰姜紹祖？」其家人猝應曰：「余！」推出斬之，
故紹祖得生，驟歸北埔，再集佃兵，又赴戰，遂死。[30]

姜紹祖，是開發新竹丘陵區三鄉：北埔、峨嵋、寶山的大墾號
「金廣福」之墾戶首姜秀鑾之曾孫，雖是富家子，卻亦受儒家之
教，為青年儒生，故懷有春秋之節義，而首倡武裝抗日，因而遇
難而殉。

　　在另外文獻中，說到姜紹祖兩歲，其父見背，其寡母延聘當
地秀才彭裕謙為其老師，故姜氏自幼飽讀經書，及長，赴福州參
加鄉試。乙未慘變，姜紹祖組義軍抗日之初，於北埔自宅寫了一
首詩以明其志，詩云：「書幃別出換戎衣，誓逐胡塵建義旂；士
子何辜奔國難，匹夫有責安鄉畿。」到其被俘，而義僕杜姜又冒
其身分被倭兵殺死，姜紹祖不忍追隨者冤死，遂吞服鴉片膏自殺
而死，其絕命詩曰：「邊戍孤軍自一枝，九迴腸斷事可知；男兒
應為國家計，豈敢偷生降敵夷！」[31]姜紹祖殉節時僅二十歲，可
謂臺灣忠烈之少年英魂也！

30　同上注，頁 784。

31　符立中：〈載入臺灣抗日史冊的姜紹祖〉，收入丘秀芷主編：《破碎山
　　河誰來補？》（臺北：臺灣抗日親屬協進會，2015），頁 20-29。

連橫論徐驤曰：

> 徐驤者，苗栗諸生也。〔……〕力守頭份，故日軍不能進。
>
> 閏五月初五日，日軍分三路而下，一由新竹大道，一出安平鎮，一援三角湧。〔……〕日軍至老料崎，徐驤之兵又伏擊之，追至新竹城外數里而回。〔……〕當是時，蒼頭特起，士氣頗盛，〔……〕副將楊紫雲率新楚軍二營、傳德陞一營、鄭以金一營，會師往戰。而葫蘆墩人陳瑞昌亦募勇五百，願為前鋒。〔……〕環其三門，炮及城中。徐驤所部尤奮勇。〔……〕
>
> 〔……〕六月十八日，日軍大隊至新竹，合攻筆尖山。二十日，又由香山、頭份之後夾擊，徐驤力戰，紫雲戰沒，〔……〕徐驤入彰化。〔……〕守八卦山。〔……〕奔臺南。〔……〕
>
> 方彰化之陷，徐驤走臺南，永福慰之，命入卑南募兵，得七百人，皆矯健有力者。趨赴前敵，駐斗六溪底。〔……〕八月十三日，日軍大舉，徐驤〔……〕彈丸盡，退於他里霧，日軍復迫之，徐驤方食，趣諸軍出，回顧曰：「今得彈丸千，猶足以持一日夜。順安所得者？」奮刃而前，左右數十人從之，欲伏險以擊。中彈踣，躍起而呼曰：「丈夫為國死，可無憾！」[32]

---

[32] 同上注，頁 784-786。

青年儒生能文能武，以春秋大義而以死抗日，皆殉國難以全節操，可徵臺灣歷明鄭以迄清朝的兩百載儒家之教，已經培養出華夏孔孟之弟子。連雅堂在此〈列傳〉之結論有曰：

> 乙未之役，蒼頭特起，執戈制梃，授命疆場，不知其幾何人。而姓氏無聞，談者傷之。[33]

連雅堂指出乙未割臺之時，日寇侵臺，很多臺灣青年，不願厚顏事倭，而奮起抗日，在戰陣中死難，但根本無名無姓，只能知吳湯興、徐驤、姜紹祖、林崑岡等三四忠烈之名而已。臺灣人談起此無數之抗日死節卻不知姓氏之忠義的臺灣青年，都深痛於心。因此，史家為吳徐姜林等青年烈士立傳，其實也就是表彰那群無數的無名忠烈。洪棄生的傷痛詩之心意，亦應如是觀。連橫復曰：

> 昔武王克殷，殷人思舊，以三監叛，周公討之。讀史者以為周之頑民，即殷之義士，固不以此而泯其節；晉文定王，王賜陽樊，陽人不服，晉師圍之。倉葛大呼曰：「德以柔中國，刑以威四夷，宜吾之不服也。」晉師乃去。讀史者以為倉葛之知義，而晉文之秉禮，復不以此而諱其言。〔……〕是篇所載，特存其事，死者有知，亦可無

---

33 連橫：《臺灣通史·吳徐姜林列傳》（臺中：臺灣省文獻委員會，1976），頁786。

憾，後之君子，可以觀焉。[34]

連雅堂創述臺灣之史的時候，已是日據，故其史家之言，有其微言，此處其引三監以殷叛周而周公東征的古史，指出在殷人言，其思故國而願恢復之，乃殷之義士。此即是以古言今，而指出臺灣青年奮起抗日，乃是臺灣之忠義之士，何況連雅堂沒有直接而說的是日寇乃典型夷狄，豈是文武周公之仁？再者，連氏復舉倉葛之譏責晉文公的史事，實即指責日寇之侵臺據臺之大不義也，連雅堂以義士倉葛諷刺清朝無君子可為臺灣仗義直言主持公理，而以晉文之秉禮退兵而斥責日寇倭兵之罪惡。

　　史家連橫有此深沉史德和史心，於史中有微言大義以表彰臺灣志士，洪棄生與連氏同一時代，同樣遭逢割臺被棄之痛，故其發而為詩，亦存歌詠追思臺灣忠烈之心。

　　日據臺灣，日本殖民帝國壓迫臺灣人棄清朝衣冠禮儀而遵行日式規格，至今仍有媚日臺灣人還認為日寇據臺給臺灣帶來現代化文明。此輩在洪棄生面前，實在羞愧為人。洪氏乙未割臺後拒服日服拒剪除髮辮，以此身體語言表明「義不帝日」的中國人意志。他有詩曰：

　　　穆生久懼楚人箝，藏尾藏頭二紀淹；
　　　髮短忽驚城旦酷，令輕猶比路灰嚴。
　　　山中夏馥緘鬚去，穀下淳于努目瞻；

34　同上注。

匿跡時將形影問，余顧何術葆氄氄。[35]

洪棄生拒絕將清朝中國髮飾改動，不欲由日本殖民政府依明治維新西化的規定而將傳統髮型改變成歐洲式的短髮式頭型。其實，在女真八旗入關之後，滿清規定明朝漢人必須剃頭留辮子，易漢儀而為滿容，許多明朝中國官吏士子拒絕剃頭寧願殺頭以此殉道。其實髮型不是重點，民族文化的人格才是重點，洪棄生拒絕日寇的強迫，是國家民族的風骨的堅持和表現。

　　然而日寇殖民統治臺灣是採取暴力高壓的，民國四年（1915），洪棄生當年五十歲，日據臺灣已經二十年，日本當局終於派警強行剪去洪氏的清朝髮式，意存公然侮辱的作用。史學者黃麗生說到：「對洪棄生來說，斷髮之痛，所痛者不是髮辮本身，而是歷經失國之後，唯能賴以表達抗日之志、保住文化國族的身體符徵也失了去。其詩句：『披髮欲向中華去，海天水黑波粼粼。天為穹廬海為塹，桃園路絕秦中秦，況是中華久亦變，髮短更甚胡中人。』更寫盡自己無所逃遁於異族統治，而文化母國在時空上又已漸行漸遠、遙不可及的荒涼現實。」[36]由於受到日寇之侮辱，卻徒然悲憤而已，因為臺灣人已無祖國，有如被拋棄的孤兒一般，雖好像還有棲身之地，但其實已是流民，洪棄生萬般無奈且痛苦，故再賦詩嘆曰：

35　洪棄生：〈逃剪髮感詠〉，《寄鶴齋詩集》，頁388。
36　黃麗生：〈跨文化下的閩南先賢與臺灣儒學傳統：以洪棄生的歷史意識為中心〉，收入陳支平主編：《閩臺文化的多元詮釋》（一）（廈門：廈門大學出版社，2013），頁156-182。

長歎無天可避秦，中華遠海總蒙塵；
本為海島埋頭客，更變伊川被髮人。
愧與伍間儕父輩，錯成廿載寓公身；
江湖滿地供樗散，不數禪中蟻蝨臣。[37]

此詩慨嘆無法避日寇的竊臺，而令中華大地蒙上污塵，詩人自己只求在這個島上作一個不問世事而把頭埋在鄉野中的隱居者，沒有預料會成為蠻族統治而失去禮樂之邦國之人，洪棄生痛責那群求媚於夷狄而俗氣鄙陋之臺灣人，視之為蟲蟻蝨蚤。因此，他從此對於頭髮不予修剪，著寬袖長褂之衣服，招搖過市，我行我素。於是遂有一長詩自己贊詠自己的特立獨行。詩曰：

不歐不亞亦不倭（余為不今不古編髟），我髮雖短未婋婀，我頭不與人同科。可屈可伸奈我何。垂垂漸覺成盤螺，有如玉山長嘉禾。不似童山空峨峨，隨俗不隨鄉人儺。老子頭顱聊自摩，任人訕笑語言訛。閉門縮頸甘藏窩，道逢獰吏掩而過，抱璧相如避廉頗。自笑楊朱為一毛，有慚膚撓與目逃。幾莖衰髮奚堅牢，如斯時世須餔糟。但余未能從時髦，耄矣老夫愛皤皤。[38]

其子洪炎秋追憶其父此種形象，有曰：

---

37 洪棄生：〈再為厲行斷髮詠〉，收入氏著：《洪棄生先生全集·寄鶴齋詩集》（臺中：臺灣省文獻委員會，1993），頁 388。
38 洪棄生：〈蓄髮詩〉，同前揭書，頁 332。

> 三十年前舉世流行窄袖短衣，而先父仍日日穿他那早已過時代的寬博大褂，袖寬一尺有奇。手搖大蒲扇，臃腫過市，見者無不視怪，而先父則泰然自若。這是因為當時衣服漸趨洋化，且有采用倭式的裝扮，先父為表示然言的抗議起見，特意如此作為，借以喚起一般的民族意識。[39]

洪棄生表現的不認同日本殖民主義之竊佔中華土地臺灣，不但是用言用文來表建他的抗拒，他甚至以髮飾、服飾乃至以身體實踐來顯示之。這點十分不容易，因為他不是隱遁於山森荒野，而就是在大邑鹿港，其生活世界隨時隨地皆有日寇以及漢奸，而彼等無時不刻都會威嚇脅迫抗日不屈的洪棄生。而洪棄生的此種抗拒的行為，在中國的遺民大儒而言，並非孤例，在晚明清初的抗清大儒，也是基於華夏不事夷狄的春秋之志節而有各種反對清夷的方式，如黃道周等人是以生命殉道，如朱舜水則是渡大洋去越南去日本而終身不返故土，而又如顧亭林、黃梨洲則是隱於民間，從事治學傳道著書，或如孫奇逢之率領族人立寨山上，躬耕教授傳道注經，而如顧、黃、孫是不得已而要剃髮易服的，然而朱舜水遁居日本為德川光圀之賓師，將儒學傳播到日本，他當然依然是明服明飾。而在晚明卻有一位大儒是拒絕女真的逼迫的，他遠遁湘西山林深處，常與少數民族相處，自己著書立說，艱難渡日以得華夏重光，這位遺民大儒就是王船山，他堅持明飾明服，尊明正朔，乙未之難的洪棄生的前賢範型正是明末丁天下亡絕之痛

---

[39]　洪炎秋：〈詩人洪棄生先生的剪影〉，收入氏著：《三友集》（臺中：中央書局，1979），頁 294-301。

的船山先生。前有船山後有棄生，他們面對國亡天下亡以及夷狄
橫暴之慘變，他們的心志和踐履皆是孔子春秋大義，這就是華夏
千古恆一而不變易的傳統。

五、結語

　　日據時代堅貞抵抗日本殖民者的洪棄生是一個典範，他是菁
英階層、知識分子的文化抗日之代表性、象徵性的臺灣大儒。與
他同一輩的實踐抗日之義舉的臺灣大儒，有連雅堂和丘逢甲。連
雅堂如同洪棄生，曾返神州，後則重返臺灣，而雅堂就業報社，
著作不朽的《臺灣通史》存留表彰臺灣人的華夏春秋志節，而棄
生則是於神州旅居時著有遊記和戰記，返臺著有文章和詩集，亦
是為苦難的大陸和臺灣保存春秋史志。皆臺灣的大儒。丘逢甲乙
未抗日失敗後歸返大陸粵東原鄉，撰述詩文痛念臺灣，並在粵東
立學堂辦新學，且參與國民革命，傳揚公天下思想，其貢獻在神
州祖國，亦是臺灣大儒。

　　洪棄生在其陽九一生表現的是大儒的精神，那就是在立功、
立言以及立德；立功是不止以文字言語抗拒夷狄，更以身體力行
來堅貞對抗而至抑鬱以終，而立言則見諸其詩文中的孔孟大義和
大節，而立德則在於他為臺灣人民和臺灣歷史樹立了華夏民族乃
至於中國基本的儒士應該具備的風骨。

陸　日據臺灣鄉土小說家吳濁流的儒家正氣

一、前言

　　清光緒二十一年（1895）的「乙未割臺」，對臺灣人而言，是一個天崩地裂的巨大慘變，因為一夕之間，本來屬於華夏大地的臺灣，竟然被祖國背棄而淪為夷狄日本的殖民地，而臺灣人居然成為亡國奴，從泱泱大國的華夏之民下墜為被日寇殖民統治的奴隸。因為此種劇變來之突然且快速，所以臺灣人才從以前的地緣意識如泉州人、漳州人、客家人提升而集體覺悟自己是中國人。

　　臺灣人不止是「祖籍性地緣人」而是「國籍性中國人」的此種民族意識，就是日據臺灣之後，臺灣人興起的臺灣意識。其中最明顯的表現在「漢書房」，也就是長久以來既已在臺灣存在發展的書院、家塾以及詩社。黃俊傑轉引吳文星的研究指出，一八九七年三月，全臺灣共計漢書房有 1224 間，學生有 19022 人；一八九八年三月，增加為 1707 間，學生增加為 29941 人。日本剛剛強佔臺灣，傳統的漢書房和學生不減反增，乃是臺灣人的中國人意識之明證。黃氏又再引用陳昭瑛的研究指出，日據時代全

臺大約有兩百多間詩社，均以保存並發揚漢文化為主旨，特別像臺中地區的「櫟社」之眾多成員，由於受到來霧峰訪問林獻堂的梁啟超之影響，因而終身投入反日的文化、政治以及社會的啟蒙教育運動。再者，日據時代也有很多鸞堂，憑藉民間宗教信仰的傳播而延續臺灣人的民族意識。[1]

日據時期的書院、詩社、鸞堂，延續發揚中國意識的臺灣意識，是以傳統儒家思想為核心的。這個儒家內容本來就在明鄭以迄清朝以來的兩百多年，在社會底層成為臺灣人的鄉土文化之核心，而在上層也是臺灣菁英的基本心性修養和知識體系，日本據臺之後，臺灣底層民間的生活世界仍然依據儒家倫理，而大多數菁英的人格生命及其思維價值系統依舊是儒家。再者，由於日本殖民帝國主義在臺灣進行的殖民統治是壓迫剝削的暴政，臺灣人民成為被壓榨摧殘的受害者，這裏存在著社會和民族的雙重差異，因此更形增加臺灣人的傳統儒家內容的中國人意識。

日據時期，臺灣菁英的抗日和反日行動有許多形態，其中有以文學創作來表達對於日寇侵據臺灣並在斯土進行異族殖民高壓統治之痛恨。本章特舉鄉土小說家吳濁流先生為例來加以詮釋。

二、鄉間的家族老人和家塾秀才

臺灣著名鄉土作家吳濁流（1900-1976），是新竹縣新埔鎮人，此鎮鄰近北埔，而北埔是乙未抗日犧牲的青年儒士姜紹祖的

---

[1]　黃俊傑：〈論臺灣意識的發展及其特質〉，收入毛鑄倫主編：《中國意識與臺灣意識》（臺北：海峽學術出版社，1999），頁9-10。

家鄉，故其自幼就熏習了臺灣人民堅苦卓絕抗拒日寇的故事。而且，新埔鎮是客家人聚居的鄉城，多三合院式的宗祠和居屋，在其中充滿儒家倫理的實踐，如虔誠的祭祖以及長幼有序的生活倫常的安排，吳氏就在此種人文氛圍中成長。他十一歲時入公學校就讀，從兩位宿儒習漢文，其中林文煥先生就是出名作家林海音女士的父親，及長，精熟唐詩古文，且頗有亡國憤慨之心，於一九二七年參加苗栗詩社「栗社」而為社員，在其創作的詩中，充分顯出儒家浩然正氣的道德意志，是一位不忘春秋大節的儒士。[2]

在吳濁流的著作中對其祖父有極深刻的描寫，其祖對其人格品行和民族認同影響極深。吳氏少年時期，祖父已是新埔當地的有德望之耆宿。[3]日人據臺，在儒家文化和倫常之中的祖父，經常哀歎，只有私淑陶淵明，種種秋菊、吟吟古詩，這樣子排遣光陰。從外表看，祖父好像道家，可以超然脫塵，有如〈逍遙游〉中的神人一般瀟灑，而其內在實則深懷春秋氣節，十分痛恨臺灣被日寇割據，其住家附近的秀才塾師幾乎每晚都會來訪祖父談天說地，在話語中兩人常歎「斯文掃地」、「復中興」、「否極泰來」、「我們總有一日」等等，也曾用韓信忍受胯下之辱來成就日後興漢滅秦之大功之歷史來勉勵少年吳濁流。[4]

吳濁流記載他的祖父和臺灣秀才在日本殖民統治之下對於中華文化的思慕，此種思慕來源甚久，乃是自明鄭陳永華在臺南建

---

[2]　陳昭瑛：〈吳濁流《亞細亞的孤兒》中的儒家思想〉，收入氏著《臺灣儒學：起源、發展與轉化》（臺北：正中書局，2000），頁291-296。

[3]　吳濁流：《臺灣連翹》（臺北：前衛出版社，1988）。

[4]　同上注，頁25。

文廟立太學以來，就在臺灣人民的生命和心性中種下來的孔孟之
道，已經垂兩百數十年之久。[5]

　　《亞細亞的孤兒》是吳濁流以自己為樣本而撰述的小說，其
主角胡太明的家，每年除夕一定要在庭院中設祭壇拜天帝，清晨
四點，全家集聚香案和供桌之後，由胡家祖父主祭，全家從祭，
行「三獻禮」，對象是天帝、觀音、媽祖、土地公。年初一晨
曦，爆竹齊放，在廳堂祭拜祖先和神明。[6]表面上，祭祀對象有
道教神、佛教菩薩、祖先以及社神，似乎是雜亂的泛神崇拜，但
其核心卻是中國自明以降普及於民間社會的儒釋道合一的「三
教」，而其核心價值是儒家的道德倫常，如吳氏在小說中呈現出
來的胡太明家中的祭典，一則是〈朱子家禮〉的「三獻禮」之實
踐，一則是儒家的「三畏」而來的「三祭」之表現。[7]

　　清朝治理臺灣歷兩百年，在臺灣實施的是朱子儒學，民間社

5　明鄭諮議參軍陳永華，是泉州儒士，追隨鄭成功抗清而來臺，他向世子
　　鄭經建言，於臺南建立孔廟並成立太學，永曆二十年（1666）正月，正
　　式落成並且開學。此為臺灣的國家層級的儒學儒教之開端。自此以後，
　　儒學儒教傳揚植根於臺灣而不絕，使臺灣終成儒家文教之地。明鄭的廟
　　學之建立，可見〔清〕江日昇：《臺灣外記》，臺灣文獻史料叢刊（臺
　　北：大通書局，未刊年分），頁39。

6　吳濁流：《亞細亞的孤兒》（臺北：草根出版公司，2000），頁22。

7　孔子曰：「君子有三畏，畏天命、畏大人、畏聖人之言。」（《論語·
　　季氏第八》）。按孔子所言「三畏」，是指儒家君子之心性修為之標準
　　與進路，但儒家君子之道也是下貫而漫潤民間的，因而民間化之後，就
　　會自然轉化為庶民的宗教祭祀的基本規範，於是形成「三祭」，就是
　　「祭天地、祭祖先、祭聖賢。」而此種三祭之禮，基本上是根據朱子的
　　《家禮》。關於儒家精神的「三祭」，當代新儒家唐君毅先生在《中國
　　文化的基本精神》（臺北：正中書局，1958）一書中有深入的詮釋。

會以家塾、書院、詩社等方式來補官學的不足。吳濁流筆下的胡
家祖父以《大學》的「在明明德，在親民，在止於至善。」來教
育胡太明，而且送他去「雲梯書院」接受漢學啟蒙。胡家祖父和
書院的彭秀才，就是堅持儒家常道來抗拒日本異族的殖民壓迫統
治。日本殖民政府在臺灣設「公學校」強迫臺灣子弟接受被殖民
的灌輸教育，胡家祖父卻堅貞守一地要其孫兒在傳統漢學堂中受
儒學之教，所以，胡太明遂在「雲梯書院」就讀中國傳統儒學。
然而，畢竟在日據臺灣，試圖維持書院，實則甚為艱難。吳濁流
描述春節時分，彭秀才去給胡家祖父拜年，兩老有一段對話：

> （秀才）〔……〕讚美胡家的春聯說：「『一庭雞犬繞仙
> 境，滿徑煙霞淡俗緣。』的確不錯，真有脫俗的風格，如
> 果不是像你這樣達觀的人實在辦不到的。」
> 「你今年的春聯怎麼樣？」胡老人受寵若驚地問彭秀才
> 道。
> 「不行，不行。」
> 彭秀才一面謙遜地推託著，一面隨口吟道：「大樹不沾新
> 雨露，雲梯仍守舊家風。」吟畢，又把春聯寫在紙上遞給
> 胡老人看。
> 「好極了！」胡老人讚美道：「大有伯夷叔齊的氣派。」
> 但他接著又改用傷感的語氣說：「不過雲梯書院的舊家
> 風，不知是否能像你這春聯所說的守住〔……〕？」他這
> 樣嘟噥著，依依之情溢於言表。
> 「如果雲梯被封閉的話，」彭秀才黯然道：「漢學便要淪

亡了！」[8]

胡家祖父和「雲梯書院」的塾師彭秀才儒道兩家修養兼具。道家方面，顯其虛靈雅致，儒家方面則顯其淡泊，「一庭雞犬繞仙境，滿徑煙霞淡俗緣。」這句顯示的境界，含有道與儒的氣韻，如陶淵明所言「采菊東籬下，悠然見南山」的高士生活之情；[9] 亦有曾點「浴乎沂，風乎舞雩，詠而歸」的儒門顏曾之簡樸純真之志。[10]然而，異族畢竟高壓殖民統治臺灣，對於兩位儒道型的傳統中國之地方儒士而言，實有亡國亡天下之痛。但又無法以武

---

[8] 吳濁流：《亞細亞的孤兒》，頁23。

[9] 此首詩全篇如此：「結廬在人境，而無車馬喧。問君何能爾？心遠地自偏。採菊東籬下，悠然見南山。山氣日夕佳，飛鳥相與還。此中有真意，欲辨已忘言。」此詩是陶淵明的〈飲酒〉組詩二十首的第五首。學者郭維森、包景誠說：「這一組詩約作於晉義熙十二年（416），陶淵明五十二歲。詩人居住在上京裏，大約在進入季秋以後，直至冬季，陸續寫成這一組詩。劉裕以太尉、相國總攬朝政，封宋公，備九錫，情景如同十三年前桓玄篡晉一般。亂政時期，附者為用。正直的陶淵明是不可能為社稷建功的。」（見郭維森、包景誠譯注，〔晉〕陶潛：《陶淵明集》（臺北：地球出版社，1994.08），頁181。）胡家祖父所撰春聯，正逢日寇據臺不久，其心境亦有鄉土為奸寇夷狄所篡奪之痛，所以表達了歸隱避世的意思。

[10] 《論語‧先進》載某日子路、曾點、冉有、公西華侍坐孔子之旁。孔子要他們說說自己的志向。三位弟子高談自己的出仕治世的大志，曾點卻自己彈著琴而不表示，孔子要他也說說，於是曾點不得已，乃停止彈琴，起立而回答曰：「莫春者，春服既成，冠者五六人，童子六七人，浴乎沂，風乎舞雩，詠而歸。」孔子乃嘆美曰：「吾與點也！」後儒遂以曾點和顏回等同而稱「顏曾之樂」，蓋美兩先儒的安貧樂道之高風亮節。

力抗擊日寇,然則,如何依賴漢學的傳承來延續臺灣人的中華血脈,就成為很關鍵的方式。所以,彭秀才很憂心書院會被日寇強迫關閉,若是如此,「漢學便要淪亡了!」漢學若是淪亡,就是孔孟之道的淪亡,也就是臺灣的華夏血脈被斬絕堵截。

然而,「雲梯書院」的春聯和胡家祖父、彭秀才的一番對話,卻表現了一個堅貞不移的儒家春秋嚴華夷之辨的志節。書院春聯的上一句「大樹不沾新雨露」,露骨地直接表明華夏之臺灣就像一棵大樹,它的生命源泉是中華文化,是儒道釋三教,也是三千年來中國人的道統,痛心臺灣被日寇盜奪,但絕不沾溉日本帝國主義的「雨露」,而在同時,臺灣實有很多士紳商賈早已無恥投靠依附日寇,一轉身變成幫助日本主子壓迫臺灣人民的漢奸。春聯的下一句「雲梯仍守舊家風」,則清楚明白表達「雲梯書院」是臺灣各地很普及的儒教之地方而已,它是臺灣從明鄭以來數百年都在傳揚孔孟之道之構築和場所,其核心就是儒門常道倫理;由於書院教化之功,所以臺灣早已是中華文化和道統的土地。

在日據時代的臺灣新竹鄉間,一位家族耆老和一位家塾秀才就充分彰顯了臺灣人的儒家綱常和節操,淪落為日帝殖民帝國的被壓迫者,學伯夷叔齊而隱居於鄉野,在民間延續華夏之統緒,這就是他們實踐出來的典型。

胡家祖父視據臺日寇為夷狄,當然不願其孫太明接受日人的洗腦教育,老人心中憧憬而信仰的是孔孟之教、春秋大義、漢唐文章以及宋明理學等輝煌敦篤的中國傳統人文,在陷落成被殖民

地的臺灣，總想在餘年還可以將這個華夏遺產傳給子孫。[11]吳濁流雖然是以小說而呈現，好像是虛構的，但他乃是藉小說故事來點出日本據臺，臺灣的鄉老和秀才眼睜睜地看著年輕臺灣一代人將喪失華夏而淪為夷狄，內心真是萬分悲苦不甘。吳濁流是以胡家老祖父和地方秀才為象徵而指出當時臺灣人本以儒道為其核心價值，此種中華人文的意識是很清楚深刻而不改動的，也不是日本東洋意識可以隨便取代的。

三、實際存在的「雲梯書院」

　　吳濁流小說中的重要書院「雲梯書院」，是真正存在的，其原型是在苗栗縣西湖鄉的四湖村。[12]它就是日據時代臺灣人民在地方上維持並推展傳統儒家教育和文化的典型代表。

　　雲梯書院是四湖村劉家宗族建立的劉家私塾性學堂。清乾隆二十年（1755），廣東惠州府客家人劉恩寬隻身赴臺，到當時的四湖莊開拓荒地而成水田，因而建立劉氏產業並且繁衍宗族。乾隆二十五年（1760），劉恩寬構建了劉家宗祠，其大門門聯曰：

祿閣重光淵源接詩書禮樂

11　吳濁流：《亞細亞的孤兒》，頁 25。

12　吳濁流是新竹新埔人，他以不在新埔而是在西湖的「雲梯書院」作為小說中重要的儒學儒教之文化象徵，乃是因為吳氏於日據時代擔任公學校教員時，曾被派在西湖鄉的五湖村、三湖村的公學校教書，故對西湖鄉深厚的儒學文化傳統，知之甚詳。形象清晰的劉氏「雲梯書院」，被寫進小說而成為一種臺灣儒教場所的象徵，乃是很自然的事情。

彭城大啟根本在慈孝友恭[13]

這個門聯很真切地點出劉恩寬家族在西湖鄉地區的儒教貢獻。劉氏很重視耕讀傳家，正如聯句所言「詩書禮樂」和「慈孝友恭」，儒家之教化是透過家族的組織和力量，在乾隆年間就開展傳播於當地。「雲梯書院」就是劉家教育子弟的家族式書院，此書院是苗栗區域最早的書院，對於庶民社會的文教播植之功，起了重要的影響。[14]

　　劉家的「雲梯書院」的發展過程如何？謹加以略述。道光九年（1829）劉氏的第三代於四湖莊的「伯公背」（土地公祠的背後），建設了劉家家塾，名稱就叫「學堂」。道光二十二年（1842），劉錫鑽（永義）再捐出山仔頂的土地擴建了新學堂，並且返回廣東原鄉恭請了孔子像于學堂中祭祀，並配祀以五文昌夫子、正式命名曰「雲梯書院」。其宗旨在於「尊師重道，廣興文教，崇振儒風」。光緒二十六年（1900），日本已據臺五年，殖民統治打壓臺灣人的中華意識，所以禁止漢書院的存在和發展，劉家遂將「雲梯書院」加以調整，從臺灣最著名的鸞堂，就是新竹縣芎林的飛鳳山「代勸堂」迎請「三恩主」（關聖帝君、孚佑帝君、司命真君）來書院奉祀，並將書院改名為「修省堂」，成為一間施善教化濟世並行的鸞堂。至民國六十五年

13　黃鼎松：〈西湖彭城堂宗祠〉，收入氏著《苗栗史蹟巡禮》（苗栗：苗栗縣立文化中心，1990），頁114-115。

14　苗栗官辦的書院是光緒十六年（1890）在苗栗街上文昌祠成立的「英才書院」，這個書院也是清朝在臺灣建立的最後一所書院，光緒二十一年（乙未，1895），臺灣就被迫割讓給日寇了。

（1976）春天，再予新修，易名為「宣王宮」。[15]

「雲梯書院」的演變分為清代和日據兩時期。清朝時期是從道光九年到光緒二十六年（1829-1900），在這長達七十年的時間，「雲梯書院」奉祀孔子，是四湖莊劉家提供子弟們受教的家族學堂，當然也是附近佃農子弟附讀的場所。其教育主旨是教育學子「明禮崇教」，並期其等能「遵行聖賢之道」，同時也希望經過儒學的培養和薰陶，而使宗族和鄉里能達到「尊師重道，廣興文教，崇振儒風」的人文境界。

「雲梯書院」的儒教，使劉家前後產生了貢生、廩生、庠生以及進士等，共有十多人。其中以光緒六年（1880）「庚辰科恩進士」劉廷珍和光緒十一年（1885）「乙酉科進士」劉廷耀最為傑出。在劉氏宗祠的曬穀坪上，到今天仍然矗立著一對皇清御賜旗竿石座，一座是為咸豐八年（1858）附貢生劉錫金、劉錫鑽立；一座是為光緒十四年（1888）進士劉廷珍及其子貢生劉聯科立。[16]

清朝時期西湖鄉的四湖莊，只是西湖溪流域的一個農耕小村落而已，但早在清朝中葉，就已秉持「耕讀傳家」和「詩禮門風」的傳統文化意識而發展儒家式的生活世界。

後期的書院，始於光緒二十七年（1901），其時已屬日據，臺灣人欲維持中華道統，十分艱難，於是書院改為儒宗神教之鸞堂，此種宗教形式，是清末從大陸傳來的「三恩主信仰」，以提倡

15　不著撰人：〈雲梯書院（宣王宮）沿革〉，此文嵌在宣王宮的大殿左廂房的壁上。「宣王」就是文宣王孔子。

16　黃鼎松，〈西湖彭城堂宗祠〉。

鸞闡教為其主旨，以關聖帝君的崇拜而教化以儒家忠義思想，[17]
鸞堂其實是儒家書院的變型而已，其內容仍然是聖賢綱常，以
「宣講」的方式傳播，另一方面則「開堂濟世，編造善書」，在
書中以「三教合一」之形態來傳達儒家道德倫理。

四、象徵性的「雲梯書院」

　　吳濁流的小說《亞細亞的孤兒》，敘述臺灣人在日本殖民政
府逼迫下，大多將子弟送進公學校就讀，彭秀才漸漸沒有生童，
日本殖民政府想牢籠他出來擔任公學校的漢文老師，但彭秀才拒
絕，他天天安貧樂道地吟誦陶淵明的〈歸去來辭〉，呼嚕呼嚕吸
水煙，且蒔花弄草，過著不問世間的隱居生活。不久，彭秀才接
受番界附近某間漢書房之聘，遂將「雲梯書院」遷往該地行教弘
道。[18]臺灣已陷夷狄，一個地方小書生既然無力隻手抗爭，則以
「天下有道則現，天下無道則隱」的儒家之訓而遠離日寇有效統
治之區，寧願走去與世無爭的邊陲，或在那樣的地方還有少數學
子可以傳承儒家之道。吳濁流筆下的「彭秀才」，只是一種象徵
或代表，他要說明的是日據臺灣固然多有媚虜的奴才，但也不乏
安貧守一而不出賣正道的地方儒生。

　　不久，彭秀才病逝，吳濁流描寫胡太明去參加送別老師的喪

17　「鸞堂」以敬祀關公（關雲長）為主神，其來臺灣發展的相關研究，較
　　早文獻見王世慶：〈日據初期臺灣之降筆會與戒煙運動〉，收入氏著
　　《清代臺灣社會經濟》（臺北：聯經出版事業公司，1994），頁 415-
　　474。

18　吳濁流：《亞細亞的孤兒》，頁 27-28。

禮，先搭火車，再乘汽車，還必須搭乘板車。彭秀才住在非常偏遠的地方，吳氏說「板車沿著溪谷緩緩地前進，不斷發出隆隆的巨響，震撼著山谷。兩旁的景物不停地變幻，頂上有高聳雲霄的峻嶺絕壁，眼前有水清如鏡的萬丈深潭，空中有翱翔盤旋的鷹鷲。」[19]這般崎嶮崢嶸的地方，似乎就是在今天苗栗縣公館鄉進入大湖鄉一帶沿著後龍溪人稱「牛鬥口」的峽谷，吳氏在其文中也提及當地「漢番」兩族激烈鬥爭以及隘勇在隘堡防禦之艱辛，由此可以明白吳濁流說到太明搭乘的板車，就是從公館的平地一路上坡而路經出礦坑而深入大湖的一條由隘勇防守原住民泰雅族的山路，這個區域是由清朝到日據時期最艱難劇烈的漢民族與泰雅族鬥爭殺戮的地方，[20]若依地形的描寫，彭秀才遠遁隱居的地方就是出礦坑的礦村，他為了避開日寇故而在此偏遠山區重建學堂，教育村童，這就是彭秀才終老歸土之地了，吳氏寫：「太明

19　同上注，頁 70-71。

20　苗栗縣苗栗市和公館鄉的精華區是後龍溪沖積而成的河谷平原，順後龍溪往上游而走，到公館鄉福基村開始，就進入雪山山脈地區，特別是在牛鬥口一帶深入，其地形就是吳氏小說中描寫的狀態，日據時代，沿溪設有舖設輕便鐵軌的板車線。是其時一般人進出山地和平原的方便交通工具。牛鬥口其實就是地形學上所說的「交叉山嘴」之峽谷地形，十分險要而曲折。其附近有臺灣最早開鑿的石油井，當初庶民百姓不知道是石油，以為是硫磺礦，逐稱為「流磺坑」，後來知道，才改名為「出礦坑」，意思是出產油礦的谷地，早年原油甚至冒出而流至後龍溪將水染黑，故稱此段溪河為「烏溪」。吳濁流在小說中寫板車「快到煤坑」云云，此實則是將兩個地方綜合在一起形成小說中的地區，產煤的地點是在苗栗縣南莊鄉，是在中港溪上游而不在後龍溪上游，而且，在南莊，原住民是賽夏族，與漢族的客家民系相善，融洽共處，沒有「漢番鬥爭」。

到達那以熟悉的筆跡題著『雲梯書院』匾額的破屋時，已快近黃昏了。以這樣一塊荒涼、僻靜的地方，作為終生獻身于禮教的彭秀才安息之所，似乎未免太寂寞些！」[21]

　　吳濁流以小說書寫一位日據時代雖然微小但志節高潔的一位鄉下書塾老師彭秀才，並且又以小說主角胡太明遠去荒陬的出礦坑為老師送別，而以黃昏破屋來襯托出日據時代臺灣人以及臺灣的華夏文化之處境的悲涼。「彭秀才」雖是虛構，但卻是臺灣地方眾多儒士之象徵，而「雲梯書院」則代表臺灣的儒學書院和學堂。日寇據臺了，儒學不免受日本殖民者之壓迫而敗落，而臺灣儒者也不免沒落寂寞憔悴。但更深層來看，吳濁流卻有其「微言」，就是縱許在日人佔據的臺灣，要能坦坦然推展儒學儒教，已很艱辛，但是臺灣的地方儒士卻不願斷絕中華文教，故連偏遠的山區之出礦坑之山村，也歷盡辛勞還是要立書院學堂來傳播孔孟之道。

五、西湖鄉中的文社、鸞堂、村廟的儒教

　　吳濁流在自傳《臺灣連翹》一書中，提及他在臺北師範學校學成畢業，被派到苗栗縣西湖鄉店仔街教小學。店仔街是西湖鄉的鄉街，是今之西湖鄉的鄉治所在，其屬三湖村，而鄰近有龍洞村和四湖村。吳氏說這個鄉下沒有中學生，但是受傳統漢學培養的人卻不少，僅四湖村的劉恩寬家族，就出了五位秀才，在莊役場工作的職員所講的日本話很差，但他們卻有甚好的漢學儒教

21　吳濁流：《亞細亞的孤兒》，頁 71-72。

之素養。吳氏會吟詠創作漢詩，所以他們都很喜歡這個年輕老師。[22]

吳濁流說的五位秀才，就是四湖莊劉家的原型「雲梯書院」造就出來的地方俊士。而這些在莊役場工作的職員，也就是地方儒教養成而具有漢學儒學修養的臺灣人。

店仔街所在的三湖村，是臺灣移墾型社會典型的雜姓村，雖亦有大姓家族，但力量不足以支配全村，故以大廟的組織來推展全村以及周圍地方的儒學。三湖村的大廟「五龍宮」主祀媽祖，建於光緒五年（1879），領導人是貢生黎彬南、張鵬漢，媽祖或天后信仰是清朝就已發達的民間宗教崇拜，以媽祖信仰而帶動鄉土社區的教化。黎張二氏皆有貢生銜，由他們主持五龍宮媽祖廟的建立和運作，可證儒士確實通過地方社區的神聖崇拜中心的掌控而經神道設教之形式，將大傳統的儒家倫理傳播給一般庶民，使其等之生活小傳統具有儒家的源泉活水。[23]

在這座媽祖廟右側有一座敬聖亭（惜字亭），上層背後嵌有清代所刻芳名碑，上款題：「光緒辛丑（1901）創立崇文社會員芳名」。所謂「崇文社」就是三湖村地方儒士的文社。日據時代，臺灣士子多組文社或詩社，在社中維持並推展漢學儒教。

中國儒士結社的風氣來源甚久，[24]明代儒士結社論學，在心

22　吳濁流：《臺灣連翹》（臺北：前衛出版社，1988），頁 59。

23　〔清〕沈茂蔭：《苗栗縣志》曰：「天后宮一在三湖，距城十二里。光緒五年，貢生黎彬南、貢生張鵬漢等倡捐建造。」，臺灣文獻叢刊（臺北：大通書局，未刊年分），頁 160。

24　關於士子結社，參考〔明〕顧炎武：《日知錄》（臺北：明倫出版社，1970），頁 639。

學家提倡下，甚為普及，晚明儒士為了對抗奸宦的迫害，常結盟而立社，在其內不止於論學論道，更是批評時政的場所，最著名的有東林黨、復社、幾社。明亡，復社、幾社互通聲氣，武裝抗清，犧牲慘重。此種精神為青年鄭成功承繼而帶進臺灣，臺灣日據的前半期，許多詩社是主要的抗日中心。[25]

貢生黎彬南的兄弟黎壽南列名于崇文社的芳名碑上，其與芳名碑中的一些地方儒士，正是肇建當地另一座大廟「天福宮」的主要領導階層。此廟的位置在今西湖鄉的金獅村，此行政村其實就與三湖村毗連，從店仔街步行不出十分鐘的距離。此區的儒士，一方面設文社提倡儒學，一方面創建大廟透過神道而來進行道德教化。結社和祭祀形成地方的儒學儒教之同一體系。

天福宮是由當年三湖莊「崇德堂」、二湖莊「重華堂」、鴨母坑莊「警化堂」等三間鸞堂，共同合作，擇定在鴨母坑的金鵝洞口，建立而成，主祀文武二聖，亦即孔子和關帝，屬於儒宗神教鸞堂系統。[26]天福宮的創建，恰好與四湖村劉恩寬家族的「雲梯書院」改為「修省堂」同一時間。西湖鄉在日據初期，於三湖、四湖兩莊，同時建立了崇祀孔子和關帝的鸞堂，明顯是地方儒士和人民「嚴華夷之防」的抗日思想的實踐。

---

25 陳昭瑛：〈日據時期傳統詩社「櫟社」的歷史轉折〉，收入氏著《臺灣與傳統文化》（臺北：臺灣書店，1999），頁 64。潘朝陽：〈論臺灣儒家政教傳統的創建〉、〈抗拒與復振的臺灣儒學傳統〉，收入氏著《明清臺灣儒學論》（臺北：臺灣學生書局，2001），頁 73-108、157-216。

26 不著撰人：〈金獅洞天福宮重修碑記〉，此碑立於苗栗縣西湖鄉金獅村天福宮（民國 81 年，1992）。

　　共同籌建天福宮的鸞生林天相、羅新蘭亦是崇文社的社員，文社、鸞堂、大廟形成三位一體，成為日據臺灣的民間儒學得以延續並且傳播的場所，地方儒士往往以文社社員、鸞堂鸞生以及儒教教師的三合一的身分在地方上推展儒家倫常。

　　日據時期，臺灣發展鸞堂來排拒日本殖民主義，王世慶說：

> 日本據臺之初，〔……〕將製鹽業、樟腦業、鴉片業等最有利益之事業，俱收歸為官營之專賣，〔……〕加之各種稅捐逐年增加，人民生活陷於塗炭之苦，人民之利益與清代相比有雲泥之差。故如北部滬尾、宜蘭、新竹、臺中等處降筆會之重要成員，乃與抗日義士相謀，以鼓吹排日為急務，〔……〕利用宣講仁義之道，收攬民心，團結同胞，俟機起義抗日，以期促進民族運動，並將臺灣復歸中國為目的。[27]

戒除煙毒、反日、弘揚儒家仁道，這三件事結合成為鸞堂最主要的「施善與教化」的文化、社會、教育的任務。光緒二十七年（1901），亦即金獅洞天福宮建成的同一年，鸞生黃色雲在今苗栗縣頭屋鄉鳴鳳村設鸞傳教，其堂名為「雲洞宮施勸堂」，並造作善書《玉鑑龜齡》。主祀三恩主，以關聖帝君為主神。其設堂闡教的宗旨，根據南天文衡聖帝，也就是關聖帝君的降文曰：

> 竊思二帝之休風莫睹，三王之盛治難追。溯厥由來，皆因

27　王世慶，見前揭書，頁 445。

人心不古，惟利是圖，上下交征，仁義弗講。故卒至父子
君臣典禮湮沒，兄弟夫婦規法淪亡，良可歎也！又況友道
日非，交情愈薄。陽敦管鮑之宜，陰效孫龐之尤，吾也目
擊心傷！[28]

《玉鑑龜齡》又藉「豁落靈官王天君」的降鸞有曰：「三代以
前，道在君相；三代以後，道在師儒。今日者，上而朝廷，堯舜
禹皇不復作；下而草野，孔孟程朱不再生。」[29]這句話就是臺灣
地方儒士藉村廟鸞堂的善書，表達了身處異族高壓統治之「微
言」，此中乃指臺灣已淪入日帝之鐵爪，就政統而言，已非堯舜
禹湯；于道統而言，更無孔孟程朱，換言之，臺灣人已經喪失了
中華道統和政統，變成亡國奴！於此背景中，鸞文接著說：「此
我夫子，不得不以神道設教，以維道統于廢墜之秋，所以處處開
堂，方方宣化。著書不嫌萬卷，大抵無非彰善癉惡，欲使人倫之
克明於天下也。」[30]此句話語則很明白地指出臺灣既已被日本殖
民政府統治，所以教育機構已經屬於日本帝國主宰，在其中必定
著力消除臺灣的華夏文化，所以，儒士乃假借崇拜武聖關公的鸞
堂來傳播延續臺灣民間儒學，而且它也點明了在臺灣地方上的
「鸞堂」並非少數，乃是「處處開堂，方方宣化」。[31]

28　不著撰人：《玉鑑龜齡》（苗栗頭屋：雲洞宮施勸堂，1901），頁
　　19。
29　同上注，頁22。
30　同上注。
31　日據時代，臺灣人以鸞堂形式，透過神道設教而「施善與教化」，也就
　　是施行醫藥以及辦儒家倫理教育，這種機制成為當時的臺灣之社會調

　　鸞堂的主神關聖帝君，在歷史上，因為《三國演義》的描寫，是忠勇貞毅的人格象徵，其風骨深入中國人心，明清以後，關聖演變為儒生士子認同的儒家護法，象徵華夏文化道統的武德，其崇隆地位，無可替代，而就庶民來說，則關聖的忠義是中國庶民日常生活的倫常標竿，就儒士而言，則其忠義是儒家春秋大節不可奪的凜凜然之信念。[32]

　　此種武聖崇拜，是儒家倫常正道的護衛，一旦在危難之秋，儒家《春秋》的「嚴華夷之防」的宣示和實踐，在庶民社會，往往以關聖帝君的信仰來充分踐履。吳濁流在《亞細亞的孤兒》的結尾描寫胡太明假借「瘋言瘋語」大罵日本殖民帝國的賊寇，是「白日土匪」，又大罵甘心作走狗而為日寇作倀的臺人漢奸：「混賬！你嘴裏口口聲聲嚷著『同胞！同胞！』其實你是個走狗！你是皇民子孫！是模範青年！模範保正！應聲蟲！混賬！你是什麼東西？」[33]

　　吳濁流在小說中借主人翁胡太明來裝瘋斥罵日寇和漢奸，其實質也就是以關聖帝君作為儒家道統的護法大神之大獅子吼，大義凜然地嚴責日本寇匪及卑賤事仇的臺籍漢奸，他如此說：

　　　控，是一個重要的臺灣文化現象，在民間，鸞堂十分普遍，它甚至是儒　　　家教化的宗教形式。關於臺灣鸞堂，參考李世偉：《日據時代臺灣儒教　　　結社與活動》（臺北：文津出版社，1999）；王志宇：《臺灣的恩主公　　　信仰：儒宗神教與飛鸞勸化》（臺北：文津出版社，1997）；王見川：　　　《臺灣的齋教與鸞堂》（臺北：南天書局，1996）等專書。

32　潘朝陽：〈臺灣關帝信仰的文教內涵：以苗栗區域為例之詮釋〉，收入　　　氏著《明清臺灣儒學論》（臺北：臺灣學生書局，2001），頁 313-　　　351。

33　吳濁流：《亞細亞的孤兒》，頁 328。

太明把臉塗得像關公一樣，坐在胡家大廳的神桌上，牆上還有他的筆跡寫著這樣一首詩，字跡還很新鮮：

志為天下士，豈甘作賤民？

擊暴椎何在？英雄入夢頻。

漢魂終不滅，斷然舍此身！

狸兮狸兮！意如何？（日寇譏罵臺人為狸貓）

如隸生涯抱恨多，橫暴蠻威奈若何！

同心來復舊河山，六百萬民齊蹶起，誓將熱血為義死！[34]

這本小說是在日本帝國主義發動侵華及太平洋戰爭的最後階段所寫，其時日帝已因形將戰敗而更顯露其殘暴猙獰的面貌，吳濁流大膽如此書寫抗日的文學作品，是冒著極大的危險的。但他終究假借佯瘋的胡太明的「關帝降乩」來鼓吹臺灣人應該奮起抗擊日寇，這是必須具有大勇之浩然正氣的，吳濁流的小說反映了鸞堂在日據時代依神教而推展維護臺灣的中華道統的影響，一方面也顯現了孔孟之道在臺灣的堅忍不拔的深厚生命力。

六、結語

日據時代，類似吳濁流的臺籍菁英分子，其實不少，吳氏是其中一位具有象徵性和代表性的人物。他自幼受儒家儒理式的家庭教養，也接受臺灣民間的漢學教育，雖然在日本人的殖民統治之下，也無奈必須接受日本殖民政府的日式不公平教育，可是臺

---

[34] 同上注，頁 325-326。

灣受儒家教育的菁英之靈魂卻始終是中國儒家的。吳濁流正是典型，所以他筆下的胡家老人、彭秀才、胡太明，皆是中國儒家形式的臺灣人。而在其小說中出現的「雲梯書院」也就是臺灣的漢學儒教的象徵，乃至鸞堂也是日據時代，反對日本而維護臺灣傳統華夏常道的重要場所。而其特別突出鸞堂信仰的關聖帝君，正是反映在被異族殖民統治下，孔子之道，是需要以忠義的反抗精神來實踐的。吳濁流用其文筆表達了日據時代臺灣抗日之菁英的儒家春秋大義。

柒　居臺二十年的大儒徐復觀與 臺灣賢儒之間的道義情誼

一、徐復觀先生成長簡述

曹永洋撰有《徐復觀先生年譜》，[1]據此大體可以知道當代新儒家大儒徐復觀先生（民國前九年－民國七十一年，1904-1982）的一生可以區分為四個階段：第一，是從幼年至成人的學習之期；第二，是從戎抗日成為蔣介石身邊重要幕僚並且認識熊十力先生的時期；第三，是一九四九年因國共內戰國家分裂而渡海來臺灣的中年時期（從民國三十八年，一直到民國五十九年，1949-1969）；第四，是居住講學香港的晚年時期。

徐復觀先生出生於民國前九年（1904）一月三十一日（農曆一月初三日），湖北浠水人。徐家是貧窮農家，雖是農家，其父親卻又是具有基本國學素養的鄉間秀士，是鄉中塾師。

徐先生的啟蒙幼教是跟著其父親學的，《年譜》記載民國前一年（1911），其八歲時，發蒙讀書，跟著父親讀書受教。他從

---

[1]　曹永洋：《徐復觀先生年譜》，收入徐復觀：《徐復觀最後雜文集》（臺北：時報文化出版公司，1984），頁 426-432。

父親讀書的情形，如同臺灣抗日大儒丘逢甲，逢甲之父丘龍章是臺灣中部幾個重要家族的家塾老師，逢甲一直跟著其父隨塾受學，稍長甚至為其父之助教，再長，更為西席開講。[2]

民國四年（1915），徐先生十二歲，以第一名考上浠水縣的高等小學，雖說是小學，但依年紀，實在等同現代學制的中學。十八歲（民國九年，1920）入湖北「武昌第一師範學校」就學，二十一歲畢業（民國十二年，1923）；「武昌第一師範學校」日後改制為「武漢大學」。這即是徐先生正式接受新制大學教育之始。但更重要的學習之路則是《年譜》所記的這條：

> 民國十四年（1925），先生二十三歲，投考湖北省立武昌國學館，在三千多名考生中名列第一，評卷人為國學大師黃季剛先生，從發蒙到二十四歲為止主要讀的是線裝書。

徐先生蒙學幼教是國學經典，而青年時入武昌師範以及以榜首之姿入國學館從學於國學大師黃季剛（黃侃，1886-1935），黃氏雖是以傳統國學為長，但素具反清反帝的心胸和實踐。徐先生入國學館為黃氏門下，他的學習歷程之核心乃是中國傳統的經史子集之國學，且帶有經世濟民之學風。

依此簡敘，看出徐先生中年退隱民間講孔孟之道並旁及於諸子百家和重要史學史義，且又勤奮創作的偉大學術成就，必有其敦厚堅實的基礎，這就是徐先生承父親之啟蒙之教，再增益之於

---

[2] 徐博東、黃志平：《丘逢甲傳・第一章：青少年時代——封建科場上的佼佼者（1864-1893）》（臺北：海峽學術出版社，2003），頁 1-55。又見同書所附：〈丘逢甲生平大事年表〉，頁 339-355。

武昌師範和國學館的教化。

此之後，《年譜》曰：

> 民國十五年（1926），二十四歲。首次讀孫文學說、三民
> 主義。
> 民國十六年（1927），二十五歲。由孫中山先生書而知道
> 馬克思、恩格思、唯物論等，受魯迅兄弟文字影響。

此段記徐先生青年階段學習過程邁入了經世濟民的經學之路後，
又順勢而學習孫中山先生學說，並且通過孫先生的思想再進一步
去接觸「馬克思主義」或「共產主義」、「社會主義」等左翼學
術理論。換言之，從少年至青年的徐復觀，在其心性中不止已經
逐漸吸收了傳統的實學實政型之國學知識，也能不固陋閉鎖於守
舊派之風，而能具備現代的社會主義思潮。

此之後的徐先生又轉入到另一人生歷程，《年譜》曰：

> 民國十九年（1930），二十八歲。得湖北清鄉會辦陶子欽
> 與當時清鄉督辦胡今予資助赴日，入明治大學攻讀經濟
> 學，潛心研讀日本左翼經濟學的思想家河上肇之著作。但
> 得不到經費挹助，轉入日本陸軍士官學校就讀步兵科。
> 民國二十年（1931），二十九歲。發生「九一八事變」，
> 徐先生在日本參加抗日示威，被驅逐返回中國。

此段所載就是徐復觀先生在國學館讀書之後的兩三載，東渡日本
極短暫的留學經歷，他已蘊蓄了左翼的社會學說思想，並且在此

運勢之下而東渡日本入明治大學打算研讀河上肇的左翼經濟社會政治學理,但甚快就因為日寇之侵華的「九一八事變」而匆促返國。從此,徐先生就與體制教育脫離了關係。但他的豐富深刻且特賦有創造性的思想和學問,卻是在少年青年時代就已經奠立的深厚堅固的基礎。徐先生在其後半生的驚人之對於中國思想、思想史的高明詮釋以及對當代世局、社會、人心之睿智、銳利的批判,皆以其少年青年的傳統和現代之學術、思想的智慧和道德性之把握,具有直接的、因果的關聯。

二、徐先生對於臺籍三友之德的贊美

徐復觀先生自「九一八事變」從日返國之後就因應中華民族全面抗日的時代風雲之救亡圖存而進入軍職,而在此段生涯之大事情除了受到蔣介石的重視而成為其入幕之賓且官拜少將之外,更重要的卻是特別去拜訪熊十力先生問學,經由他的問學問道以及熊先生對他的雷霆式棒喝而徹底提升了他的人生、心性的規模和境界,從此徐先生的學問和思想,具有傳統中國儒家的「春秋大義」之經史之術,深懷經世濟民的實學之義,而且處處顯出其「道尊於勢」的針對時政、國事、人物的強烈批判性。

徐復觀先生這段人生時期之特殊且關鍵性的遭逢之意義闡釋另待為文,而本文著重的則是徐先生在臺灣二十年的友誼之義以及其在臺完成的重要著作之思想智慧。

徐復觀先生居住臺灣,與臺灣一些儒者和人士為莫逆交,徐先生是湖北人而其臺灣友人多為日據時代抗日臺賢,徐先生是從中土避赤且從官場勇退而來臺的「離散型之儒」和「隱志弘道於

野之儒」，而臺賢則屬於臺灣儒者，亦是與當權者相離的民間隱儒，雙方的相逢和認識而成講學論道的好友。此種儒士的相逢知交於臺灣島，使中土和臺灣的儒學之得以會通而使臺灣儒學有所上升，在日據時期就是梁任公與林獻堂、林幼春以及臺中士人儒者的交流和相惜，在兩岸分治之後就是徐復觀先生和臺灣一些重要賢儒之相遇。

《年譜》曰：

> 民國三十八年（1949），四十七歲。在廣州與熊十力先生話別，自此人天永隔。五月抵臺中，六月十六日《民主評論》在香港創刊。在臺中居住長達二十年，與莊垂勝、張深切、張煥圭、葉榮鐘、郭頂順、林培英、洪炎秋、洪耀勳、楊逵、林雲鵬諸先生建立了真摯的友誼。
>
> 民國五十八年（1969），六十七歲。因揭發「文化漢奸」梁容若的真面目（按：梁某是抗戰時代的媚日漢奸，兩岸分裂，也到臺灣，在東海大學任教），被迫從東海退休（按：徐先生是位於臺中的東海大學中文系教授）。
>
> 民國五十九年（1970），六十八歲。赴香港新亞研究所任教。

徐先生遭逢國難而遷居臺灣二十載，在臺灣講學、授徒、著作，且亦結交了臺籍君子，是徐先生一生中特賦生命存在意義的時期和際遇，亦與臺灣儒學儒教起了很重要的作用。

先述論其與臺賢之君子之義的友誼。

徐先生在〈三友集序〉文中曰：

> 洪炎秋先生來信謂：將把他自己未結集的雜文二十四、五
> 篇，蘇薌雨先生的〈我的一生〉，和葉少奇（榮鐘）十五
> 篇，合編為《三友集》。並謂《三友集》的名稱是受到
> 「松竹梅歲寒三友」的啟示而定下來的。要我寫篇序，
> 〔……〕。
> 〔……〕少奇炎秋薌雨三君子，則以其平生之志業與際
> 遇，亦有不謀而合，不比而親；其所以為集者，不僅以其
> 文，而且以其人；人格上的聲應氣求，不尤貴於詩格上的
> 風同氣類嗎？[3]

此段文中提到的洪炎秋、蘇薌雨、葉榮鐘三位臺賢，皆是東渡來
臺的湖北人徐復觀先生的臺灣籍好朋友，而他們三人則又是知
交，故其三人之集子，由徐先生作序，乃是十分美好的一件事
情。而徐先生指出三位臺賢之為友，不止僅是文同，而乃是人
格、氣度一樣，都是士君子，然則，徐先生又是這三位臺賢的好
友，所以，徐先生其實亦同樣是士君子。

> 就性格說，少奇鬱勃，炎秋崚奇，薌雨豪邁，而文亦多如
> 其人；則三子者的人品文格，既各有其特性，又得互濟其
> 美。[4]

徐先生必是深交並久處於此三位臺賢者，才能如曹魏時代之劉劭

3　徐復觀：〈三友集序〉，收入氏著《徐復觀雜文續集》（臺北：時報文
　　化出版公司，1981），頁 333-334。
4　同上注。

《人物志》一般，品鑑了葉、洪、蘇三位先生的氣質。葉榮鐘先
生鬱勃，那是一種氣勢旺盛、生氣充溢的情況；洪炎秋先生嶔奇
（嶔崎），那則是一種人品高潔、顯其骨氣的情況；蘇薌雨先生
豪邁，那則是一種氣度寬廣、性情豪放的情況。三位先生的人格
風範，在徐先生看來，皆是儒門狂狷之士，孔子說過狂者進取，
而狷者有所不為，三位臺賢，的確是從日據到光復，面對當權者
以及他們在亂局中的處世之道，皆是有所不為而又有所進取，進
取者道也，有所不為者就是不屈於勢、不負於德。而其實，徐復
觀先生自己之為人，亦是如此。此三位臺賢以及此位渡海避秦的
儒士皆是孔孟之家的君子人。

> 三子於成年時，各抱孤臣孽子之心，赴日本留學。學成
> 後，少奇履虎尾於故鄉，炎秋薌雨，則返回祖國懷抱，各
> 在大學教壇上負重望。抗戰軍興，少奇持鐵筆「以抒硬
> 論」，撐持臺灣民族正氣於不墜。炎秋奉命留北平，履險
> 如夷，延續文教命脈於故都淪陷之後。薌雨則隨學府支離
> 漂泊於西南天地間，與青年學子共甘苦，以厚殖抗戰之
> 力，砥礪抗戰之氣，則三子者與國家共犯難而不恤身家之
> 艱苦，又無不相同。[5]

這一段文章，徐先生說出三位臺賢在青年時期先赴日本讀書，其
後葉榮鐘先生返回臺灣，在日本殖民者的壓迫下仍然無畏地履虎
尾而以鐵筆抒寫「硬論」抗日，且因此而曾被日夷擲入牢中。洪

---

5 同上注。

炎秋先生則奉命留在故都，雖在淪陷地，卻履艱險如平地，於日帝鐵蹄之下，延續中華文教。蘇薌雨先生則追隨大學漂泊跋涉於中國大西南的大後方，繼續興學而教育青年，與學子同甘共苦，並且一起抗戰，砥礪民氣。徐先生提到三位先生雖然身處三地，且職分不同，但卻共同表現了春秋大節，皆是儒家浩然正氣的士君子。

> 臺灣光復後，少奇扼於市儈，生活清苦，其氣益厲，發為文章，光芒萬丈，視彼腰纏千萬之市儈，真可謂「蔑如也」。
> 炎秋折翼於臺中師範學校校長後，轉任臺灣大學中文系教授，兼《國語日報》社長，嶔奇之文，日出而不窮，聲教且被於臺灣之窮鄉僻壤。
> 薌雨擔任臺灣大學心理學系主任兼圖書館長，凡二十餘年之久；成才成德的弟子，蔚為一時之盛。
> 炎秋薌雨返臺後的處境固較少奇為優，但隨光復而來的膏腴，皆一無沾染，一無忮求，則三子之所以自處者又未嘗或異。我們可由《三友集》而得略窺臺灣人文之盛，臺灣人士志節之高，胸懷之潔且大，其啟發沾溉於來葉，會永久而不敝的。[6]

臺灣光復後，葉榮鐘先生因其有守有為，反而受扼於市儈，一時無業，但卻依然為文著史，其品格和學問光芒萬丈，市儈之奴

---

[6] 同上注。

輩，在其面前顯出侏儒的形象和污賤的本質；葉先生挺立在光復
後臺灣之濁亂世局，則如巨人。而洪炎秋先生返臺後擔任臺中師
範學院的祭酒，卻亦因遭奸人陷害而被迫離開師院，幸好能轉進
臺大中文系擔任教授，且又兼任「國語日報社」社長，在光復之
後的臺灣推廣國語教育，使國語普及於臺灣，洪炎秋先生貢獻很
大。蘇薌雨先生則是臺大心理學系的創系之學者，於臺灣的心理
學之開拓，也甚有功德。此三位臺賢，在徐先生的心中，乃是士
君子型的臺灣籍現代賢德之士，所以他對於三位臺賢的稱美是
「由《三友集》而得略窺臺灣人文之盛，臺灣人士志節之高，胸
懷之潔且大，其啟發沾溉於來葉，會永久而不敝的。」換言之，
葉榮鐘、洪炎秋、蘇薌雨這三位臺灣籍儒士，徐先生以他們為臺
灣「人文盛、志節高」的代表。

三、徐復觀先生心目中的莊垂勝先生

除此之外，徐復觀先生又寫有一篇紀念臺灣賢士莊垂勝先生
的文章，他說：

> 我是民國三十八年五月，避難來臺中的。住定後，即函在
> 南京認識的好友蔡培火先生，報告我的行止。蔡先生是非
> 常愛朋友的人，接信後即來臺中看我，並為了長期就地照
> 拂，特別介紹莊垂勝（字遂性）先生和我認識。我對莊先
> 生初步的印象是：他的天資高，理解力強，受過時代思潮
> 的洗禮，對人生、社會問題，都有一套深刻的看法，在對
> 人的態度上，雖風骨稜稜，卻於一言一動之中，流露出他

的肝膽。所以我們的來往，一天親切一天，凡是他的好朋友，都介紹給我，成為我的好朋友；我的好朋友，有的雖然無法見面，我都告訴他，他便視為自己的好朋友，其中和涂頌喬（壽眉）兄，更為密切。[7]

文中提到臺賢蔡培火，由這位愛朋友的好友介紹他的好友莊垂勝給徐復觀先生認識，而其目的是擔心徐先生遙遠渡海初抵臺中，怕無人照應，所以推介他深信人格忠懇之莊垂勝先生就近可以對徐先生有所照拂，結果是莊先生與徐先生一見如故，變為莫逆，而莊先生又如蔡先生一般，擔心湖北人的徐復觀在臺中太寂寞而又多方介紹了他的朋友給徐先生認識。

　　這樣的朋友就是肝膽之義的君子之誼。其中是具足徐先生自己說的「友道」的，他如此說：

　　　「友道」在人生中的重大意義，西方可以說到了西塞羅（CICERO，紀前 106-43）才完全把它顯發出來。西塞羅看到當時羅馬貴族生活的荒淫墮落，便積極提倡發端於「斯圖噶派」的人文主義，強調人生所需要的教養，而在他，認為得到教養的最大方式之一，便是與朋友的交際。所以他遺留下來的著作中，《友情論》居於重要的地

[7]　徐復觀：〈一個偉大地中國地臺灣人之死──悼念莊垂勝先生〉，收入氏著：《徐復觀雜文──憶往事》（臺北：時報文化出版公司，1980），頁 143-150。

位。[8]

徐先生引了羅馬時代的大哲西塞羅的論點，從斯圖噶派（斯多葛
學派）的人文主義來申揚人生需有道德教養，其中之一種內容就
是友誼之道。

他接著又說：

> 中國到了春秋時代，列國的貴族，來往頻繁，對於友朋的
> 來往，漸漸由國家的關係、利害，發展為私人的關係、得
> 失。於是「友道」觀念，漸漸浮現了出來，由孔子而加以
> 確定。《論語》在「學而時習之，不亦悅乎」的第一句話
> 後面，便是「有朋自遠方來，不亦樂乎」？便是這個道
> 理。同時，孔子更說出「益者三友，損者三友」的一段
> 話，以奠定「友道」的準繩，指出「友道」如何而始能達
> 到人生教養的目的。自此之後，「勸善規過」，成為中國
> 人「友道」的常識。〔……〕
> 到了荀子說得更清楚。他在〈勸學篇〉「蓬生麻中，不扶
> 自直」的一段話中，指出每人都會受環境的影響，而在各
> 種環境中，以由朋友所形成的環境最為密切，從朋友所得
> 來的啟發、觀摩及力量，對於一個人的行為，常有決定性
> 的作用。[9]

---

[8]　徐復觀：〈國際社會間的「友道」問題〉，收入氏著：《徐復觀文錄·
　　（四）雜文》（臺北：環宇出版社，1971），頁 128-131。

[9]　同上注。

有朋自遠方來，是孔子贊嘆師友同道齊聚一起，共同生活共同學習，大家一起進德修業而上升為君子聖賢，這是儒家肯定、體認的「友道」，此友包括了老師、同學共同一體的師友之道。這個意義下的「友道」通貫於整部《論語》之中，「友道」是一種培養、保任道德之心和道德之行的同志同道的功夫和境界，所以君子的朋友亦是君子，此即所謂益友，是「友直、友諒、友多聞」，[10]朋友是具有忠直信義的進學修德的同儕、同事、同伴。再者，徐先生又引《荀子‧勸學篇》之文來申論友道之義。荀子如何論述呢？謹取其文以明之。荀子曰：

> 蓬生麻中，不扶而直；自沙在涅，與之俱黑。蘭槐之根是為芷，其漸之滫，君子不近，庶人不服。其質非不美也，所漸者然也。故君子居必擇鄉，遊必就士，所以防邪僻而近中正也。[11]

荀子指出人之成長、學知、養德，其環境非常重要，而在環境的構成和因素中，居住生活的地點是君子學習和成德的重要條件，「孟母三遷」就是這個道理，而其密切接觸的師友則是最主要的影響和決定的因子。荀子所言「君子居必擇鄉，遊必就士」，關鍵地指明了學習生長的場所和師友，是人之能否成人之最主要原因。荀子又再曰：

10　孔子曰：「益者三友，損者三友。友直、友諒、友多聞，益矣；友便辟、友善柔、友便佞，損矣。」見《論語‧季氏》。

11　見《荀子‧勸學》。

> 物類之起，必有所始；榮辱之來，必象其德。肉腐出蟲，
> 魚枯生蠹。怠慢忘身，禍災乃作。強自取柱，柔自取束；
> 邪穢在身，怨之所構。施薪若一，火就燥也；平地若一，
> 水就濕也。草木疇生，禽獸群焉，物各從其類也。是故質
> 的張而弓矢至焉，林木茂而斧斤至焉，樹成蔭而眾鳥息
> 焉，醯酸而蜹聚焉。故言有召禍也，行有招辱也。君子慎
> 其所立乎！[12]

這一段論述，荀子反覆叮嚀君子處世立身的擇取之重要，人與物
一樣是有分類的，君子之擇類是以君子為師友，小人反是。人若
要成德為君子，就必須慎選環境和人群，需是優質環境並以賢德
之人為其師為其友。這就是發揚了孔子之教的「友道」。同樣的
意思，在其〈修身篇〉一開頭也有：

> 見善，修然必以自存也；見不善，愀然必以自省也。善在
> 身，介然必以自好也；不善在身，菑然必以自惡也。故非
> 我而當者，吾師也；是我而當者，吾友也；諂諛我者，吾
> 賊也。故君子隆師而親友以致惡其賊。好善無厭，受諫而
> 能誡，雖欲無進，得乎哉？[13]

人要修德去惡才能成德成乎君子，而此路則必須追隨良師結交益
友。荀子特別說出能夠「非我當者、是我當者」這樣的人才是我

---

[12] 同上注。

[13] 見《荀子‧修身》。

的老師，才是我的朋友。親近良師益友，日能規我之過且勸我之善，我才能進德修業而成乎君子。所以荀子說：「君子隆師而親友以致惡其賊。好善無厭，受諫而能誠，雖欲無進，得乎哉？」

　　徐復觀先生引了孔子和荀子的話語來說友道之義，而他和臺賢蔡培火、莊垂勝、葉榮鐘三先生的「友道」正是孔子荀子的真言所示。那就是「友直、友諒、友多聞」的益友，也就是「非我而當者，吾師；是我而當者，吾友」的真性情講忠義的師友。

　　徐先生提到光復後莊垂勝先生因為直言賈禍而居然遭到國民政府關入牢中，在牢中被拘了一陣子，出來後，乃完全歸隱而在自己僅剩一點面積的山地過起農夫的生活。徐先生說：

> 他（指莊先生）在日治時代，曾作過一部分的社會運動，光復以後，在自己政府之下，應當更進一步拿出氣力來報效國家。〔……〕當省立臺中圖書館館長時，正是在此一心境之下，把平生所積累的志願，想借圖書館一席之地，牛刀小試。他認為在自己政府之下，可以毫無顧忌地，能做多少，便做多少。但結果，卻又引出一場牢獄之災，在日治時代坐牢，是在他意料之中，在自己政府下坐牢，乃完全出乎他意料之外。[14]

光復之初，整個中國陷入內戰，而臺灣更是蕭條紛亂，來臺接收的「行政公署」的許多行政亦因官吏軍人之敗壞粗暴的行事作風而墮落轉劣。民國三十六年春天爆發「二二八事件」，莊先生居

14　同注3。

然因為主持臺中圖書館之一些文化學術活動而遭來無妄之災，被
國民黨逮補下獄，差一點失去性命。此事件，葉榮鐘先生有詳細
的敘述：

> 臺灣光復後，莊先生於三十五年春出任省立臺中圖書館
> 長，是年初冬，他聘請臺大留用的日籍名教授金關、淡野
> 等五六人來臺中講學〔……〕
> 在圖書館長任內，他對文化的啟蒙運動頗思有所表現，每
> 星期六開放閱覽室，主辦談話會。聘請臺中師範學校的北
> 京籍的老師來參加，用純正的國語，朗讀書本或報刊給大
> 家聽，以增進他們的國語能力，一面為婦女們主辦國語國
> 文和歷史講習會，一時蔚為風景，臺中市內相當家庭的主
> 婦們，若不來參加圖書館的講習會，就像跟不上時代的流
> 行一樣。但是他卻忘記了「圖書館長雖小也是官」的立
> 場，因此犯了猜忌。
> 三十六年春，平地風波，他不但摜了紗帽，險些兒送了性
> 命，於是「歸去來兮」，他回萬斗六山莊經營大同農場，
> 去過晴耕雨讀的生活。〔……〕
> 他被七十二師拘押時，自分必死，在獄中作聯自輓：
> 自倖一門三世，無負國家民族；
> 雖淪披髮左衽，未忘禮樂衣冠。
> 晚年受徐復觀教授的影響，對於中國文化，尤其是儒家思
> 想的研究，頗為致力，崇信儒教，似已達到安心立命的境

地。[15]

在那個風聲鶴唳的危疑時代，國民黨在大陸連連輸給共產黨，在臺灣這個剛剛光復的島上，又有左翼分子或顯或隱地進行顛覆、革命的活動。因此，國民黨統治當局對於群眾有規劃的聚會非常疑忌，何況又是定期之知識性、思想性、文化性的讀書會、討論會，更甚至又是在官方的圖書館中，由臺灣籍的高級菁英領導層的館長帶頭，且明顯引起了風潮和影響。如此地聲勢高揚，當局以及群小豈有不疑忌嫉恨之理？所以，莊先生之遭到迫害而被關入大牢，實在是很自然必然之情況。

　　莊先生在臺中圖書館的讀書會、講習會，其主旨是對臺灣人民的文化啟蒙教育，這是承繼日據時代的臺灣文化協會、臺灣民眾黨的精神而實踐的，同時也是實行臺灣人民回歸祖國之後的對中華文化和歷史的學習，再者則是為了給予不熟習國語的臺灣民眾推廣國語教育。其實莊先生的人文理想的踐履正是一位儒家必然會在其職位上而去積極推展實踐的事情，卻因此惹來無端之災厄，差一點被惡吏暴兵殺害。看他的獄中詩的自我表達，正是國家民族之春秋大義的胸懷，同時也是尊崇儒家禮樂的人文道德精神。

　　同樣的事件，葉榮鐘先生在另外一篇文章中也有敘述。他提到臺中圖書館的文化學術活動，是葉先生協助莊先生一起規劃設計推動的，他說：

15　葉榮鐘：〈臺灣的文化戰士──莊遂性〉，收入氏著《臺灣人物群像》，頁305-315，葉芸芸主編：《葉榮鐘全集》（2）（臺中：晨星出版有限公司，2000）。

我接受臺灣行政長官公署的派令，任省立臺中圖書館的編
譯組長，〔……〕我和遂性兄合作，第一著就是聘請臺灣
大學留用的日籍教授來講學，一共請來四、五個人，人類
學的名教授金關丈夫氏也是其中之一。其次就是創設婦女
講座，聘省立臺中女中的余麗華校長來教國語，一位姓周
的同事教國文，我自己講粗淺的國史及有關政治經濟的常
識。〔……〕並將閱覽室開放，每日下午四時起，
〔……〕集市內知識分子，舉行談話會，〔……〕每日用
一半時間請臺中師範北平籍的老師誦讀國語課本或新聞社
論，以期增進國語的能力；另外一半的時間自由談話，這
也是天文地理、三教九流、無所不談。但是時代的環境使
他們不得不關心臺灣將來的建設，所以話題自然而然地集
中於政治經濟的問題。可是這樣的搞法，似乎不像衙門的
作風，於是有人看不順眼，誹謗也就隨之而起了。我們幹
了將近一年，三十六年春，一場平地風波，把遂性兄的紗
帽摜掉了，險些兒送了老命。[16]

在這一大段敘述中，葉先生更清楚地道出當年在臺中圖書館推行
教授講課、教國語、讀書會、談話會以及導讀時事和討論時局等
活動的，乃是莊先生和葉先生兩人一起發心、規劃，然後居然將
圖書館當學校、書院，如此大犯時代大忌諱而公然且開放地發動
起來，而且還辦得甚有聲色，一辦就是一年，當然會遭奸小和特
務的側目，於是「二二八事變」一起，陰險狠愎小人就順便予以

---

[16]　葉榮鐘：〈臺灣省光復前後的回憶〉，收入同前揭書，頁451-452。

迫害鎮壓，其結局是莊垂勝先生解職並且投獄，而葉榮鐘先生雖躲過牢獄之禍，但也因此而失業，他們兩位臺灣抗日士君子於「二二八事件」中，被捲到而幸無喪命，但就此點而言，其時之昏暴愚蠢政權之不唯不知尊重日據時代艱難抗日的臺灣志士，甚至更予以壓迫摧殘，在莊葉兩位先生遭到的慘惻之人生經驗，乃可見一斑。

　　莊先生是兼具儒家和道家胸懷和素養的臺賢，他的詩作表現了儒者的憂國憂天下的意識，如：

　　　〈五十自壽〉
　　　為牛為馬任蹉跎，五十年光此日過。
　　　異夢同舟成聚散，餘生破涕慶平和。
　　　棄民幸喜歸懷抱，頑鐵終慚失煉磨。
　　　鄉國艱難來日少，功勞有賴匹夫多。[17]

此〈五十自壽〉之詩，嘆息自己身為臺灣人，在青少年的時期卻是日本殖民主義壓迫下的牛馬，在中年幸能獲得光復而重歸祖國懷抱。卻又感觸自己少於鍛煉，而終是頑鐵之無用，眼見國家和鄉土如此艱難，甚愁自己的來日少而無法參與報效，身為個人卻甚期望多能給祖國鄉邦多做功業。這是很儒家的一種傷時易逝卻又懷抱淑世之詩。

　　同樣心情之詩如其〈讀陸詩有感〉：

---

[17]　莊垂勝：〈五十自壽〉，引自葉榮鐘，同前揭文。

> 詩酒難忘報國心，憂時積憤老園林。
> 江山與我渾無奈，家祭長教淚滿襟。[18]

其所云〈陸詩〉，即南宋大詩人陸游之詩，此詩為其所撰〈示兒〉，其詩曰：「死去元知萬事空，但悲不見九州同；王師北定中原日，家祭無忘告乃翁。」此詩可能是陸游臨終的絕筆詩或遺囑詩。莊先生讀到陸游之詩，對於臺灣淪為日夷之殖民地，對於臺灣雖有祖國卻實無祖國的悲慘命運，甚有感觸，而發為此詩，這也是儒家的「春秋心懷」。

　　然而，由於光復後，居然橫遭厄難，幾乎平白送命，心灰意冷之下，效法陶淵明歸田園居而躬耕東籬，這就是莊子情操了。莊先生有詩明志，〈村居病起晚步〉之詩曰：

> 雨過村頭立，但聞溝水聲。
> 餘暉迎面暖，疏葛受風輕。
> 稻綴露珠白，山依蔗園平。
> 躬耕空有願，盛世可無營。
> 縹渺當年事，沈吟此日情。
> 暮鴉猶解意，未敢向人鳴。[19]

此詩完全是隱居鄉村而心向躬耕的陶淵明型的志節、心情、生活的表白。是道家的休心息志的心齋坐忘而不理時政的態度。

18　莊垂勝：〈讀陸詩有感〉，同上注。
19　莊垂勝：〈村居病起晚步〉，同上注。

　　莊先生的隱居山林的心志，在陶淵明的詩中是看得見一樣的性情的，茲引陶淵明〈歸園田居〉組詩的第一首於下：

> 少無適俗韻，性本愛丘山。誤落塵網中，一去三十年。
> 羈鳥戀舊林，池魚思故淵。開荒南野際，守拙歸園田。
> 方宅十餘畝，草屋八九間。榆柳蔭後簷，桃李羅堂前。
> 曖曖遠人村，依依墟里煙。狗吠深巷中，雞鳴桑樹顛。
> 戶庭無塵雜，虛室有餘閑。久住樊籠裏，復得返自然。[20]

莊先生所寫的詩，正是隱居田園的高潔心志的表顯，其中的精神與陶淵明一樣。可以說他就是臺灣光復之後，因逢政治的黑暗而決志歸隱的當代臺灣陶淵明。

　　由上所述，以莊先生為例，他的際遇與中國歷代的君子一樣，在入世外王和出世自然的雙重人生方式之中出入，兼具儒道兩家的生命經驗和心靈表現。

　　徐復觀先生在懷念莊垂勝先生的文章後半部提到一事，即葉榮鐘先生在其紀念莊先生的悼念文中說到徐先生之影響而使莊垂勝先生晚年也研究儒家學問和思想。可是，徐先生卻這樣說：

> 是我受到他（這個「他」是指莊先生）的鼓勵而才研究儒家思想。
> 我在二十歲以前，讀了些線裝書。中間二十年，視線裝書

---

[20] 〔晉〕陶淵明：《歸園田居》，收入郭維森、包景誠譯注：《陶淵明集》（臺北：地球出版社，1994），頁 68-71。

如仇敵。不過，因為我是中國人，不願以罵中國文化的方法來騙聲名、地位。後來在重慶遇見熊十力先生，始回復了我對中國文化的感情。不過，只要有時間讀書時，還是讀日人所譯的西方有關思想方面的著作，很少翻閱線裝書；這一直到民國四十四年，還是如此。來臺灣後，因經過大陸的慘痛教訓，對各種問題，自然會引起我的重新思考，在重新思考中，常常片斷地接觸到中國文化，尤其是儒家思想，而發現它有許多地方，對時代依然有其啟發性。於是便常常在文章中提到，或在口頭上提到。[21]

徐復觀先生是謙遜的君子，所以自謙說他來臺而認識莊垂勝先生，受其鼓舞才研讀儒家典籍，探究其思想。其實，徐先生少年啟蒙於他父親，青年又就讀於武昌師範學校、國學館，接觸了國學家黃侃之教誨，對於儒學不會不懂。由於具有儒學的基本體認，再加上他在抗戰時期於重慶問學於當代新儒家開創宗師熊十力先生，蒙熊先生棒喝式的警醒和啟發，才能引發他中年之後的研治中國國學而成為當代大儒。而在他青年時代的反傳統學術和思想，乃是由於受到「五四新文化運動」之狂飆逆焰之影響，但又因為他在此風潮之中，並不會隨波逐流成為虛無者，而是卻能穩重地閱讀不少西方的文化、歷史和思想的相關著作，所以他對當代西方思潮和學術亦不陌生甚至熟悉地把握。

---

[21] 徐復觀：〈一個偉大地中國地臺灣人之死──悼念莊垂勝先生〉，收入氏著：《徐復觀雜文──憶往事》（臺北：時報文化出版公司，1980），頁 143-150。

因此，事實上一九四九年渡海來臺的徐復觀先生，他所擁有具備的學問，已兼具中國傳統和西方新學而融為其一體。來臺之後的徐復觀先生徹底從國民黨的政治中退出而歸隱於大學和社會，始因關心中國的文化、政治、學術和人心，所以不時有其文章問世，而這些文章正是徐先生與臺賢莊垂勝、葉榮鐘、洪炎秋等先生為莫逆交的媒介。

> 莊先生很喜歡讀我寫的政論文章，我的政論文章中有時以某一部分的中國文化為論據，引起他注意到「五四時代」，許多人會說中國文化完全是專制政治的幫兇，是不可信的（按：徐先生的意思是說五四人物誣衊中國文化是專制政治的幫兇，此種全然反中國傳統的觀念，是不對的，不可以接受、不可以相信。）這便引起他的興趣，並常以此為談天的材料，每談一次，兩人的結論，十有八九是相同的，這樣幾年下來，都增加了我們對中國文化的了解和信念。[22]

徐先生在那個時代，定期在其主編的《民主評論》雜誌之上面發表時文，雖是時文卻是依據中國儒家常道和民本民主思想來評斷批判時代的文章，特賦《春秋》的大義微言，而其中的「嚴夷夏大防、正君臣大義以及明君子小人之別」的主旨，再加上其時對於中西文化思潮的認識與抉擇之立乎中國之基本立場，正是在日據臺灣抗日不懈的臺賢如莊垂勝先生內心所肯定並且要大聲說出

---

[22]　同上注。

來的話語，因此，徐莊兩先生乃能「以文會友且以友輔仁」地建立了一位湖北人與一位臺灣人但皆清明地從文化道統上認同自己是中國人的共同性上面，成為知己。

> 我到大學裏教中文，才把自己的主要精力，放在線裝書上；他則從四十年後，把自己的興趣，除種竹種菜外，專擺在中國文化——孔孟之道上面，他是根據人生經驗、社會狀況來讀書，所以他所得的常較我為深切，而從文化方面所發的憂時之慮，亦與日俱深。[23]

此段徐先生表彰了莊垂勝先生對道統之憂患和對文化社會政局的悲憫，乃是與他的生命和生活融為一體的真正之儒者之典範和精神，而不是一般名流之只作文章、搞知識之虛偽裝飾可以比擬，徐先生自己在官場和學界渡過了多少歲月，深知其中的虛偽、污濁，雖有君子，但卻充斥偽善和小人，而莊垂勝先生亦是從半官半學的圖書館主管位子上冒犯了奸佞和酷吏，差一點送了性命，經此大劫，毅然遁隱草野，效法陶淵明持志守節而躬耕薄畝，飯疏食飲水曲肱而枕之，於陋居中讀書養心，故其得之者深矣，這唯有同樣於凡塵濁浪中翻滾顛沛流離卻幸好未死的徐復觀先生最能體會。

　　文章後尾，徐復觀先生特別表述了莊先生在西化風潮下的中國文化本位觀，徐先生說：

23　同上注。

> 他常常慨嘆地說:「我們當然要求科學,要求民主。但這
> 兩樣東西,都應當立基於光明正大,愷悌慈祥的人格之
> 上;這便應以自己的文化為修養之資。現在許多人沒有做
> 人的觀念,沒有自己是中國人的觀念,徒假民主科學之
> 名,作欺世盜名之具,真不知道為什麼現在的人心,連日
> 治時代還趕不上?」[24]

日本奪據臺灣始於清朝末年之光緒二十一年(1895),不久中國
進入民國時代,民初的「五四新文化運動」之大風潮當然也由留
日的臺灣現代知識分子引進日據臺灣。「臺灣文化協會」、「臺
灣民眾黨」、「臺灣工會」以及「臺灣共產黨」,其中的菁英幾
乎都以西學為尚,追求並傳播從西方東來中土的科學、民主、自
由、民權、民族之思想以及形形色色的現代知識體系和哲學理
論。在彼時民國的情形,其中的巨流是「全盤西化派」的反傳統
反儒家之狂風巨浪將中國的傳統文化道統和禮樂加以摧殘,情況
甚為嚴重,然而由於臺灣是在日本殖民統治之下,臺灣的知識分
子之用心是在對抗日本殖民主義,故在大陸的文化大劇變,對於
日據臺灣尚無太大影響,而在臺灣民間社會依然還保存著從清朝
就有的朱子儒學的倫理。而徐先生復記起莊垂勝先生對他談到剛
剛光復臺灣初時的心境,莊先生這樣地訴說:

> 我們在日治時代,唱平劇,結詩社,寫毛筆字,做一兩件
> 長袍之類;不僅借以存故國之思,並且大家不言而喻地,

---

[24] 同上注。

表現這才是我們的本來面目。日人對此，開始亦無可奈
何，及他們戰事失利，對我們的疑慮日深，壓迫日甚，大
家只好暫時收斂一下，把做的中裝放在箱子裏面，不敢
穿；對中國文化，也儘量在口頭上少談。[25]

日據臺灣，臺灣人淪喪為亡國奴，一夕間變成日寇殖民統治的被
殖民者。武裝抗日失敗後，臺灣仁人志士轉為文化抗日，而且組
詩社，譬如臺中霧峰林家由林痴仙、林幼春等人士組織建立的
「櫟社」，莊先生亦是社中詩友，定期聚會吟唱，多有亡國之痛
的詩詞，除此，亦唱京劇，以為思念故國的藝術方式，以毛筆練
書法，撰寫漢字，更是經常之事，甚至還不穿傳統臺灣衫或西裝
而特別製作了中式長袍在正式場合穿著以表顯祖國衣冠禮文之勝
景。如此的表現，實在是莊先生以及其時的臺灣先賢的抗日之一
種形式，他們心靈中生命裏依然是中國人。而若認真細心研究日
據臺灣庶民史和臺灣菁英史，臺灣民間歷五十年日本殖民統治，
仍然以朱子儒學及道佛思想、陰陽五行論為他們的生活世界的指
南和依據，而菁英階層的臺灣儒士，則仍然是以中國傳統國學為
其文化、思想以及學問的根本和核心。莊垂勝先生的行誼其實就
是日據時代臺灣賢士的代表。可是徐先生緊接著又轉引了莊先生
後續的慨嘆，說：

等到日本投降，大家不約而同的心花怒放，以為平日積壓
在心裏，書櫃裏、衣箱裏的故國衣冠文物，現在才算出了

<hr>

[25]　同上注。

頭，大家可以稱心地發抒了。那裏知道政府大員來臺後，
有形無形地告訴我們，所謂中國歷史文化，乃至其中的文
物衣冠，早經落伍。今日我們的成就和努力的方向是現代
化；不取消這些落伍的東西，便不能現代化。我們想為什
麼現代化和中國文化不能併存呢？〔……〕令人沮喪的
是：日本人要我們忘記中國的文化，內心裏認為中國文
化對我們是有價值的，而我們祖國的先生們，希望我們
忘記中國文化，公開地是認為中國文化對我們是沒有價值
的。²⁶

臺灣光復，對於臺灣人而言，無論是菁英階層或是普羅百姓，只
要他們仍然是以中國文化倫常為其生命之價值系統，都是非常高
興欣慰的，臺灣終於重歸中華祖國的懷抱，臺灣人終於掙脫了被
日本帝國殖民主義壓迫的被殖民之桎梏和痛苦。臺灣光復，臺灣
人民燃放鞭炮、祭神拜祖、舞龍舞獅來熱烈慶祝的，而研究「臺
灣光復史」的最有成就的民間學者曾健民醫師記錄了一些史實，
呈現了在光復臺灣之時臺灣人的欣喜和反應，是中華文化意志和
心靈的。曾醫師敘述了吳新榮，他說：

在臺南家鄉佳里行醫的吳新榮，早就預料到日本將戰敗。
在日本戰敗投降的前二個月，便開始偷偷研讀《中山全
集》和《胡適文存》，八月十五日那天，〔……〕日本果
然投降了。〔……〕沒想到一夕間，自己已變成歷史的新

---

²⁶ 同上注。

主人。〔……〕當晚，他再拿出《中山全集》來，繼續讀未完的幾頁。這次他能夠公然將《中山全集》放在桌案上，而不須偷偷閱讀，心中不禁高聲歡呼，我們正逢著歷史的新頁！[27]

日據臺灣的末期，日本殖民帝國主義當局在臺灣厲行戰時管制以及「皇民化運動」，它是禁止臺灣人過中華文化的生活的，不准讀漢書，說漢語，寫漢文，甚至不准祭祀中國神祇以及臺灣人自己的祖先。當然，也是嚴禁臺灣知識分子閱讀中國的書籍、文章的。而吳新榮卻偷偷地在家中閱讀孫中山先生和胡適的著作，他分明就是在學習吸收中國的學術、思想。曾醫師又說：

第二天朝起，梳洗後，從防空壕中拿出長期蔽藏的祖先神位，焚香祭告祖先日本已投降，祖國得到了最後勝利。[28]

臺灣人的祖先神位都被日本帝國殖民主義者壓迫而蔽藏在防空壕中，這是中華文化和臺灣的中國人的莫大羞恥，臺灣光復，終於能夠光明堂正地回到廳堂神龕中，受自己的子孫尊奉敬祀，這就是中華文化在臺灣的復初。

　　曾健民醫師也敘述臺灣著名鄉土小說家吳濁流在光復之際的心情，他說：

27　曾健民：《臺灣光復史春秋》（臺北：海峽學術出版社，2010），頁102。

28　同上注。

　　　吳濁流激動地讚美波茨坦宣言的偉大力量，解放了強加於
　　殖民地臺灣的枷鎖，恢復了臺灣人做為一個人應有的平等
　　地位，〔……〕對於八月十五日，他真心感激地說：「我
　　作夢也沒有想到會有這麼一天。」在這連作夢也夢不到
　　的，突然來臨的八月十五日，吳濁流像站在惡夜盡頭的破
　　曉時刻，對未來私自許了願望：「從今以後，一定要建設
　　成比日據時代還要美好的臺灣，成為一個三民主義的模範
　　省，這不僅是我一個人的理想，也是全臺灣的民眾，六百
　　萬島民的熱望。」[29]

吳濁流以驚喜莫名的語氣稱嘆說臺灣光復乃是他作夢都不敢夢想
的成真，這是什麼意思？這正是反映了吳濁流之身為日本殖民主
義者壓迫下的被殖民者之無奈，一直以為終身必悲涼悽慘地作為
一個被異族殖民壓迫者而死去，且在潛意識裏則又仍然堅持以中
國人自居，所以臺灣一旦光復而重回華夏祖國的懷抱，他的中國
心、華夏情就很自然地非常激動地湧現出來。此種「中華心情」
的驚喜之反響，何止吳濁流一人而已，這是數百萬臺灣人的共同
心聲，顯現而出的是臺灣人本有的「中華意志」。再者，他許下
心願，要將臺灣建設為「三民主義的模範省」，這個省，當然是
中華民國的行省，而「三民主義」正是那個時代的中華文化道統
和政統的最高象徵和藍圖，吳濁流提及以「三民主義」建設臺灣
為中華民國最佳行省，其中心思想正是那個中國人自我期許且信

---

[29]　曾健民：《1945 破曉時刻的臺灣》（臺北：聯經出版事業公司，
　　　2005），頁 41。

仰的中華文化。

　　曾醫師又再說到另一位著名的臺灣鄉土小說家楊逵對於臺灣
光復之反應，他說：

　　　　楊逵把「首陽農場」改名為「一陽農場」，據說是取《易
　　　　經》中的一句話——「一陽來復」而得的。他很快地成立
　　　　了「一陽週報社」，出版了一份八月十五日以後臺灣最早
　　　　的刊物《一陽週報》。〔……〕
　　　　〔……〕《一陽週報》出版於一九四五年九月十日前後，
　　　　於十一月十七日停刊，共出版了九期，以宣揚孫文思想、
　　　　《三民主義》為主要內容。
　　　　同時，「一陽週報社」也於一九四五年十一月二十八日，
　　　　出版了一本楊逵自己編的《三民主義》。可見得八月十五
　　　　日後包括楊逵在內的臺灣進步力量，很巧妙地運用了孫文
　　　　思想和《三民主義》進行宣傳。〔……〕《三民主義》是
　　　　一種進步的思想。[30]

楊逵在日據時期給他自己的農場命名曰「首陽」，而在光復時將
「首陽農場」易名為「一陽農場」。由此很明白地顯出楊逵對於
中國儒家經史精神的了解和信念。「首陽」何謂？「首陽」就是
「首陽山」。其典故與商周之際孤竹君太子伯夷、叔齊的節操故
事有關。孔子在對古聖賢之品評中，甚推尊伯夷、叔齊，在《論
語》中有三章表彰詮釋了伯夷叔齊之德行、人格。謹予略加敘

---

[30] 曾健民：《臺灣光復史書秋》，同前揭書，頁109-110。

述：

> 孔子曰：「齊景公有馬千駟，死之日，民無德而稱焉。伯
> 夷、叔齊，餓于首陽之下，民到于今稱之。」[31]

蔣伯潛注解此章提到：「首陽，山名。武王滅紂，夷、齊義不食
周粟，采薇而食，卒餓死於首陽山下。直到孔子時，百姓都還稱
讚他。」[32]此處解釋了伯夷、叔齊在周武王伐紂滅商之後，不認
同武王的以戰爭而改易政權的行為，而隱居首陽山，拒食周朝時
代的粟穀（按：其時之主要糧食是小米），只在山中採薇蕨充
饑，怎能維持生機？終於雙雙餓死在首陽山腳。古人稱嘆伯夷、
叔齊的行為，乃是肯定他們反對用軍事暴力去殺伐爭戰而搶奪天
下政權的這樣的和平主義。由於伯夷、叔齊兄弟的這個事蹟，所
以「首陽山」或「首陽」一詞就成為重要的象徵，它象徵不認同
和反對那種不正義的軍事暴力掀起戰爭來奪取土地、政權和國
家。

關於伯夷、叔齊，《論語》還有兩章的相關敘述，〈公冶
長〉載：

> 子曰：「伯夷、叔齊，不念舊惡，怨是用希。」[33]

31　《論語·季氏》。
32　蔣伯潛：《新刊廣解四書讀本》（臺北：商周出版公司，2016），頁
　　364。
33　《論語·公冶長》。

蔣伯潛解釋說到：「伯夷、叔齊，殷末孤竹君之二子。父歿，讓
國於中子，聞文王善養老，而往歸焉。武王滅紂，夷齊不食周
粟，隱居首陽山，采薇而食，卒餓死。《史記》有傳。」[34]依
此，古史有載伯夷、叔齊是殷末孤竹國之太子世子，但皆讓國不
接政權，而往關中依有仁德的周文王。此注釋的重點是在表彰兩
人不佔有政權的讓國之賢，對於政權無貪欲，就是對於土地資財
人民之無貪欲。又見〈述而〉：

> 冉有曰：「夫子為衛君乎？」子貢曰：「諾，吾將問
> 之。」入曰：「伯夷、叔齊何人也？」曰：「古之賢人
> 也。」曰：「求仁而得仁，又何怨？」出曰：「夫子不為
> 也。」[35]

朱子解釋此章有曰：「伯夷、叔齊，孤竹君之二子，其父將死，
遺命立叔齊。父卒，叔齊遜伯夷。伯夷曰：『父命也』。遂逃
去，叔齊亦不立而逃之，國人立其中子。其後武王伐紂，夷、齊
扣馬而諫。武王滅商，夷、齊恥食周粟，去隱于首陽山，遂餓而
死。〔……〕伯夷以父命為尊，叔齊以天倫為重，其遜國也，皆
求所以合乎天理之正，而即乎人心之安。既而各得其志焉，則視
棄其國猶敝蹝爾，何怨之有？」[36]依朱子的詮釋，伯夷和叔齊一
則視政權如敝蹝，而且又保全了父子兄弟的孝悌大倫，同時，他

34　蔣伯潛，同前揭書，頁163。

35　《論語・述而》。

36　〔南宋〕朱熹：《四書集注・卷四述而》（臺北：世界書局，1997），
　　頁104。

們也反對以暴易暴的戰爭殺伐，呈現了仁愛的和平思想，再則他們寧願隱居山林，摘採薇蕨充饑，但因為野菜闕如，加上營養不足，終於餓死，表現了一種道尊於勢的高貴。所以，孔子以古之賢仁君子來稱美伯夷叔齊。

從這個《論語》典故對於伯夷叔齊的事蹟之記載以及孔子對他們的贊頌和肯定，可以明白「首陽」之大義，是非常重要的，關係到忠義孝悌之節操，而楊逵寧在臺中大肚臺地上面隱居藏志躬耕自食，命其耕地為「首陽農場」，他的意志就是表達了否定日本殖民臺灣的合法合理性，且以此名義和行動表達了反抗日本殖民主義之暴力。由此顯出楊逵是深明中國儒家思想之大義的臺灣士君子。

臺灣光復，他就將「首陽」改稱為「一陽」，這也是從中國儒家經典而來的心志和行動。「一陽」就是「一陽始生」、「一陽來復」，是《易·復卦》的重要思想，易學家朱維煥釋曰：

> 復卦，下卦為震，震為雷、為動；上卦為坤，坤為地。雷動於地中，即道之反也以呈現其自己。又本卦，乃剝之反綜，初九為陽，六二、六三、六四、六五、上六為陰，一陽始生於五陰之下，對陰而言，乃盛極而將衰；就陽而言，則衰極而將盛，此道之反也。
>
> 一陽復生於五陰之下，此「亨」之象也。一陽始生，「出」之象也；群陰將消，「入」之象也。
>
> 「來復」者，由陰始生而消陽，至於其極，則陽來復於下，其將消陰也。
>
> 復卦，一陽復生，乃示天道之反復，生機之鼓盪，〔……〕

一陽來復於下，生機又見其暢旺。[37]

〈復卦〉的初爻是「陽」，而其上五爻皆「陰」，這是象徵了「貞下起元」之兆，亦即日出晨曦之象，長夜漫漫，天地漆黑一團，但太陽卻終必從地平線向上升出，而形成早上日出，大地重返日照光明的景象。所以，「一陽始生」、「一陽來復」、「一陽復生」，都是以日出東方重照大地為一種徵候來說明　切黑暗終必消滅，光明是一定會重新再現的。

　　楊逵改「首陽農場」之名為「一陽農場」，表示了他一則熟習中華文化和儒家道統，一則表示他非常高興日寇終於戰敗，臺灣終於光復，此有如日本帝國主義加諸臺灣的漫漫黑夜終於消滅，太陽終於照臨臺灣，臺灣重返祖國懷抱，就等於是「一陽來復」而重照寶島一般。楊逵是以這樣的中國人之心情來看臺灣光復的。再者，楊逵用「一陽」為名辦了一家週報社，專門弘揚「三民主義」，同時，他自己也在「一陽週報社」出版了他編的《三民主義》讀本，加以宣揚。其時，「三民主義」乃至孫中山先生思想，是從蔣渭水開始就尊之為中華道統政統的中華文化之代表和象徵，直至光復，楊逵承繼了蔣渭水的信念，也是以「三民主義」的肯定、發揚視為光復臺灣之始的中華文化和思想在臺灣的如太陽重出一樣。

　　「一陽」的意義在中國文化和臺灣光復而言，是很具有神聖性的專詞，其時的名記者也是文藝家的王白淵，於光復當年的十

37　朱維煥：《周易經傳象義闡釋》（臺北：臺灣學生書局，1993），頁179-180。

月十日,在《新生報》的新創的文藝欄〈詞華〉,發表了他的詩
〈光復〉:

> 小兒離開了母親,
> 夜裏不斷地哭著。
> 兒在險暗殘暴裏,
> 慈母為兒斷心腸。
> 求不得　見不得,
> 暗中相呼五十年。
> 夜外風雨而已散,
> 一陽來復到光明。
> 啊!
> 光復　我父母之邦。[38]

這首歡慶臺灣光復的詩句,與楊逵不謀而合,也使用了「一陽來
復」這個《易經‧復卦》的詞。王白淵是臺灣彰化二水人,他的
儒家思想和中華心靈,在此也得到印證。

　　曾健民醫師敘述臺灣光復第一次雙十節的歡慶大會,王白淵
與會,而在《新生報》予以記載,有那麼一段:

> 王白淵的報導文這樣開始寫道:「雙十節已經達到了三十
> 四次,但我們臺灣算是頭一次,這是多麼可恨可痛之事,
> 五十年來之壓迫與榨取,使我們不能慶祝同族之喜。」在

38　曾健民:《臺灣光復史春秋》,同前揭書,頁 111-113。

文末，他舉了林茂生的講詞：「我們因受異族統治五十年
之故，使發生一種口說之混迷，但今天可以證明我們的中
國魂以日人之壓迫，還不能消滅，使我們有光復的一天，
這亦是我們漢民族可以世界誇耀之事。」接著他寫道：
「記者在這從來未有之感激與興奮裏，感著綿綿不絕的我
們的歷史與文化」。[39]

王白淵明白說到臺灣人和大陸人雖然分隔久遠，但臺灣人與大陸
人是同族，也是中國人。同時他又引述了當時臺大文學院院長林
茂生的演講，林氏提到臺灣人是懷抱著中國魂的，正因堅持著自
己的中國魂，所以才能堅忍著日本帝國主義的迫害，卻最終能獲
得臺灣光復而重歸祖國懷抱。林茂生肯定地說臺灣人跟大陸人一
樣，身為漢民族的一分子，全體漢民族中國人打敗了日本而將臺
灣光復，這是無比的光榮。由此亦可見祖籍屏東東港人的林茂生
也是認同自己乃是漢民族的有著中國魂的中華民族。而王白淵結
論說他在臺灣光復後首次雙十節中感受著綿綿不絕的「我們的歷
史與文化，而內心非常感動」。

　　筆者引述了臺灣光復史的權威學者曾健民醫師的著作，提到
了臺灣光復之際的一些有代表性的臺灣知識分子，如吳新榮、吳
濁水，楊逵、王白淵、林茂生等人士，他們的言行都證明了臺灣
人雖然被日寇殖民統治了五十年之久，但是卻都是堅定地守護著
自己的中國魂華夏心，而在在肯定的乃是中華文化和道統。此情
形與徐復觀先生論述的莊垂勝先生完全相同。

---

[39] 同上注。

　　然而，莊垂勝先生卻又直接指出光復後來臺治理的以陳儀為領導的「臺灣行政長官公署」之大員們卻認為中國傳統文化以及衣冠文物已是落伍的東西和象徵，是與現代化抵觸的，而中國須丟掉傳統來迎接現代，否則就不可能現代化。莊垂勝先生驚訝感嘆且深不以為然的這些官員之反中國文化傳統，是顯著且主流地存在的，因為「五四新文化運動」之後，在中國的反傳統反儒家的「全盤西化主義」就在國民黨政權以及學術、文化和教育界形成了潮流，臺灣光復，這股潮流也就順勢而進入了臺灣，因此，臺灣光復後直至整個國民政府因在大陸慘敗而退守臺灣，於是大量的西化派知識分子也就來到臺灣，他們佔據政治、學術、教育要津，形成了一九四九之後深刻的廣大的西化及至美化的臺灣，雖然執政者沒有完全拋棄傳統中華文化，在教育上還重視文言文的中國儒家典籍，也重視中國歷史教育，但是在高層的文化、學術上，卻是西化派為鰲頭，甚至連中國傳統文化和思想，也用西方觀點來加以籠斷式的解釋。徐復觀和莊垂勝兩位先生是共同遭遇此種中華典範的大崩頹的現象吧？所以發出了一樣的痛苦的嘆息。

　　對於莊先生的風骨和文化，徐復觀先生給予了評價：

　　　在目前風氣之下，一個知識分子，要能愛護自己的文化，除了真肯下工夫研究之外，必須具備下面三個條件，至少也要具備其中的一個或兩個。一，對於自己的國家民族，有深厚的感情；二，真正研究西方文化史而確有所得，對西方文化之追求，並非出於一時的勢利眼；三，對人生、社會，抱有光明正大之志願，努力實行，備經艱苦，到了

四、五十歲以後，能引起反省，消除少年時的意氣。莊先
生正具備了上述三個條件，這即是他晚年研究儒家思想，
信奉儒家思想的真正說明。例如葉先生大文中，說莊先生
很受了朝永三十郎所著近世「我」的自覺史，及西田幾多
郎所著「善之研究」的影響；這的確是兩部好書，尤其是
前者。但在這兩部書的側面、後面，便浮出了儒家思想的
價值。[40]

徐先生對於莊先生的評斷是很高的，他列出的愛護自己的中華文
化之外，還有對中華民國和中華民族的深厚感情，以及面對人
生、社會的光明磊落的心地，再加上客觀的平等的學習西方文化
歷史而能不崇洋媚外。莊先生有了這數點風骨，他當然就是典型
的完全的儒家君子，而他通過日文喜讀日儒的著作，亦是本來他
就是儒家本色，所以自然能夠讀儒者之著作而起共鳴，縱然這兩
位儒學者是日本人而非中國人，但是心同理同，不會受國別之不
一而影響。

四、徐復觀先生心目中的葉榮鐘先生

　　臺灣先賢葉榮鐘先生（1900-1978）是徐復觀先生來臺後於
臺中認識的好友。徐先生在悼念葉榮鐘先生的文章中說：

---

[40]　徐復觀：〈一個偉大地中國地臺灣人之死〉，收入氏著：《徐復觀雜文
　　（4）‧憶往事》（臺北：時報文化出版公司，1980），頁147。

老友洪炎秋先生十一月六日來信說：「告兄一個壞消息，
葉榮鐘君於半年前（應當是一年前）患食道癌，在榮總割
治，經過十分順利，方慶死裏逃生，不意近又查出肝臟有
些異狀。〔……〕終於十一月一日下午與世長辭」。我讀
完信後，突然覺得，在我這快將結束的一生中，感情上好
像對臺中市有所虧欠，對葉先生有所虧欠。這不僅因為我
在臺中市住了二十年零三個月，較自己的出生地，住得還
要久，也是因為我窮畢生之力，於人海茫茫中能在這裏交
上幾位永遠難以忘懷的朋友；正因為有這樣幾位朋友才使
我親切領略到，臺中市的社會，倒真像一個「人地社
會」，而葉先生，正是這樣幾位朋友中之一。[41]

中國現代、當代大儒與臺中有莫逆之緣分的，先後有兩位，一是
日據初期來霧峰萊園與林獻堂先生及其他先賢如林幼春、林痴仙
等人聚會論學的梁啟超，他影響並促成了文化抗日的「臺灣文化
協會」的成立；一則是一九四九年避赤渡海來臺的徐復觀先生，
他雖然沒有在臺灣影響到哪些臺灣儒士成立了什麼政治團體，但
是他和臺賢的仁義之誼卻是儒家典範；湖北之儒士和臺灣之儒士
的情義交遊和論學，是大陸與臺灣的儒家傳統的整合匯流的象徵
和實踐。由於徐先生之在臺中，這也就影響到當代新儒家的後一
輩一些學者也在臺中教學、傳道，其中最主要的人物是江西人蔡
仁厚先生，而第三代當代新儒家學者亦有居住講學於臺中者，這

---

[41]　徐復觀：〈悼念葉榮鐘先生〉，收入氏著：《徐復觀雜文（4）・憶往
事》，同前揭書，頁 204-209。

不能不說儒家真與臺中有其史地人物之親緣,而這個倫理關係,是徐復觀先生帶起來的。

由於葉榮鐘先生逝世,觸動了徐先生的深刻感懷,因為徐先生一輩子的知交,是他作夢也夢不到的居然不是在大陸,而是在臺灣島上的昔年抗日之「臺灣文化協會」所在之臺中。而其中一位好友葉榮鐘先生更是「臺灣文化協會」領袖林獻堂的長年祕書。徐先生因他幾位臺中籍的且又與「臺協」有關的好友之因緣,更是親切地領會臺中對他而言,乃是一個「人地社會」,他的意思是說臺中的人文儒士之風雅和典型,使臺中成為人文崇實敦篤的城市,是一個有文化教養的社會。徐先生又說:

> 和臺中朋友的交誼,開始是由蔡培火先生介紹我認識莊垂勝先生,再由莊先生把他的朋友介紹為我的朋友。古語說:「不知其人,視其友。」莊先生淡於名利,重行誼,尚節概,熱愛自己的民族,熱愛自己的文化。他的朋友,多屬於此類型,而在性格上,葉先生較莊先生似乎更多一份熱情豪氣。[42]

徐先生提到友朋之道義,所以要知道一個人的人品,可以觀察他的朋友群的為人,君子交誼君子,小人必是小人蟻聚。莊垂勝先生是一位「淡於名利,重行誼,尚節概,熱愛自己的民族,熱愛自己的文化」之中國君子,所以,葉榮鐘先生亦是,其實,既然視人可先視其友,由此來看,我們也可以知道徐復觀先生的為人

---

[42] 同上注。

亦是「淡於名利，重行誼，尚節概，熱愛自己的民族，熱愛自己的文化」。孔子在《論語》中說到「益友三」，就是「友直、友諒、友多聞」。[43]莊垂勝、葉榮鐘、徐復觀的友義，正是「三益之友」，而在徐先生心中之判別，似乎葉榮鐘先生比較莊垂勝先生的個性是更直率些，徐先生的意思是相較之下，葉先生是「狂者」而莊先生是「狷者」，但兩者當然是儒家士君子。[44]就徐先生自己來說，他也是儒門的君子，似乎較偏於「狂者」行列。

我們依徐先生所撰的悼念葉榮鐘先生之文來看看葉先生之為人，且亦可兼看徐復觀先生人品。

> 葉先生，字少奇，鹿港人。幼年貧苦，年九歲，始入私塾。十八九歲時，受知於林獻堂先生，資助赴日留學。〔……〕參加了「設置臺灣議會請願運動」，這是臺灣民族運動的形式之一，民國十年夏天返臺後，〔……〕任林獻堂先生的通譯兼祕書，獻堂先生是臺灣民族運動的領導人物，於是民國十年以後，臺灣多次的曲折艱難地民族運動，葉先生都參預了策劃推行之設。[45]

這裏提到葉榮鐘先生九歲時入私塾讀漢書，莫看這是私塾蒙學，

---

43 孔子曰：「益者三友，損者三友。友直，友諒，友多聞，益矣；友便辟，友善柔，友便佞，損矣。」見：《論語・季氏》。

44 孔子說狂者進取，狷者有所不為。見《論語・子路》，子曰：「不得中行而與之，必也狂狷乎！狂者進取，狷者有所不為也。」

45 徐復觀：〈悼念葉榮鐘先生〉，收入氏著：《徐復觀雜文（4）・憶往事》，同前揭書，頁 204-209。

它對葉先生的中國義理的「春秋大義」之學問和心性，影響可是甚大。葉先生的漢學教育，不止是私塾老師之教授，亦包括他入「公學校」之後在學校或課後在私塾的漢學之學習。我們依葉先生的文章可以追溯歷程而有所明之。他在〈我的青少年生活〉一文中敘述了相關內容，他說第一位啟蒙師是其父之學友，名黃舜田，在鹿港鎮的一間廟宇「金門館」（主祭蘇府王爺），葉先生向黃舜田正式拜師為弟子而開啟了他的教育。[46]然則，黃老師如何教育弟子葉榮鐘？葉先生說：

> 所授的課本是《三字經》，「人之初，性本善」，第一天上午授兩句，下午再授兩句，一天功課就完了。翌日改上午授四句，下午背誦給先生聽。〔……〕翌日增授兩句，一天授六句，以後遞增，每天授十句。《三字經》授完以後，就授《論語》，但是《三字經》依然每日下午要背一次。及至我入「公學校」以後，上午要上學校，下午學校沒有課才到書房去授書。[47]

葉先生的蒙學是在設於廟宇的私塾（漢書房）跟著塾師型的漢學老師讀的。老師的教材就是《三字經》和《論語》。其實這樣的幼童之教，是從宋朝而來的孩童蒙學教育。有些私塾亦會授以《幼學瓊林》、《增廣賢文》或《千字文》、《百家姓》、《千

46　葉榮鐘：〈我的青少年生活〉，收入氏著《臺灣人物群像》，葉芸芸主編：《葉榮鐘全集（2）》（臺中：晨星出版有限公司，2000），頁364。

47　同上注。

家詩》等。中國傳統幼教的課本《三字經》，取材的典故很寬廣，包括了五千年傳統文化、歷史以及哲理、道德、天文、地理、風俗、人情等內容，同時，它用三字一句，二句一韻來編排，所以有押韻規律，讀誦之如唱歌，很適合兒童之背誦。再者，黃老師更以《論語》為教材來教授幼少年葉榮鐘，此點顯出這位塾師黃舜田其實是有相當的儒家涵養之地方秀才。

以《論語》來教授幼年和少年，是很有意義且是很重要的。關於《論語》以及對於《論語》的學習和教育之觀點，我們且看看錢穆先生的說法。

> 《論語》應該是一部中國人人人必讀的書，不僅中國，將來此書，應成為一部世界人類的人人必讀書。
>
> 讀《論語》並不難，一個高級中文中學的學生，平直讀其大義，應可通十分之四乃至十分之五。
>
> 讀《論語》可分章讀，通一章即有一章之用。遇不懂處暫時跳過，俟讀了一遍再讀第二遍，從前不懂的逐漸可懂。如是反覆讀過十遍八遍以上，一個普通人，應可通其十分之六七。如是也就夠了。
>
> 〔……〕
>
> 若其人生活，和書本文字隔離不太遠，能在每星期抽出一小時工夫，應可讀《論語》一遍。整部《論語》共二十篇，一年以五十一星期計，兩年應可讀《論語》五遍。自二十到六十，應可讀《論語》一百遍。
>
> 若使中國人，只要有讀中學的程度，每人到六十歲，都讀過《論語》四十遍到一百遍，那都成聖人之徒，那時的社

會也會徹底變樣子。[48]

錢穆先生上述的關於閱讀《論語》之方式和次數，必是他自己閱讀的經驗，並通之於他長久教人讀《論語》的教學心得，所以才能估算得出來。而且他的意思也很明白說出了中國人最重要也是最平常的日常讀物，就是這部《論語》。他希望人人皆能經常地讀《論語》，就有如佛徒之日課是佛經而基督徒之口課是聖經般，若能如此熟讀《論語》，據其中的道理來為人，那麼人人皆可為聖人之徒，社會也就必然和諧安寧。

　　錢先生此番針對《論語》的言說和觀點甚至說是基本信仰，並非他一個人所有，也不是從他才開始，對於《論語》的教育上的此種重要性，起碼北宋的程子以及南宋的朱子都是一樣的。從理學家起始直至現代，儒家教化沒有能輕忽《論語》的，自古及今的大儒、山長或一般塾師之何以教授後生以《論語》呢？錢先生特別指出來：

　　　　諸位莫問自己所研究者為何？皆應一讀《論語》，懂得「吃緊為人」。即是要在做人一事上扣緊。〔……〕中國傳統義理重要正在講「人」，此則並非一項理論，成不成系統，合不合邏輯，或僅是一種知識。一部《論語》，重要教人並不在知識或理論上。如云：「君子上達，小人下達。」若諸位要做君子，《論語》便會教你一番上達之道，但並非在教諸位去知道上古時之政治、社會、經濟等

---

[48]　錢穆：《孔子與論語》（長沙：岳麓書社，2020），頁53-54。

情形。倘使諸位欲知古代之禮，可讀《左傳》；欲知古代
文學，可讀《詩經》。孔子只講如何做人，但亦未講到人
性善惡等，亦未講天是一個什麼等，種種大理論。此後如
孟荀乃至宋明理學家，皆愛講此等大理論，但皆敬佩孔
子，認為不可及。其實孔子只是「吃緊為人」。諸位若能
從此道路去讀《論語》，所得必不同。[49]

研讀或深讀《論語》，其目的不是追求知識，不是探索哲學或建
立理論，《論語》的根本精神是教我們如何成為一個真正的人，
也就是成為一個有道德的君子，將德性體悟於心而實踐出來成就
德行。錢先生也告訴我們，儒家並非輕忽其他文明之業，譬如若
要明白中國古禮，可以去研究《左傳》；若要知道中國古文學，
就去讀《詩經》，而實則各種知識乃至科學系統，孔子和儒家都
不排斥也不反對，甚至是正面肯定的，但若就學問之道而言，特
別是《論語》的教化目的，則是為了啟發世人應該真正為人，並
且也教導世人如何實踐到真正的人的本質。

　　另外，錢先生又再說到《論語》教育的關鍵。他舉朱子問道
於李延平為例說道：

朱子初見李延平，他的學問已有相當基礎，延平告訴他兩
點：
一、教他應在日常生活注意；
二、教他多讀聖賢經書，把經書中所說的道理來與自己日

常生活配合。

這兩點也就是周子告訴二程「尋孔顏樂處」之意,朱子接受了這兩點,受用終身。《論語》中「飯疏食、飲水,曲肱而枕之,樂亦在其中矣」,和「一簞食,一瓢飲,在陋巷,人不堪其憂,回也不改其樂」,這兩章的涵義,顯然是超乎訓詁之上的。專用訓詁,說不出此兩章之精義。〔……〕孔顏樂處,〔……〕須從日常生活中去學。[50]

根據錢先生的這一段說明,傳統塾師如葉榮鐘先生的啟蒙老師之教授他以《論語》,就是立基於日常生活之中來追尋孔顏的心志和修養,是要求葉先生在其幼年時期就能通過讀誦《論語》,而獲得孔子及其弟子之行誼和德性之啟發,也能在自己的日常生活之成長中,逐漸成德。

據葉先生的敘述,他入公學校,開始了日據臺灣的日本對臺灣學生的體制教育,其時,公學校還有「漢文課」,葉先生在第二學年的漢文老師是前清老秀才王秋田先生,他在課堂上常嚴厲地用《論語》的章句來責罵學生,譬如「觀其所以,視其所由,人焉廋哉」,而王老師算是公學校的課外教師,他在家裏開有「書房」(私塾)授課,生徒十來位,葉先生說到王老秀才依葉先生的請求,教他讀《論語》以及尺牘句解。葉先生特別提及:「我後來出外能夠作家書寄給我母親,算是由他老人家給我的一點教育的效果。」[51]

---

50 同上注。

51 葉榮鐘:〈我的青少年生活〉,同前揭書,頁 366-367。

這位前清老秀才王老師教育葉先生以《論語》和作文規範，其實是接續了前面那位塾師黃舜田先生之啟蒙之教，孔子的教誨所蘊載的聖人之人格、道德、風儀，就注入到幼少之年的葉榮鐘的心性之中，而終其一生起了主要的人生之作用。

除了漢書房的正式之國學教化之外，葉先生更提到在其成長過程中另一種中華文化與思想的教化薰陶。他說：

> 在第三學年起，我就開始到市場去聽「講故事」，那時候，鄉里的「講古」場有兩處，另一處在三山國王廟。市場的「講古師」是一個極端的駝背，行路時他的頭部幾乎與其臍部看齊，所以大家都叫他諢名「龜仔炮」。所講的大都是神怪武俠的說部。我所聽到的有《封神演義》、《七俠五義》、《七劍十三俠》、《西遊記》、《平妖傳》等。就中七俠五義的展昭和蔣平，七劍十三俠的一枝梅，可以說是我衷心嚮往的英雄人物。[52]

葉先生課間或課後跑去鹿港市集中去聽「講古師」的「說書」；他又提到另一處「說書」的地點是鹿港三山國王廟。「講古師」在市集和廟裏等處「說書」，其取材是中國傳統的民俗小說，其對象的一般黎民百姓，這是傳統中國的城邑文化和生活中的「小傳統」，與戲班子演出的野臺大戲或傀儡戲，在清朝和日據的臺灣民間，是很主要的屬於人民之文教和娛樂。而其中的文化大傳統則是中國傳統的文學、神話、藝術和歷史，而更重要的是在這

52　同上注，頁 367。

個說書之中，多有一個核心精神，那就是寓教於樂的教忠教孝的
儒家倫理精神，再加上道家佛教的教化。縱然臺灣已是日本殖民
統治的時代，在民間依然保存延續著中國人的社會文教的小傳
統。少年葉榮鐘就是在如此氛圍中得到了中國傳統文化之滋養，
這對他日後的作為一位中國人之自覺，是甚重要的營養和氣場。

　　葉先生在其憶舊的文章中也提到了他最重要的啟蒙老師，就
是鹿港當時的著名文士施家本先生。葉先生口：

　　　肖峰施家本先生是故鄉鹿港一位不世出的天才，他的父親
　　　是很有名的舉人，據一家詩文雜誌所刊載的小傳，說他
　　　「名叫仁思字子芹，才思靈敏，詩書精熟，又能見義勇
　　　為。當乙未割臺之役，日軍據臺北時，中部官紳籌備抗
　　　戰，無又艱於籌餉，仁思公與鹿港武進士許某協助臺中知
　　　府黎維嵩，以鹿港海關鹽務可集以供軍需，應竹塹十八尖
　　　山之戰，逮七月初九，彰化陷，始內渡，旋卒」云云。[53]

依此，施家本先生就是臺灣鹿港著名儒士施仁思先生之子嗣，而
施仁思先生乃是清末臺灣舉人，是乙未割臺時分，奮不顧身站出
來而以實際行動抗日的清朝臺灣秀才，他的人格是特富春秋大義
的真正儒者，後來舉家為避殺身之禍而遷回大陸，抑鬱而終。施
仁思先生的詩寫得甚佳，惜其集皆失，僅留得一兩首，葉先生有
記，如〈上京途中口號〉：「平堤芳草逐漸鞍，作客休歌行路

53　葉榮鐘：〈詩人施家本——記一個未完成的天才〉，收入氏著：《臺灣
　　人物群像》，葉芸芸主編：《葉榮鐘全集》（2）（臺中：晨星出版有
　　限公司，2000），頁291-303。

難。宿雨困人馳逆旅，好風送我上長安。山容黯淡含朝靄，天氣陰晴帶曉寒。竹裏人家雲裏樹，一齊都入望中看。」[54]由此詩作，看出頗有唐風，顯出鹿港施家的漢學家風。所以，施家本先生承此家門的漢學氣場，對於國學是有其基礎的，而其父早逝，施先生少年隨家人返臺，在其庶祖母照料教育下成長。

葉榮鐘就讀公學校二年級時，施家本先生就是他的班導師，但施先生很快就辭去教職，而葉先生仍常跟施老師在一起，施先生對葉先生的國學教化其實是在師徒在校外遊玩時潛移默化的。葉榮鐘提及：

> 有一次，那是月白風清的良夜，他同我們到文武廟去散步，途中買了一個西瓜，他拿定西瓜力，大聲地喊道：「來來來！我們來瓜分天下！」臨到將西瓜一塊一塊切好，排在草地上時，他又喊道：「使平得宰天下，亦如是肉矣！」於是我們邊吃邊談，他給我們解釋「瓜分天下」的意義，帶著說明列強正在虎視眈眈地欲瓜分中國的所以然。我們於是能夠得到一點歷史上的知識，同時也可以知道一點國際上的行情和祖國所處的困難地步。[55]

施家本先生雖然不是在學校中以常規之方來教育少年葉榮鐘，而是在校外，在文武廟裏的草地上，一面吃西瓜一面具體地用說書的方式，傳達秦末群雄並起秦國裂解而陳平輔佐劉邦既一天下又

---

[54] 同上注。
[55] 同上注。

分區治理的史事，這是在日據時代的臺灣之知識分子跳脫日本殖民統治的殖民教育之外的關聯祖國之歷史傳統的教化。葉先生很感激他的老師施家本先生給予的中國史的教育，同時也透過這個殖民體制外的中國史之教而能夠明白自己乃是被殖民的悲慘之臺灣人，也明白祖國是中國，且非常不幸長久以來被列強侵略瓜分。

施家本如此教化啟蒙葉榮鐘，其時此種臺灣士了的華夏之教，施先生並非孤例，在民間用漢學之教而延續臺灣人的華夏心靈和人格者，是日據時代的臺灣人在自己的社會中的常規。

> 像陳平宰肉的故事，毋寧說是他自己的述懷，較為恰當，我們受他這樣無意無識的影響，不但得到很多的知識，我們的民族精神也受到不少的啟發和弘揚。什麼「陰平窮寇非難禦，如此江山坐付人。」「但使龍城飛將在，不教胡馬度陰山。」「王師北定中原日，家祭毋忘告乃翁。」以至於「劉昆聞雞起舞」、「新亭止泣」等等有關民族精神的詩句和故事，大都是在和他聚晤時，不知不覺之中得來的。[56]

施家本先生在日常生活和師生同遊的心情相融中，就將華夏民族精神和春秋大義，經由傳統詩詞文章，潛移默化地啟迪喚醒了跟著他的青少年臺灣子弟，使臺灣青少年體悟自己原來是有祖國的人，現在是在日本帝國主義宰制下的被殖民的悲慘臺灣人，雖然

---

[56]　同上注。

一時被異族殖民統治，但卻明白了我們自己乃是炎黃華冑，臺灣人民須以華夏民族的精神和毅力，效法古代民族英雄豪傑，立誓驅逐現代韃靼而能光復臺灣重新統一。

葉先生在其追憶其最重要的啟蒙恩師施家本先生的文章中，顯發了日據臺灣的臺灣儒士的基本心情和志業，那就是在日本帝國主義的宰制壓迫之下，在民間社會，沒有忘記將中國文化歷史和華夏春秋大義傳播延續下去，這個精神和實踐，也就是抗日之「櫟社」和「臺灣文化協會」成立、運作的最核心動力。而施家本先生很自然也是這個詩社和協會的一分子，而他這一生最重要的且是唯一的事業，就是受林獻堂先生的禮聘而為記室，主持那個時代的臺灣人唯一的「臺中中學」的創立。[57]

徐復觀先生在其悼念葉榮鐘先生的文章中提到葉先生的兩部重要的著作，一是五十萬言的《臺灣民族運動史》；另一則是在林獻堂先生逝世後，因為葉先生一生都追隨林先生而為其完全倚重的左右手，如劉玄德之與諸葛孔明的關係，所以發憤而撰述了《林獻堂先生年譜》。

關於《年譜》之撰述，徐先生說：「葉先生寫《林獻堂先生年譜》時，在體例上曾和我談過，我並借幾部年譜給他作參考。」[58]由此可知兩位先生的友誼甚深，葉先生撰述林獻堂先生年譜豈是普通之舉？對他言，這是帶有神聖肅穆之事，等於是他向林獻堂先生報恩的敬述奉告，而他為求慎重，不是求教於臺灣籍人士而是向一位寄寓臺中的湖北籍儒士徐復觀來誠心請教，這

57　同上注。

58　徐復觀：〈悼念葉榮鐘先生〉，收入氏著《徐復觀雜文（4）》（臺北：時報文化出版公司，1980），頁 204-209。

個關係顯出了葉榮鐘和徐復觀兩先生深厚的道義。葉榮鐘先生如
何談論這本對於臺灣以及對於他個人而言都是深具意義的《林獻
堂先生年譜》呢？他於〈林獻堂先生年譜編纂後記〉提到：

> 灌園先生，享古稀晉六之遐齡，歷前清、日本、民國三代
> 之政體，遍歐亞半地球之足跡，其生平事蹟，尤復與複雜
> 之政治關連；故無論其縱的橫的方面，均有滄桑迭變波譎
> 雲詭之感。編者追隨杖履者達四十年，於先生生活起居、
> 思想言行，即非及躬親見，要亦耳熟能詳，〔……〕
> 先生〔……〕曾首創捐資興學，參加同化會，呼籲撤廢
> 《六三法案》，領導民族運動，鼓吹文化運動等。
> 〔……〕
> 夫年譜之作，以傳其人之功業事蹟也，故僅舉其犖犖大
> 者，而不及瑣屑，蓋循傳統之先例也。如先生平日排難解
> 紛，周貧濟急，視屬常事，曾不以此而沾沾有得色，所謂
> 行而宜之之謂義者，抑亦不克縷記者也。[59]

葉先生指出他作為林獻堂先生的祕書和幕賓，追隨林獻堂數十
年，他親見林先生一生行誼、親聞其言論，等於就是近身而閱讀
日據臺灣的臺灣史以及東亞史，撰述編纂《林獻堂先生年譜》，
不但是對林先生個人人格風範的表彰，亦是臺灣傷痛和奮鬥史的
記錄。葉先生的《林獻堂先生年譜》之作，是中國史家的春秋大

---

59 葉榮鐘：〈林獻堂先生年譜編纂後記〉，收入氏著：《臺灣人物群
   像》，葉芸芸主編：《葉榮鐘全集（2）》（臺中：晨星出版有限公
   司，2000），頁 179-180。

義之自覺之下的著作。這一點乃是徐復觀先生肯定而願意虔心支持的。

關於《臺灣民族運動史》這部巨著,徐復觀先生說:

> 獻堂先生是臺灣民族運動的領導人物,民國十年以後,臺灣多次的曲折艱難地民族運動,葉先生都參預了策劃推行之設。〔……〕
>
> 臺灣光復後,在日人殘酷統治下所堅持的民族意識,至此已失掉了對象,所以在民族運動中不少艱苦卓絕之士,隨光復而亦歸於落寞。〔……〕但葉先生在落寞地生活中,依然有他不朽的貢獻,這即是除了出版三部散文集外,更寫了一部《臺灣民族運動史》的五十萬字的鉅著。〔……〕
>
> 葉先生〔……〕寫此書時,從未和我談及,我只從側面了解,若不是葉先生一本少年時求學的勤勉精神,及在日人壓迫下從事民族運動的毅力,便不會很順利寫成的。臺灣民族運動這段曲折艱辛的歷程,及許多先生們在此運動中,憑中國文化精神的導引,萬轉千迴,卒堅持以祖國為終極的堅貞大節,得葉先生此著而可精光四射,共國族以無窮。[60]

此所謂「臺灣民族運動史」之真正語句是「日據時代臺灣人民底中國或華夏民族主義之抗日運動史」,但由於為了避免當今一般

---

[60] 徐復觀:〈悼念葉榮鐘先生〉,同前揭書。

世人的誤會或臺獨者之故意歪曲，以為葉先生主張日據時代臺灣抗日人士主張臺灣人民是一種有別於中國或華夏民族的獨立的民族稱為「臺灣民族」，所以後來此部重要著作乃更其書名曰：《日據下臺灣政治社會運動史》。

　　徐先生在其文章中表彰了葉榮鐘先生創述《臺灣民族運動史》的大義所在，那就是雖然在異族高壓殖民統治之下，臺灣士君子如葉先生，卻能堅貞持守中國文化精神和民族志節而實踐華夏民族主義來與日寇抗爭，最後終能成功。

　　此部史著，葉先生撰有〈序文〉，他在文中說：

> 臺灣自公元一八九五年（光緒二十一年、日明治二十八年）清廷與日本締結《馬關和約》，割讓給日本，至一九四五年（民國三十四年、日昭和二十年）八月十五日，日本投降止，前後歷五十年又四個月成為日本殖民地。在這悠悠半世紀之間，臺灣同胞作為祖國替罪的羔羊，受盡異族的欺凌壓迫，殘暴蹂躪，但是臺灣同胞處在水深火熱的環境下，不但未嘗一日忘懷祖國，且能以孤臣孽子之心情，苦心孤詣，維繫固有文化於不墜。緣此一旦光復，臺胞纔能夠衣冠不改，語言如故，以漢民族本來之面目，投向祖國懷抱。[61]

日本佔據臺灣，對臺灣人民實施的異族殖民主義統治，長達五十

61　葉榮鐘：《日據下臺灣政治社會運動史（下冊）‧原序》，葉芸芸主編：《葉榮鐘全集（1）》（臺中：晨星出版有限公司，2000），頁673-674。

年又四個月之久。葉先生指出臺灣人民被清朝拋棄，作了祖國的
替罪羔羊，受盡日寇的欺凌迫害和殘暴蹂躪。然而，縱許如此，
臺灣人民卻無一日或忘自己是炎黃華胄，是中國子民，而且在被
割棄而慘遭殖民壓迫的臺灣，依然以孤臣孽子之心志一直堅守著
固有的文化道統，臺灣人民「衣冠不改，語言如故」，五十年堅
貞中國人本來面目而終於看到日寇敗退而臺灣光復，臺灣終於重
返祖國。此處提及的臺灣人民在日據時代的五十年堅定護持的春
秋之志節，就是葉先生發憤撰述這部日據時期臺灣人民的政治社
會運動史之初衷。

　　葉先生之女葉芸芸女士主編《葉榮鐘全集》，在這一部葉先
生的巨著前寫有〈凡例〉，其文提到：

> 臺灣近代民族運動以日帝國主義為對象，民族運動史，應
> 該由西曆一八九五年乙未，日軍入侵臺灣寫起纔夠完整。
> 自一八九五至一九一五這二十年間，臺胞的武力抗日運動
> 此起彼落、前仆後繼，此間不乏可歌可泣的事跡，但因當
> 時兵馬倥傯、社會紛亂，鮮有正確的資料流傳下來，間有
> 私人記載，惜多係出自傳聞。〔……〕因為資料缺乏、涇
> 渭難分，此段史實只好割愛以待後賢。[62]

〈凡例〉此段所述，指出臺灣人民的「抗日之民族運動史」，是
從一八九五（乙未）開始的，初始的前半部之二十年間，亦即從

---

[62] 葉榮鐘：《日據下臺灣政治社會運動史（上冊）・凡例》，葉芸芸主
　　編：《葉榮鐘全集（1）》（臺中：晨星出版有限公司，2000），頁
　　19。

一八九五年到一九一五年，臺灣人民抗日運動是武裝的，然而此
之後直至一九四五年之間的三十年後期之抗日，就因為形格勢
禁，就轉變為「文化抗日」，換言之，臺灣人民抗日運動有「武
裝抗日」和「文化抗日」兩期和兩型，而葉榮鐘先生這部臺灣人
民的「民族運動史」，主要是撰述後半期的「文化抗日」而表現
在臺灣人民之政治社會面之狀況和內容。

　　然而，在此段敘述中，提及前面二十年的武裝抗口運動，雖
然「臺胞的武力抗日運動此起彼落、前仆後繼，此間不乏可歌可
泣的事跡，但因當時兵馬倥傯、社會紛亂，鮮有正確的資料流傳
下來，間有私人記載，惜多係出自傳聞。」其實這裏是有不甚正
確、客觀的說法，武裝抗日從一開始的乙未年全臺之義民義軍以
及黑旗軍、新楚軍壯烈犧牲之抗日之外，此後每年都有各種形態
和人物之奮起武裝抗日的可歌可泣之活動，直至後期的羅福星抗
日、余清芳抗日以及霧社泰雅族莫那魯道抗日等，其實皆有客觀
的、足夠的史料來加以敘說、詮釋、表彰，而且，臺灣光復之
後，亦已有不少的臺灣抗日史之著作問世，其中包含了臺灣英雄
豪傑先烈先賢的武裝抗日之史論。由於葉先生主要的生涯是親身
參與文化抗日運動，所以他這部日據臺灣的「臺灣人民政治社會
運動史」之內容，就以「文化抗日」的各個組織和運作之史料為
主而來論述。

　　其文復又提到：

　　　臺灣民族運動的目的在於脫離日本的羈絆，以復歸祖國懷
　　抱為共同的願望。臺胞處在異族統治下五十一年，日本當
　　局採取嚴厲的隔離政策，豎立關稅牆壁，轉移貿易口岸，

> 以期斷絕臺灣與祖國的經濟關係；限制臺人內渡、祖國人
> 來臺，用以阻過人事的交流，處心積慮務欲使臺灣人不受
> 祖國之影響；一面大力推行同化政策，禁臺語、廢漢文，
> 務欲使臺胞忘卻祖國，放棄固有文化。然而臺胞半世紀如
> 一日，眷懷祖國之念無時或輟。是故臺胞之民族的覺醒，
> 受辛亥革命的鼓勵最多乃係必然之理。本篇由辛亥前後起
> 筆之理由在此。[63]

這段敘述，指出日本帝國主義殖民統治臺灣半世紀，嚴厲阻斷臺
灣與祖國的經濟關係，再則限制兩岸人民的來往交流，截斷臺灣
人和祖國的文化心靈情感的連繫，又在島內搞「同化、皇民化政
策」，禁止臺灣人民使用臺灣語（包括閩南語、客語及原住民
語），且禁用漢文、漢字，這些殘暴的文化消滅政策，在在都是
欲圖使臺灣人喪失其中國人的本質。

　　葉榮鐘先生在此部巨著中的主要精神就是指出縱然在五十年
的日本殖民高壓統治的迫害之下，臺灣人民依然想盡辦法以各種
方式來對日寇進行文化和思想的堅定對抗。他特別提到孫中山先
生領導的國民革命給予臺灣人民掙脫日帝宰制而重返祖國以莫大
的鼓舞，辛亥革命成功，建立中華民國，更令臺灣人民覺醒歡
欣，一心一意要使用文武兩重方式推翻侵據臺灣的日寇而能返回
中華民國的懷抱，因此，葉先生的這部日據臺灣人民的政治社會
運動史，就由辛亥年前後的臺灣大事之敘述開始。

　　徐復觀先生顯然是十分清楚葉先生此部臺灣人民抗日的政治

63　同上注。

社會運動史的內容和精神的，也明白臺灣人民的武裝和文化抗日的兩種形式。徐先生說道：

> 臺灣的民族運動，可分為兩個階段，由割棄臺灣所開始的前踣後繼，垂二十年之久的武力抗拒，這是第一階段，這是順承清廷統治餘勢所產生的民族運動。葉先生大著中所敘述的則為第二階段，第二階段的特徵，實以祖國歷史文化為其動力，運用各種合法半合法的彈性方式，使日人的應付，倍感困難。[64]

徐先生認為第一階段的武裝抗日之動力是源自清朝統治臺灣的餘勢發生的一種臺灣人民的抗日運動，徐先生沒有細說的是乙未至余清芳的二十年武裝抗日，其主力主要是清朝時代臺灣的生員秀才或地方世家以及鄉土豪傑，他們是清朝臺灣傳統的大傳統層中的菁英和小傳統中的領導人物。而第二階段的文化抗日的主力，徐先生認為是源自祖國的歷史文化，而其實彼時的中國已入中華民國時期，已有西方現代化的知識傳入，臺灣菁英的文化抗日，其核心思想多有正在步入現代化文明的新中國之傳統和現代之觀念。就葉榮鐘先生本人而言，他就是既富有中華傳統文化思想且又真切了解臺灣文化歷史，而同時又有從西方傳到東亞的現代政治社會經濟之知識。

　　徐先生說到了一種非常重要的事實，他說：

---

[64]　徐復觀：〈悼念葉榮鐘先生〉，同前揭書。

> 假定第一階段的武力反抗，被日人完全撲滅後，沒有第二
> 階段方式的出現，則臺灣同胞的身體與靈魂，將完全被日
> 本帝國主義所征服，光復之初，豈能出現有如遊子歸宗的
> 感情，及由這種感情而來的國家民族的自然團結。[65]

林獻堂先生及其他數位重要臺賢歡迎梁任公先生來臺灣聚會並且
盤桓臺中霧峰數日，任公先生於其時建言臺賢宜以文化、思想有
步驟、規劃地文化抗日，因此，「臺灣文化協會」就在這樣的啟
發式建議中於一九二一年成立，從此展開臺灣人民的文化抗日運
動。徐先生的意思是指出「臺灣文化協會」以及此之後的其化相
關團體、組織的文化、思想、社會、政治形式的抗日運動，其核
心思想是源於祖國的文化傳統以及從祖國延伸傳播來臺的進步思
潮。

徐先生接著提到葉先生的這部史著而言：

> 此書第一章第一節，敘梁任公先生於民前一年遊臺的情
> 形，以作為第二階段民族運動的導引，這表現出蔡培火等
> 五位先生的「歷史良心」與「歷史智慧」。任公先生遊
> 臺，在臺北歡迎會上賦七律詩四首，這是繼「黍離麥秀之
> 歌」後的具有「歷史感動力」、「民族感動力」的鉅製。
> 臺灣人士蘊藏在內心的民族之愛、亡國之哀，隨著任公此
> 詩的鼓蕩，而一齊生長了出來。[66]

65　同上注。

66　同上注。

梁任公先生賦的詩，其題曰：〈三月三日遺老百餘輩設歡迎會於臺北故城之薈芳樓敬賦長句奉謝〉，[67]此即一九一一年，任公先生來臺，在臺北接受林獻堂先生及其他許多臺灣賢士之歡宴時深為感動，因而撰述的著名之詩，詩曰：

> 側身天地遠無歸，王粲生涯似落暉；
> 花鳥向人成脈脈，海雲終在白飛飛。
> 樽前相見難啼笑，華表歸來有是非；
> 萬死一詢諸父老，豈緣漢節始沾衣。

葉榮鐘先生在其文章中提及「任公一行於辛亥二月二十八日來到臺灣，灌老偕父老輩到基隆碼頭迎迓，他們在臺北滯留五天，第六天才同灌老到霧峰做林家萊園的上賓。他到霧峰的第二天，諄諄勸告灌老及林幼春先生，叫他們不可以『文人終身』，必須努力政治研究、經濟以及社會思想學問。同時舉筆開列日本書籍三十餘種，以後陸續增列，計達一百七十餘種，都是東西方的名著。」[68]此即任公先生對臺灣君子群的思想啟蒙，日據時代臺灣抗日先賢遂由傳統秀才型儒士轉變為既有中國傳統道統學統而又具有現代社會科學素養的知識分子。一九二一年成立的「臺灣文化協會」，其精神和內涵就是傳統和現代思想、學術、知識兼

---

[67] 此詩收在梁啟超先生的《飲冰室文集》中，連橫也收此詩於《臺灣詩薈》之中。

[68] 葉榮鐘：〈林獻堂與梁啟超〉，收入氏著《臺灣人物群像》，葉芸芸主編：《葉榮鐘全集（2）》（臺中：晨星出版有限公司，2000），頁199-203。

備。

葉先生又說：

> 任公在臺北薈芳旗亭，受父老百餘人開會歡迎，席上所
> 發表的四首律詩，曾震動一時，不脛而走，傳遍全臺各
> 個角落，連我這個當時只有十一二歲的小孩也能夠朗朗
> 上口，至今猶一字不忘。詩中有「萬死一詢諸父老，豈
> 緣漢節始沾衣」「破碎山河誰料得，艱難兄弟自相親」之
> 句。〔……〕任公此行對於臺灣這一窪止水，投下一個石
> 頭，使它發生漣漪，對臺人的民族意識予以鼓勵，加強其
> 向心力，對於思想學問方面則有開通風氣、震聾發瞶的效
> 果。[69]

梁啟超先生的來臺之行，其對臺灣賢士的影響，連當時才十一二
歲幼年的葉先生，都起了終身的作用。可見大儒人品風範道德文
章對於日據臺灣的臺灣人民之鼓舞支持是如何巨大。而任公對待
臺賢的赤忱也深深感動了臺灣菁英，明白兩岸中國人就是父老兄
弟，這個華夏深情大義的民族意識被點燃照亮，起了文化抗日的
浪潮。

　　梁啟超先生在臺中霧峰的「以文會友以友輔仁」，與臺灣詩
人林幼春先生建立了莫逆之交，新會梁任公和霧峰林南強兩君子
有其詩會高誼而在其中特富春秋志節之大義。任公在萊園與櫟社
詩人歡敘數日之時，對林幼春先生最為激賞，主動贈詩曰：

---

[69] 同上注。

南阮北阮多畸士，我識仲容殊絕倫；
才氣猶堪絕大漠，生涯誰遣臥漳濱。
嘔心詞賦歌當哭，沈恨江山久更新；
我本哀時最蕭瑟，亦逢虞信一沾巾。

任公此詩贈林幼春先生乃道出臺灣先賢深埋家國之恨，他表達了兄弟慰藉之情，而任公身逢列強之侵凌中國，對於清廷的衰弱亦在詩中反映了他的怨恨。林幼春先生酬答的詩如下：

憂患餘生識此人，夷吾江左更無倫；
十年魂夢居門下，二老風流照海濱。
一笑戲言三戶在，相看清淚兩行新；
楚囚忍死非無意，終擬南冠對角巾。

學者廖振富詮釋此詩有曰：「林幼春的答詩，前半部是對梁氏的推崇，『夷吾江左』以王導比喻梁氏是國之良相。『十年』一句言景仰已久，『二老』則兼指同時來訪之湯覺頓。而全詩最感人的是在後半部：『一笑』兩句，以『楚雖三戶，亡秦必楚』的典故，暗示抗日的決心，所謂『戲言』二字，實有無限的沈痛意味。末聯以楚囚自居，強調忍而未死，正是企圖有所作為，至少亦無愧操守，絕非厚顏苟活而已。」[70]此段詮釋點出林幼春心中以亡國遺民自居，臺灣被日寇盜竊，臺人皆淪落為被祖國背棄而

---

[70]　廖振富選註：《林幼春集》（臺南：國立臺灣文學館，2020），頁 58-60。本文中提及的梁任公詩和林南強詩皆引自廖振富此書。

受夷狄虐待的囚虜,真是生不如死,但臺灣菁英之所以忍死苟活,就是深信心仁人志士必能驅逐日夷而還給臺灣清平之日。

以臺中為中心地區的臺灣賢儒和大陸渡臺的大儒於當地所產生的儒家高風亮節的交流和鼓舞,前有日據時期的梁啟超先生和櫟社詩社的多位臺賢,任公與林獻堂、林幼春、林痴仙等賢士皆成為莫逆益友,後則有中國分裂之後渡海來臺的當代新儒家大儒徐復觀先生,他一樣主要與臺中地區的賢儒如莊垂勝、葉榮鐘、洪炎秋等人士有著「有朋自遠方來,不亦樂乎,士君子共同弘道」的際遇。梁任公與徐復觀前後兩大儒與臺灣的櫟社和臺灣文化協會之人物有此道脈、文統的交會,真是臺灣史上的「一大事因緣」。

徐復觀先生在其悼念葉榮鐘先生的文中,撰述了一大段來表彰葉先生的民族春秋之志節和憂患。徐先生說:

> 民國二十四年,葉先生進「臺灣新民報」擔任「通信部長」兼「論說委員」,這是由臺灣人士自己辦的唯一的報紙。葉先生每星期要寫一篇日文的社論,常運用以日人之矛,攻日人之盾的方法,揭露日人在美麗招牌下的黑貨。他有首詩說出此時寫社論的心境是:「文章價賤感難禁,其奈嗜痂癖已深;鐵筆有時揮硬論,縱無人讀亦開心。」〔……〕民國二十六年「七七事變」發生,十二月十三日南京陷落,翌十四日偽華北臨時政府成立,臺灣有的人想辦法攢進偽府,成為新貴;葉先生感慨萬端,成〈索居漫興〉詩十首,一時和作的人很多,對激勵人心,發生了很大的作用。第二首是「張王李趙盡殊榮,京國人人識姓

名；解得人間羞恥事，寧從窮巷了殘生。」[71]

此一段文，徐先生說出了葉先生的清高貞潔之志節，在日據臺灣身為臺灣人唯一報紙的社論主筆，以文化和思想而抗日；再則也敘述了葉先生恥與小人奸佞同群，以詩來譏諷譴責那些厚顏無恥去阿附南京偽政府而為日本殖民法斯西主義的幫兇之臺灣人。徐復觀先生筆下的葉榮鐘先生之人格正是孔孟所肯定的大君了、大丈夫。

> 抗戰期間，臺胞的處境日益困難，葉先生的感憤也日益鬱勃。二十七年九月，葉先生在〈生涯〉詩中的句，「有地是可容人痛哭，有時須忍淚歡呼」。葉先生和臺灣志節之士，當時處境之艱，秉性之烈，都由這一表達了出來，因而可永垂天壤。〔……〕未嘗不可使用《史記·屈原列傳》中「雖與日月可也」的一句話來形容這一聯詩的光芒萬丈。[72]

徐先生以屈原的節操來贊嘆肯定葉先生，其實也就是稱頌了日據時期臺灣仁人志士在抗戰期間的處境艱困中的堅貞不屈。民國二十六年（1937）七月七日，日寇發動全面侵華戰爭之後，它在臺灣也就同時增強了對臺灣人民的壓迫殘害。葉榮鐘先生在其社論和詩篇中的控訴，就是針對著日寇的戰時高壓帶給臺灣人民之傷

---

[71]　徐復觀：〈悼念葉榮鐘先生〉，同前揭書。

[72]　同上注。

害而起的抗議。

　　據臺灣史著的敘述，日寇大舉侵華以及全面發動太平洋戰爭的時期，因應其國力日漸困窘的頹勢，所以在臺灣就更加強徵、剝削和迫害。以下茲舉其犖犖大者數項以證之：

　　「皇民化運動」，一九三六年，日本殖民者推出「臺灣人皇民化運動」，第一步，廢止漢文，其標語是「漢文撤廢」，所有學校、商店、機關皆禁用中文漢語；各報紙雜誌一律停辦漢文版；不准學習、演出中國傳統戲曲和武術；反對中國傳統宗教祭施活動；臺灣人的神祇焚化、禁拜且不可崇祀祖先，而改祀日本天照大神和天皇。第二步，日本殖民當局發動「國語普及運動」、設立「國語講習所」，其所謂「國語」就是「日語」，強迫臺灣人學習日語。第三步，公布並鼓勵或脅迫臺灣人廢掉自己的中國人姓氏而改用日本姓名。

　　「皇民文學運動」，抗戰暴發，日本殖民者在臺設立了一些文學組織，如「臺灣詩人協會」，是由旅臺日本作家西川滿於一九三九年成立的，並且創刊《華麗島》雜誌，鼓吹日寇法西斯暴行；「臺灣文藝家協會」，出版《文藝臺灣》，亦是西川滿主導於一九四〇年設立，吸收臺灣一些文學作家，積極發揚「皇民化運動」。一九四一年，更成立「臺灣文學奉公會」，創辦《新建設》雜誌，組織日本作家來臺演講吹噓「皇民化運動」、提倡「皇民文學」。

　　「奉公運動」，日寇強迫臺灣人組織「勞務奉公隊」，驅赴各地的工場從事無償的勞動。再又徵召臺灣青年擔任日本皇軍的軍伕，至晚期更直接徵召臺灣青年義務入伍派往大陸和南洋戰地參與作戰。統計在二戰時期，被徵集的臺灣籍日本兵多達

207,183 名，犧牲者多達 30,304 名。

「慰安婦」，日寇強召一千多名臺灣年輕婦女，到南洋、華南、華北充當所謂「慰安婦」，也就是「軍妓」，淪為日軍洩慾之工具，非常悲慘。在一九三八年十一月至一九四一年七月，被日寇挾持而去大陸充當日軍慰安婦的臺灣女子，有姓有名可以查到的，就有 405 人。慘遭慰安婦命運的臺灣女子身心受到極大摧殘，生活孤獨，晚景悽涼，身體多罹許多婦科痼疾。[73]

後人是從歷史敘述中得悉日寇殖民統治臺灣的種種暴政，是透過文本來推想暴政以及臺灣人民被壓迫的痛苦。然而葉榮鐘先生卻是身心皆在其中而親逢實見這種種殘酷待我臺灣同胞的暴虐之道，他是存在實感中乃有悲憤因而發之為詩為文，做出他無可奈何的用筆墨為武器的抗爭。徐復觀先生能體悟其悲心，而認為葉先生之悲懷同乎太史公、屈原，此亦即「春秋志節」。

五、結語

一九四九年中國隔海分治，不少文史哲學者渡海來臺，很像南明時期一些儒士因為避清而隨鄭延平王渡海入臺一樣。然而當代來臺的學者們，絕大多數皆在都市大學教書或居廟堂為官，甚少居臺灣鄉土，亦少與臺灣民間士子庶民往來交誼。就以重要大儒如錢賓四先生、牟宗三先生、愛新覺羅毓鋆先生等人而言，教授臺灣青年學子，當然無數，然而卻與臺灣民間社會儒者鮮有交

---

[73] 以上所述依據安然：《臺灣民眾抗日史》（臺北：海峽學術出版社，2005），頁 310-316。

情而為好友的。徐復觀先生則是唯有之珍貴例外。這在當代儒家史以及臺灣儒家史上來看，是最有道義的光輝篇章，徐先生與臺灣賢儒如葉榮鐘、莊垂勝、洪炎秋、蔡培火等人的義理情誼，使大陸儒家和臺灣儒家的大傳統因為他們的友義論學而貫通為一，而他們的儒家式的心靈生命的在臺灣的生活世界的實踐，也使大陸和臺灣的儒家小傳統得到融合。徐復觀先生的踐履，不是梁任公短短數日在臺灣為客而能企及，亦非徐復觀同一時代的大陸居臺之大儒以及其他文史哲學者可得以比肩。

捌　中國人航海與儒家傳播：以臺灣、印尼、新加坡爲例

一、中國人之出海

　　中國人航海於東亞海洋並且在各地棲居繁衍，有很早的歷史。古史有秦時徐福航海東瀛的傳說，史亦載隋煬帝遣將浮海征臺灣的敘事，且不管徐福航海或煬帝征臺之史有多少真實，卻是古代中國人已在東亞海上活動的反映。孔子對子路感喟其道不行，而有出航之嘆，孔子說：「道不行，乘桴浮於海，從我者其由與？」子路聽到夫子指名他陪伴出海，興奮異常，孔子又再說：「由也好勇過我，無所取材。」[1]《論語》此章句反映了兩點，一是春秋中末葉，離國而航海，是一個平常的情形，所以孔子才會有此說法；另一則泛舟出洋，是需要勇氣的。

（一）中國人航海東南亞

　　漢武帝元鼎五年（公元前 112 年），南越相呂嘉反，武帝遣

---

[1]　見：《論語・公冶長》。

舟師十萬,由樓船將軍楊僕往剿,平定南越,設了九郡。[2]依此,西漢初年,中國已經派出海軍出征越南。漢朝的海上和平之交流亦是存在的,武帝時使臣出航南方各國,從事海上貿易,最遠達黃支國,此國位在印度東南海岸,漢平帝時代(公元 1-5 年),王莽更命特使以重禮訪黃支國王,且交換生犀牛,再又訪問錫蘭島,即今稱為斯里蘭卡之國。至唐朝,中國已與南海諸邦聯繫,更航至印度洋,與印度、斯里蘭卡、波斯以及阿拉伯交流、貿易。[3]當然,唐代中國在東北亞的航海亦是發達的。

宋元明時代,中國人航海南洋,非常繁盛,其航線已分佈在中南半島、馬來半島、印尼群島、婆羅洲,且由南中國海再通印度洋。南洋之國與中國亦有朝貢關係,學者湯錦台舉一例證說明:

> 古國狼牙修,也就是現在泰國的北大年,它立國於二世紀左右。也是在南北朝時就與中國往來,領土一度延伸到馬來半島的西岸,即今馬來西亞的吉打州。宋朝時稱之為凌牙斯或凌牙斯加,元朝稱龍牙犀角,明朝稱大泥。
>
> 宋朝元豐五年(公元 1083 年)狼牙修曾遣使進貢,後從泉州乘船歸國。此種朝貢關係一直維持多年。明成祖永樂六年(公元 1408 年)大泥國王甚至親率妻、子前往中國,不久死於南京,葬於安德門外。

---

[2] 湯錦台:《閩南人的海上世紀》(臺北:果實出版社,2005),頁 39。

[3] 同上注,頁 46-52。

十六世紀初期葡萄牙人東來後，華人南下到此者日眾，「流寓甚多，趾相踵也。」嘉靖末年，聚居在大泥港的已多達二千多人，「行劫海中，商舶苦之。」到明朝萬曆年間有張姓漳州人被封為「哪嗒」（僑領或頭人之意）。[4]

由此可見中國和南洋之國早已具有深厚密切的關係，包括了朝貢關係，且其國王亦來中國訪問，再者，中國人亦多有僑居於此者，有盜亦有商。

我們可再就宋朝的對外交流貿易來加以申論，學者黃純艷著作的《宋代海外貿易》一書提到其時在東南亞地區的中國和外國的發達之交易活動。他說：

> 東南亞地區〔……〕盛產香藥、象牙、犀角等寶貨，這些既是中國進口的主要商品，也是阿拉伯商人販易的主要商品。中國和阿拉伯是當時國際貿易中最活躍的兩極。兩地的商人頻繁往來於東南亞，在宋代，東南亞本地商人也逐漸成長地來。〔……〕在東南亞出現了三個最大的國際貿易中心市場，即《嶺外代答》所載〔……〕正南諸國三佛齊〔……〕；東南諸國闍婆〔……〕；西南諸國浩乎不可窮，近則占城、真臘。〔……〕
>
> 據《諸蕃志》記載，宋朝和阿拉伯商人到東南亞，〔……〕是在港口將貨物批發給當地商人，然後從這些商人手中收購香藥寶貨。印度和阿拉伯商人的交換活動也大

4　同上注，頁84-85。

體如此。所以，東南亞的國際貿易主要是以批發貿易為
主。為適應這種大宗貿易的需要，東南亞，特別是東西方
海上貿易航線兩側的地區都以貴金屬金銀為主幣。[5]

由上所述，宋朝中國人已經航海到東南亞與阿拉伯人、印度人以
及東南亞本地人進行了豐富的批發型且以金銀為貨幣的國際貿
易，由於交易商貿的繁榮，乃形成了東南亞的東、西、南地區的
三大貿易中心。此三大中心為三佛齊國，是以馬來西亞為主；闍
婆國是以印尼爪哇和蘇門答臘為主；占婆國在越南中部南部一
帶；真臘國則是以今柬甫寨為主。總而言之，宋代的中國商人是
在中南半島沿海港埠以及馬來半島、印尼兩大島的重要航線的大
港口展開了國際批發商貿活動。可想而知，由於繁榮、興盛、發
達且又和平的南洋商業文明之發展，中國人出海前往東南亞活動
以及定居的情形必然顯著。因此，黃純艷在其書中也就提到宋朝
中國人移民出洋的狀況。他說：

　　宋代是中國文獻中記載華僑事跡的最早時期，這是因為這
　　一時期華僑遷移人數空前增多。〔……〕在日本、高麗及
　　大部分東南亞國家都有華僑居住。〔……〕這些華僑有的
　　是自願隨商船出海，定居外國的。〔……〕有的是宋朝失
　　意士人或罪犯，隨商船遠走海外。〔……〕不少商人出海
　　貿易，或出自願，或由海難，而留居國外。福建、廣南就

---

[5]　黃純艷：《宋代海外貿易》（北京：社會科學文獻出版社，2003），頁
　　51。

有很多商賈「至交趾，或聞有留於彼用事者」。因海難而
留居蕃國的為數甚多，〔……〕還有一些華僑則是被不法
海商販賣出國的。〔……〕這些華僑出自不同階層，以不
同原因移居外國，但有一點是相同的，即幾乎都是以海商
為媒介而遷移。

華僑有的是暫時住七八年或一二十年，但大部分是留之終
身，成為了當地永久居民。他們的後代被稱為「土生唐
人」，與當地人一樣參與其社會活動。[6]

隨著海上商業活動的頻繁和發達，宋代及此之後以各種身分和形
態而由海商為中介，離開故土出洋到國外居留、就業、成家以及
繁衍的中國人就自然眾多起來，日後稱他們為「華僑」或「海外
華人」。他們在東亞最多，包括日韓以及東南亞的中南半島和印
尼群島、菲律賓群島。

（二）中國人航海臺灣

　　若就中國人接觸並移入臺灣的歷史來說，也非常早。據臺灣
史家曹永和之說，《漢書・地理志》所言的「東鯷」，就是琉球
或臺灣，而至三國，孫權於黃龍二年（公元 230 年）派將軍衛
溫、諸葛直將甲士萬人浮海征夷州，學者多認為此夷州就是臺
灣。隋煬帝大業六年（公元 610 年）遣陳稜、張鎮州率甲士萬人
自義安航海出征「流求」，《隋書》所述「流求」，學者多亦認

6　同上注，頁 110-111。

同就是臺灣。[7]然而，隋朝之前的中國人只是接觸臺灣，但是卻沒有移入定居。

較清楚確定的中國人與臺灣的關係，可以依據史家郭廷以的論述來加以明之：十三世紀末葉，元開始於澎湖置巡檢司，這是首次中國在臺灣的設立軍政機構，但只是在澎湖而非臺灣本島，澎湖隸屬福建泉州同安縣。此時，大多是泉州籍的中國人，往來閩臺與土著商貿，臺灣一些土產礦物輸入大陸。明代，倭寇作亂於中國東南沿海，明廷於一三八八年撤了澎湖巡檢司，島上居民遷回漳泉。十三、十四世紀，南洋和印度洋的航海主力乃屬中國，而且鄭和率領龐大艦隊數下「西洋」，也帶動了中國人更為興旺海上貿易和活動，但臺灣並不在此主流脈動之中。至明中葉，一五五八年，倭寇主力南移到福建，閩粵的中國海盜也應運而起，如吳平、林道乾、林鳳等，進出澎湖臺灣，且曾集聚結寨於臺灣北港、鹿耳門一帶，擁眾數千。明朝驅逐據於臺灣的海盜，再置澎湖巡檢司，並駐軍澎湖，巡邏臺灣。一六二〇年，另一股中國人的海上勢力興起，即顏思齊和鄭芝龍，他們於日本、福建和南洋從事國際貿易，在臺灣北港一帶定居拓殖，此時很多泉州、漳州群眾渡海來臺落籍，以墾殖貿易為業，人數多達數萬。一六二五年顏思齊卒，鄭芝龍為唯一領袖，一六二八年，他接受明朝招撫，而為明朝在臺海兩岸的閩臺地方的大官，勢力甚大，壟斷當地，所以，閩南粵東許多中國人民遂能移民臺灣，乃開啟了中國人進入臺灣的先聲。至一六六一年，鄭成功率大軍來

7　曹永和：〈明鄭時期以前之臺灣〉，收入黃富三、曹永和主編《臺灣史論叢，第一輯》（臺北：眾文圖書公司，1980），頁39-98。

臺將荷蘭驅逐，建東都，置承天府，北設天興縣，南設萬年縣，澎湖則設安撫司，於是臺灣正式成為中國的一個島嶼，是中國主權所及的東疆，中國人從此就源源不止地移墾居住臺灣。[8]

二、中國儒學之播遷東南亞和臺灣

（一）東南亞

中國的儒學隨著東南亞的華僑的入居、繁衍而逐漸在當地成為華僑的精神、文化和思想的重要基礎和內容。本文以印尼和新加坡略加明之。

1.印尼華社的儒學儒教

學者王愛平說到華人大量移民印尼，把中國傳統文教也帶去印尼；中國文化和儒學儒教逐步在印尼傳播，中國儒家思想於是產生了在印尼群島落地生根的過程。[9]王教授說：

> 在印尼華人社會中，最初的文化教育是由具有一些文化知識的華人業餘在家庭或家族內部進行的。那些稍能識字明理之店主或富戶，於經營工商之餘，召集三五子弟，在家、在店內，教以習字珠算，兼及增廣幼學、千字文、百家姓，同時，華人家庭所進行的禮儀教育也承繼中國儒教

---

[8]　郭廷以：〈臺灣早期的經營〉，收入薛光前、朱建民主編《近代的臺灣》（臺北：正中書局，1977），頁 15-19。

[9]　王愛平：《印度尼西亞孔教研究》（北京：中國文史出版社，2010），頁 38。

的傳統。[10]

這是華人進入印尼而且定居後漸漸建立華社之初的文教,其內容是從中國引進的基本儒教。是以家或以族為單位的家學、族學。從認識漢字、漢文開端,讀《增廣賢文》、《幼學瓊林》以及《千字文》或《三字經》乃及於經史子集入門和基本的計簿算術,此即「禮樂書數」的基礎之教,也依此而使子弟莫忘自己仍是華夏之人。然而,文教是更有進者,王愛平又說:

> 隨著華人的增多,有人即倡導設立私塾解決兒童的文化教育問題。一些富有的華人請家庭教師任教,也出現教讀先生「設帳授徒」的私塾,不僅在巴達維亞,而且在西爪哇的萬隆、西加里曼丹的坤甸等地,一些私塾先生已頗具知名度。在巴達維亞,租房子為教室,自備桌凳的私塾很流行。[11]

由上所述,印尼的華人逐漸多了起來,自然會在華社設立私塾,聘請漢學老師來教授子弟,亦有一些通經史漢學的先生自己興辦學塾來招收學生就讀。其實這樣的文教發展階段,在許多中國人新闢的地區,多是雷同,譬如清代臺灣初拓之時,多有家族設立私塾以教孩童少年就讀。而一旦印尼華社發達起來,依據中國人向來重教化的文化特性,教育機構和層級必然提升,王教授說明

---

10 同上注。

11 同上注,頁 38-39。

這個趨勢和內容：

> 以後出現了專供華人子女讀書受教育的義學和書院。目前
> 所知，最早創設的義學是 1690 年（康熙二十九年，歲次
> 庚午），在巴達維亞（今雅加達）由甲必丹郭郡觀倡議而
> 設立的「明誠書院」，附設在華人辦的醫院兼養濟院內，
> 專收孤兒和貧苦孩子。經費全由巴城華人公館承擔，學生
> 有三、四十名。1775 年（乾隆四十年，歲次乙未）巴城
> （巴達維亞）又設立「南江書院」，1787 年又在「金德
> 院」廟內加辦義學，名「明德書院」。[12]

除了私塾，華社的義學、書院也設立起來，唯大體會與其他社會
福利養護等機構結合，這是明清之後中國人在國內或僑居地的普
遍的一套施行，那就是地方領導階層和團體發動的「施善與教
化」的文化、社會和教育的形式和內容，它常與醫院、寺廟、養
育院整合為一體多元的經營。在清朝治理的臺灣亦多有相類似的
結構和形態。而印尼華社的這些文教機構推動的教育內容是什
麼？王教授有所說明：

> 私塾、義學、書院這些不同的教育設施，其教學內容、方
> 法、儀規等大都與國內私塾、書院相同。教學的內容即是
> 《三字經》、《千字文》以及儒家經典《四書五經》。當
> 然還有寫字與書算等。學生入學要向孔子像或牌位行禮。

> 南江書院崇祀紫陽（朱夫子）聖像，〔……〕海外華人歷
> 史珍本文獻《海島逸志》的作者王大海即是在爪哇島當了
> 十年（1783-1793）的教讀先生，他先後在巴達維亞、三
> 寶壟、北加浪岸等地任教，曾在南江書院任職五、六年。
> 當時在書院內以文會友，吟詩作對，教授生徒，歲時參與
> 紫陽朱夫子的祭祀，士風甚盛。總之，〔……〕由於當時
> 的華人文化教育與儒學教育的一體性，儒家思想文化在印
> 尼得以傳揚。[13]

從上引的這一段敘述可知在清代時期的印尼華社，是一心一志推
行儒學儒教，而且基本上是根據朱子注解的《集註》為其《四書
五經》的範本，文中提到的儒師王大海，根本就是清代標準的朱
子理學之服膺和實踐者，王教授再總結提到三點印尼華人的文教
精神，第一是堅持文教的踐履；第二是遵奉儒教、崇尚儒學；希
望傳承仁義禮智之風；第三則是華社的中堅力量皆一致尊儒，有
較高的文化素養，以維護儒家思想傳統為己任。[14]上述的印尼之
儒學書院的設立和教材的選擇以及教席的性質，乃至於上面提到
的三點精神，其性質與中國原鄉及臺灣，並無不同。可以說像印
尼的華社之人物、文教、倫常，其實是中國儒學儒教的海外延
伸。

2.新加坡的儒學儒教

王昌偉、許齊雄撰述的《新加坡南洋孔教會百年史》提到中

13　同上注，頁 39-40。
14　同上注，頁 41。

國人首航新加坡是在一八二一年，第一艘中國帆船從廈門抵達，開始了華僑在新加坡的成長。一八三六年，華人人口數已經超過新加坡其他種族如馬來人、印度人而居於第一位，直至今日仍然如此。華人的祖籍主要是福建、廣州、潮州、客家、海南等五類。基本上，它們各自提供自己的「墳山」、醫療、教育等社會服務。[15]

　　此書提及在孔教會成立之前，新加坡華社已經具有了一定的儒家文教的根基，他們引用了文南飛的研究，認為新加坡的儒家文教有兩個階段，一是自然自覺的傳播階段，另一則是孔教會建立後的階段。

　　關於自然自覺階段的新加坡儒學儒教傳播有數項特點，一是五大祖籍別的社群自己擔負教化功能，以傳統中華價值如幫扶貧弱、尊老愛幼、奉公守法等來處理社群公務；二是教育內容是舊學，如同私塾教學，內容就是中國傳統文化經典；三是規模偏小，數量也少。

　　在如此情況下，從中國前往的具有儒家教養的官員就在新加坡華人的文教精神和內容上起到了鼓舞和指引的作用。此書舉了兩位中國駐新加坡領事，一是左秉隆（1850-1924），他於一八八一年上任，左氏在新加坡積極倡導並掀起了華人學習中華傳統文化的熱潮，且對早期新加坡華社的儒家思想的傳播，居功至偉。作者說到左氏在新加坡的推廣儒學有兩大項：

15　王昌偉、許齊雄：《新加坡南洋孔教會百年史》（新加坡：南洋孔教會，2014），頁 10-11。

倡設「會賢社」，是一種成人教育機構，以受華文教育的
僑民為對象，每月出題徵文，左氏親自評改課業，且將自
己的薪俸捐作獎學金，以昂士子。而所出課題主要是以儒
家思想為題目，如「臣事君以忠」、「君子學道則愛人，
小人學道則易使」、〔……〕「夫子之道忠恕而已矣」
〔……〕等。

積極展開興學運動，提高僑民文化水平。左氏任期內，前
後興辦起來的義塾有：（1）陳姓族人所辦的「毓蘭書
室」；（2）廣肇商人所辦的「進修義學」（又稱「廣肇
義學」）；（3）小坡華人公立的「樂英書室」；（4）顏
永成獨資創辦的「培蘭書室」；（5）章苑生獨資創辦的
「養正書室」。加以家塾講帳之設，一時學校林立，弦誦
之聲，相聞於道。[16]

這一大段敘說的內容是指左秉隆擔任領事時期，非常鼓勵且推展
當地華社華人的儒家文教，他自己捐出薪水建立一個類似明儒講
會的學社，在其中招來青年前來讀講儒家經史，他自己出作文主
題，鼓勵士子進德修業，而且其論題皆是出於《論語》為主，完
全是儒學。再者又因為他的積極支持華人興學，所以新加坡華社
興辦了不少的義學和書社，以供子弟研讀儒學，此所提到的「義
學」、「書室」，其實也就是儒學儒教的書院。由此可見新加坡
雖是英國殖民地，但當地華人的學習中華文化和經典，與其時的
中國各地的情形，並無不同。

16　同上注，頁 11-12。

　　繼左氏來新加坡出任清朝駐新加坡領事的是大詩人大外交家黃遵憲（1848-1905），他也積極在華社中推動儒家文教，而在傳承上，新加坡的儒學文教就有兩大方面的突出，一是教育的空間，就是義學、書室的興起，而另一則是作為教本的《四書五經》的通讀。如此一來，儒家思想就從百姓日用之間走進了學堂，又再匯集於儒士的文社和學社。[17]

　　於是在左、黃兩位中國駐新加坡的儒仕之帶頭之影響下，在十九世紀的九十年代，新加坡華人已經產生了對中國傳統文化的回歸和敬慕之心，當時，新加坡文風振作，華文學校增加，儒生多有南來者，這種種因素都為新加坡的儒學運動奠下的良好的基礎，而在同一個時代，康有為的保皇尊孔崇儒的號召也就影響到新加坡，孔教的推動和弘揚遂趁勢而起，此後就有丘菽園、林文慶等當地儒家菁英領袖型的人物繼續將新加坡的儒學儒教發揚光大。[18]也是因為從十九世紀以來不斷累積的儒家文化基楚，所以才會有新加坡獨立建國之後，於二十世紀八十年代，李光耀以國家的層級來支持弘揚儒學儒教的政策。[19]

（二）臺灣的儒學儒教的奠立和傳承

　　鄭成功在一六六一年的驅逐荷蘭而收復臺灣，這即是中國人以完整的社會群體和國家結構始入來臺灣，將臺灣納入中國的主

---

[17]　同上注，頁 13。

[18]　同上注，頁 13-14。

[19]　關於李光耀的鼓吹弘揚儒家文教之言論，參考王力堅：〈新加坡客家會館與文化研究〉（新加坡：新加坡國立大學中文系，2012），頁 68-72。

權之內。明永曆十九年，陳永華建請鄭經在臺灣建聖廟立學校，於是於東寧（今臺南市）的寧南坊擇地興建，旁建明倫堂，聖廟於次年春正月竣工，於是鄭經率領文武官員舉行釋菜之禮，圍繞泮宮觀禮的參與者數千人之多，於是臺灣的廟學，從此開始，臺灣就正式進入儒家文化之場域。而陳永華又在各鄉社建立學校，聘儒師教之，八歲生童入學，授以儒家經史和文章典籍，同時制定三年科考。除了明鄭在臺灣建立並推展的廟學、社學之外，也有追隨鄭延平王來臺的儒士，他們亦在民間設帳授徒，所以也將儒家文化的種子播植於臺灣土地上，連橫如此說：「當是時，太僕寺卿沈光文居羅漢門，亦以漢文教授番黎。而避難搢紳，多屬鴻博之士，懷挾圖書，奔集幕府，橫經講學，誦法先王。洋洋乎！濟濟乎！盛於一時矣！」[20]

　　由此敘述乃知明鄭渡臺抗清，他們之中有當時浙閩粵地區的儒家俊傑，他們為洪荒初闢的臺灣一旦進入中國版圖就奠立了高層次水準的儒學文教。

　　清康熙二十一年（公元 1683 年）施琅征臺，臺灣納入清朝版圖；次年，臺灣知府蔣毓英設兩所社學於臺灣府東安坊，教授童蒙，此是義塾。而接著亦在臺灣縣、諸羅縣、鳳山縣分別設立社學，延續明鄭在臺灣已經奠立的地方文教。二十三年，新建了臺灣縣儒學、鳳山縣儒學，二十四年，將本來的明鄭文廟加以整修擴大，於其旁設立臺灣府儒學。然而，臺灣民間子弟，大多數不入官學就讀，而是入社區中的「書房」就蒙師教導之。學子讀

20　連橫：《臺灣通史・教育志》（臺北：五南圖書出版公司，2017），頁196-197。

《三字經》、《千字文》，熟習後，則授以《四書》，讀《朱子集注》，再則繼續熟讀《詩》、《書》、《易》以及《左傳》，其中有較聰穎者，又可讀古文，橫覽史籍，以求淹博。[21]

由此可知，中國人渡海開臺之後，從明鄭到清朝，其文教都是儒學思想，蒙學是《三字經》、《千字文》之類，而進階則是《四書五經》以及主要史冊，如《左傳》或亦可能有《四史》；教育場所，雖有廟學，但多以私塾、族學或鄉社的書房為主。此點情形，對照僑居地的印尼、新加坡的華社文教，沒有什麼差異，且以朱子理學為主要的教學觀念。依此可以證明，中國人縱許泛海到境外，無論是僑居地如南洋或是新闢領土如臺灣，皆是一樣，他們的教化仍然都是以儒家的思想和典籍為主軸。

清朝治臺兩百多年，儒學儒教在臺的傳播和發展，實以全臺逐年建造營運的書院為主。臺灣書院有官辦、官民合辦以及民辦三類型，有純正書院型、文昌祠和儒家書院綜合型以及族祠轉變為書院型，參與者有地方主官、紳耆、生員、商賈以及大家族等。[22]這樣的內容，事實上和印尼、新加坡也很類似。

臺灣最早的書院，是康熙四十三年，知府衛臺揆始建的崇文書院，五十九年，分巡道梁文煊建海東書院，皆在臺灣府城，此後各縣隆續皆有大小官民書院興建。據統計，從雍正直至光緒，

---

[21] 同上注。

[22] 關於臺灣書院的詳實敘述，可以參看張崑將、張溪南：《臺灣書院的傳統與現代》（臺北：臺大人文社會高等研究院、東亞儒學研究中心，2022）。

臺灣書院大概有四十六所或甚至更多。[23]而臺灣的書院，主要奉祀朱子，亦有陪祀文昌和文魁的，道光年間治臺賢吏鹿港同知鄧傳安新建的「文開書院」則甚特別，其中主祀朱子，而以明鄭來臺遺老如沈光文、盧若騰、辜朝薦、徐孚遠等故明遺儒陪祀，又並祀清初來臺平亂的漳浦名儒藍鼎元。文開書院的祭祀之儒者類型，就象徵了清朝和明鄭在臺灣的文化道統終於整合而無矛盾和衝突。

　　清朝治臺施行的文教與大陸無別，是以朱子儒學為本，而以《白鹿洞書院學規》為標準，在各書院亦制定了書院學規，如海東書院，臺灣道劉良璧訂立了《學規》六條：「明大義」、「端學則」、「務實學」、「崇經史」、「正文體」、「慎交友」。而彰化的白沙書院之學規，則曰：「讀書以力行為先」、「讀書以立品為重」、「讀書以成物為急」、「讀八古文、讀賦、讀詩」。澎湖的文石書院，是廳判胡建偉所建，他為文石書院制定的學規有：「重人倫」、「端志向」、「辨理欲」、「勵躬行」、「尊師友」，這前五項皆是要求學子必須尊崇修養心性品德；接著則是「定課程」、「讀經史」、「正文體」、「惜光陰」和「戒好訟」等，這些主要在於勸戒儒生好好珍惜時光將心力放在讀書之上，而不要去外面好勇鬥狠地胡鬧。[24]舉此三所臺灣書院的《學規》為例，是指出清代臺灣的書院文教，主旨是儒家思想和經典，而且是以朱子理學為其精神。清朝整個中國的書院，也是一樣的以儒學儒教之尊德性道問學為其原理，我們對照

23　陳支平主編，王尊旺、李穎、莊林麗：《臺灣通史・第三卷・清代（上）》（福州：福建人民出版社，2020），頁 220-222。

24　同上注，頁 228-229。

臺灣和東南亞如印尼、新加坡華社的文教，其實都沒有差異。

參、海外大儒的相遇

　　東南亞僑居地和臺灣，都在「海外」而非「中原」，中國人航海去到僑居地或臺灣，其歷史是久遠的，而中國人帶去的文化思想的價值系統核心，皆是儒學儒教，這個道統，則是相同的，而且與中原也無差異。就「海外」的兩個區域而言，臺灣是中國的領土，東南亞則是僑居地，此點是不一樣的，可是僑社華人和臺灣中國人，卻可依儒家的文化信念而認同是自己人。臺灣的儒家與東南亞的儒家是有良緣的，本文舉臺灣抗日大儒大詩人丘逢甲和新加坡賢儒丘菽園為典型來略加敘述。

　　丘逢甲（1864，清同治三年－1912，民國元年），出生在清朝福建省臺灣府淡水廳銅鑼灣，出生在他父親丘龍章擔任老師的李氏家塾。丘逢甲從小就跟著父親學習，十歲時，他隨父親轉往彰化三角莊（今臺中神岡）的魏家家塾，繼續隨父親讀書，又在當地望族呂氏的「筱雲山莊」閱讀大量藏書和雜誌，入「文英社」課藝，切磋詩文。到清光緒元年，十二歲時，又追隨父親轉往彰化新伯公莊劉氏家塾，隨父讀書，且已可佐生童學習課業。十四歲（光緒三年），赴臺南參加童子試，受閩撫兼學臺丁日昌的賞識，特贈「東寧才子」印一方，是科，他院試第一名。十七歲時（光緒六年，公元 1880 年），又隨父親遷往彰化王子社（今臺中豐原翁子里）的丘氏書塾繼續隨父讀書。直至光緒十一年，丘逢甲已二十二歲，唐景崧任臺灣兵備道，讀到逢甲的《臺灣竹枝詞》百首，許為才子，羅為門生，入幕佐治，並與其三弟

樹甲同入海東書院深造。丘逢甲得以飽讀官方典冊、文書以及西方譯著，其學問遂通中西古今，而眼界大開。[25]

從上面一段簡述，知道這位臺灣抗日大儒大詩人的教養，實際就是從私塾書室學堂的學習中培育出來的，他只有極短暫的時日有在海東書院學習研讀。他根本就是他的了不起的塾師父親丘龍章教育而成的。據其年表，丘逢甲雖然考中進士，但在參與乙未抗日以及抗日失敗而返回廣東原鄉，他的職務不是為官，而是終身擔任書院和新學堂的山長、教席。此與傳統的中國大儒家和海外僑社的名儒者相同，都以中國儒家經史來培養後學作育英才。

清末，丘逢甲在潮州辦新學堂時，粵省當局委派他去南洋查訪僑情。於是在光緒二十六年（1900）的三月初，他到汕頭搭海輪出發，三月下旬抵達新加坡。由此留下一段佳話，那就是臺灣儒家丘逢甲與新加坡儒家丘菽園（1873-1941）的聚會。徐博東、黃志平說：

> 丘逢甲抵達新加坡後，受到當地僑團領袖、著名學者丘菽園及各界僑胞的熱烈歡迎。丘菽園，名煒萲，又名蔚萱，祖籍福建海澄，光緒二十二年舉人，因感憤於朝廷的腐敗，絕意仕途，赴南洋，久寓新加坡，創辦《天南新報》，鼓吹變法維新，改造中國。〔……〕菽園與康有為、黃遵憲、容閎等人交往甚密。〔……〕對丘逢甲乙未

---

25 徐博東、黃志平：〈丘逢甲生平大事簡表〉，收入氏著《丘逢甲傳》（臺北：海峽學術出版社，2003），頁339-343。

倡導抗日護臺的義烈舉動和出色的詩才十分欽佩，自一八
九七年起，即與丘逢甲有頻繁的詩書往來。〔……〕早已
心心相印，引為知交。如今，丘逢甲遠涉重洋來到新加
坡，丘菽園欣喜莫名，一連數日，設宴為丘逢甲洗塵，盛
情款待。通過丘菽園的介紹，丘逢甲結識了許多當地華
僑中的社會名流，瞭解到我國僑民在南洋各埠的若干情
況。[26]

丘逢甲是臺灣培養出來的賢儒志士，而與素無謀面的僑居新加坡
的賢儒志士丘菽園，由於都共同關心並實踐改造舊中國而要創建
新中國的志業，因而成為文字往來的莫逆之友，由於丘逢甲受長
官委派為了公務而專程遠赴南洋，遂與丘菽園獲得千載難逢的聚
首暢懷的際遇。儒者的相遇，在中國史上常常是很重要很有意義
的，譬如朱陸鵝湖之會，傳為千古盛事，從此乃有心學理學的論
辯和發展，而蔚為中國儒家思想的兩大巨流。因為丘菽園的義助
和宣達，丘逢甲就乘此嘉會之發展而到許多地方訪問、演講，他
去過坤甸、吉隆坡、麻六甲、檳榔嶼、芙容等地，都引起當地華
社的轟動。丘逢甲於當年四月二十九日於大吡叻的閑真書院的演
說，刊於六月四日的《天南新報》，在此演說中，丘逢甲疾呼：

> 國勢衰危，〔……〕中國今日瓜分之禍，正在眉睫矣！
> 〔……〕指出中國之弱，患在無才，無學亡國，有學，國
> 即可強。他大聲疾呼，故今日人人須知自危，須知自奮，

26　同上注，頁 162。

欲求自立，須知不聯合之不可，須知不開通之不可。廣設
學堂，興教育才，開通民智，乃當今要務。呼籲僑商富賈
「為富好義」，捐資辦學。與此同時，還撰寫了〈勸星洲
閩粵鄉人合建孔子廟及大學堂啟〉、〈吧羅創建孔廟學堂
緣起〉等文章，反覆申明教育救國的宗旨，並將〈開設嶺
東同文學堂稟稿及續議章程〉，刊載於同年三月二十三日
的《天南新報》。[27]

丘逢甲在印尼、大馬和新加坡的演講，最重要的心意就是呼籲華
社共同關注祖國瀕臨滅亡的大危機，他認為要挽救中國，其首要
之務就是須群策群力共同援助來辦學校以啟民智，如果無教無
學，則民智昏昧，國家如何不亡？而他又特別懇求僑界華社的富
豪宜儘速好義而捐資辦學，同時，要鼓吹支持孔子的尊崇和儒家
的弘揚。丘逢甲的心情與呼籲，相信丘菽園也是一樣的胸懷。臺
灣大儒與南洋大儒的相會和鼓舞，其實是有其功業和效果，新馬
大僑領陳嘉庚在其故鄉廈門創建了廈門大學、集美大學，且又支
持孫中山先生國民革命，林文慶也支持孫中山先生，也全力協助
陳嘉庚辦好廈門大學，其因緣不能不說和同為海外之儒的丘逢
甲、丘菽園之願力及努力沒有關係。丘逢甲在南洋的儒家弘道的
演說，他有一詩表達了自己的心境：

　　莽莽群山海氣青，華風遠被到南溟；

27　同上注，頁 163。

萬人圍坐齊傾耳，椰子林中說聖經。[28]

四、結語

　　本文敘說中國人很早就出航海外，包括東亞海洋、印度洋，其中有些地區，中國人入居而形成華僑，唯有臺灣，中國人進入之後而使它納入中國版圖，而為中國的海上領土。然而，無論是僑居地或領土，中國人都將儒家文化帶去，在當地形成他們的基本的文教和倫理體系。

　　本文是就東南亞（南洋）的印尼、新加坡的華社為例證來與臺灣的中國人之儒家文教作一對照而顯示雖是海外，一是僑居地，一是中國領土，但其儒學儒教其實並無差別，基本上是中原故國傳衍拓展的。

　　本文又以臺灣和新加坡大儒丘逢甲和丘菽園兩位先賢的相同之道統文統，以及對於祖國的關懷、對於中國文化傳承弘揚的關心，他們基於這樣的相同儒家心靈而因此先有文字交流，後來在新加坡及南洋的聚會論道，來突顯中國儒家的精神是跨越時空和人物而是永恆不衰的常道。

---

[28]　丘逢甲：〈自題南洋行教圖·第一首〉，收入氏著《丘逢甲集》（長沙：岳麓書社，2001），頁470。

國家圖書館出版品預行編目資料

儒家臺灣

潘朝陽著. – 初版. – 臺北市：臺灣學生，2023.03
面；公分

ISBN 978-957-15-1906-7 (平裝)

1. 儒家 2. 儒學 3. 文集 4. 臺灣

121.207　　　　　　　　　　　　　　112001256

儒 家 臺 灣

著　作　者　潘朝陽
出　版　者　臺灣學生書局有限公司
發　行　人　楊雲龍
發　行　所　臺灣學生書局有限公司
地　　　址　臺北市和平東路一段 75 巷 11 號
劃 撥 帳 號　00024668
電　　　話　(02)23928185
傳　　　眞　(02)23928105
E - m a i l　student.book@msa.hinet.net
網　　　址　www.studentbook.com.tw
登 記 證 字 號　行政院新聞局局版北市業字第玖捌壹號
定　　　價　新臺幣四五〇元
出 版 日 期　二〇二三年三月初版
I S B N　978-957-15-1906-7